Helmut Weißkapp

»Ein wascheschter
Neckarschlämer«

Helmut Weißkapp

»Ein wascheschter Neckarschlämer«

Kindheits- und Jugend-
erinnerungen aus der
Heidelberger Altstadt

PALMYRA

Bibliografische Information der Deutschen Bibliothek
Die Deutsche Bibliothek verzeichnet diese Publikation
in der Deutschen Nationalbibliografie. Detaillierte
bibliografische Daten sind im Internet über
http://dnb.ddb.de abrufbar.

Gerne senden wir Ihnen unser Verlagsprogramm.
Anruf, Fax oder E-Mail genügt.

Bildnachweis:
Alle Fotos stammen aus dem Privatarchiv
von Helmut Weißkapp, ausgenommen
S. 102 unten (Stadtarchiv Heidelberg).

Originalausgabe
© Copyright 2015 by
Palmyra Verlag, Hauptstraße 64, 69117 Heidelberg
Telefon 06221/165409, Telefax 06221/167310
E-Mail: palmyra-verlag@t-online.de
www.palmyra-verlag.de
Alle Rechte vorbehalten
Lektorat und Satz: Ana Isabel Azúa, Lars Gärtner,
Julian Meck und Jan Walla
Umschlaggestaltung: Georg Stein und Jan Walla
Fotos Umschlagvorderseite: Udo Filsinger/Privatarchiv Weißkapp
Foto Umschlagrückseite: Privatarchiv Weißkapp
Druck und Bindung:
CPI books GmbH
ISBN 978-3-930378-94-4

Inhalt

Gewidmet meinen lieben Kindern
Anja, Christine, Stefanie und Sebastian

Prolog – Die Wette

»Beim Lesen dieses Buches erfährst du etwas über die Kindheit und das Heranwachsen eines Heidelberger Buben inmitten der Altstadt. Seine Herkunft und seine Streiche ab der zweiten Hälfte der Dreißigerjahre des gerade vollendeten 20. Jahrhunderts bis zu seinem Flüggewerden sind nicht unbedingt etwas Untypisches für seine Zeit, gibt es doch immer Jungen, die aus den verschiedensten sozialen Verhältnissen stammen und ihre Streiche ausführen, und das zu allen Zeiten. Und doch ist dieser Bub etwas ganz Besonderes: Er ist nämlich ein ›wascheschter Neckarschlämer‹! Ein Prädikat, das nicht jedem gebürtigen Heidelberger beschieden ist.« Ein Freund von mir, ein Nicht-Heidelberger, sagte darauf sehr skeptisch: »Aber so ein ›wascheschter Neckarschlämer‹ ist doch gar nichts Besonderes.« – »Doch, gewiss«, widersprach ich ihm leicht gekränkt. »Wetten, dass?« – »In Ordnung! Um was wetten wir?« – »Um eine Flasche Champagner!«

Woher der Name »wascheschter Neckarschlämer«, im Hochdeutschen »waschechter Neckarschleimer«, stammt, ist nicht so genau auszumachen. Eine mögliche Erklärung lautet, dass das Wort »Schlämer« (»Schleimer«) vom Schlamm herrührt, den das Flusswasser, für die Heidelberger eben der Neckar, mit sich trägt. Die Heidelberger Altstädter unterteilten dabei die verschiedenen Lebensabschnitte der Heranwachsenden nach denen der Fische im Neckar. Die einzelnen Lebensabschnitte vernachlässigend, wurde der erwachsene Altstädter jedenfalls mit der Bezeichnung »Neckarschlämer« belegt. Da gibt es auch noch den Heidelberger »Sume«, die vornehmere Bezeichnung für »'n klänen Knoddl«. Er ist der Überbegriff für alle Heidelberger kleinen Buben. Der »Neckarschlämer« dagegen ist ein Heidelberger »Sume«, der in der Altstadt geboren oder zumindest dort aufgewachsen ist. Wer beide Prädikate für sich in Anspruch nehmen kann, also geboren und aufgewachsen in der Altstadt, der ist ein »wascheschter Neckarschlämer«. Die weiblichen Formen »Neckarschlämerin« und »Sumin« sind möglicherweise heute im Zeitalter der Emanzipation der Frau denkbar, waren aber damals meines Wissens nicht im Sprachgebrauch.

Als Altstadt möchte ich den Teil bezeichnen, der sich auf der linken Neckarseite vom Karlstor im Osten bis zur Grabengasse im Westen erstreckt. Das ist im Wesentlichen der mittelalterliche Kern Heidelbergs, der von Stadtmauern umgeben war. Nach dem Philosophen Karl Jaspers, der 25 Jahre an der Heidelberger Universität lehrte, wird man ein Heidelberger dieser Art »kraft verborgener Einweihung«. Über die Wesensart dieser Spezies wurde also viel geschrieben. Ich liege bestimmt nicht falsch, wenn ich zusammenfassend sage, wie schon zuvor erwähnt: Ein »wascheschter Neckarschlämer« ist jemand, der in der Heidelberger Altstadt geboren und dort aufgewachsen ist. Für meine Erzählung verwende ich die kurpfälzische Dialektschreibweise »wascheschter Neckarschlämer«.

So lassen wir nun die Geschichte eines »wascheschten Neckarschlämers« nach einer heftigen Erschütterung ganz Heidelbergs beginnen, als nämlich am 28. März 1935, nachmittags um halb drei, in der Hauptstraße 155 – wie ein Meteor – ein Nichts einschlug. Und dieses Nichts war ich!

»Alles zusammengeschlagen!«

Klein und putzig soll ich gewesen sein, aber ein Schreihals, der seine Mutter nachts bis zu fünfzehnmal aus dem Bett jagte. Und gefährlich lebte ich! Weil die gesamte Nachbarschaft sich über mein Geschrei aufregte und Paul aus Oberkirch, der für eine längere Zeit bei seiner Tante Käthe über uns zu Besuch war, meinen Eltern angedroht hatte, dass er mir eines Nachts den Hals umdrehen würde. Als ich von diesem verbrecherischen Vorhaben erfuhr, schrie ich erst recht wie am Spieß, organo pleno, aus vollen Leibeskräften. Zum Glück haben letzten Endes alle Betroffenen diese nächtlichen vokalen Exzesse überlebt, wohl aus gegenseitigem Mitleid heraus. Als fünftes Kind meiner Eltern kam ich mit Hilfe der alten Hebamme, Frau Maurer aus der Dreikönigstraße nebenan, zu Hause zur Welt. A priori war ich als weiteres Kind nicht unbedingt erwünscht, denn meine Eltern lebten in großer Armut (mein Vater war zu jener Zeit arbeitslos). Sie mussten, nachdem Hans, das dritte Kind, schon als Säugling 1924 an Hirnhautentzündung verstorben war, jetzt immerhin noch vier Kinder durchbringen.

Ich, der Nachkömmling (meine Mutter war schon 43 Jahre alt), war aber gleich nach meinem ersten Schreikonzert herzlich willkommen und nicht mehr wegzudenken. Das bisschen schlechte Gewissen, das ich anfangs hatte, verschwand schnell, weil ich sehr bald erfahren hatte, dass meine Eltern die Gelegenheit erhielten, dank des Mutterkreuzes neue Gardinen und ein Bügeleisen anzuschaffen. Dieses Kreuz erhielt eine jede Familie ab dem vierten Kind, zusammen mit einem einmalig gezahlten Kindergeldbetrag. Meine Daseinsberechtigung war somit fest verankert, sogar staatlicherseits sanktioniert.

Die Anzahl der Arbeitslosen war in diesen Jahren sehr hoch. Mein Vater, ein gelernter Schlosser, hatte das große Glück, bald nach meinem Erscheinen wieder eine Arbeit gefunden zu haben, und zwar in der *Fuchs Waggonfabrik* in Heidelberg-Kirchheim. 40 Mark Wochenlohn waren nicht viel. Ein solcher Wochenlohn war allein als Monatsmiete für unsere knapp 60 Quadratmeter große Vierzimmerwohnung mit Küche, aber ohne Bad, zu zahlen. Die Toilette lag außerhalb der Wohnung, zwölf Stufen weiter unten, und wurde auch von Pauls Tante, Frau Schmidt, mitbenutzt. Sie hatte somit anderthalb Stockwerke nach unten zu gehen.

Wir wohnten im dritten Stock nach Heidelberger Berechnungsweise, eigentlich im zweiten. Aber Parterre galt bereits als erster Stock (komisch, aber so war es). Wir sprachen immer von »unserem Haus«, obwohl wir seit 1919 fast 60 Jahre lang immer zur Miete gewohnt hatten. Vielleicht war dieses Eigentümergefühl dadurch entstanden, dass wir sehr bald gewissermaßen alleine in diesem Haus lebten, nachdem Frau Schmidt ihren Mann früh verloren hatte und sie sich dann mehr oder weniger zu unserer Familie zugehörig fühlte. Ganz unten, im ersten Stock, war ursprünglich der Tabakladen von Frau Brose, einer älteren, etwas exaltierten Schatulle, darüber eine leerstehende Wohnung, in der nur zeitweise von Willi Reinehr, dem Sohn des späteren Hausbesitzers, ein einziges Zimmer belegt war. Und über uns Frau Schmidt, deren Mann früher sogar eine kleine Schuhmacherwerkstatt in deren Küche eingerichtet hatte und zuvor Bademeister war. Er ließ Ertrinkende immer erst so lange zappeln, bis sie bewusstlos geworden waren, um sie dann gefahrlos bergen zu können. Rechts von uns war das in ganz Heidelberg bekannte große Koffer- und Lederwarengeschäft *Reinehr* und links von uns schloss sich das Schirmgeschäft *Becker* an.

Unser Haus, ich werde es ab jetzt ohne Anführungszeichen schreiben, gehörte angeblich zu den wenigen Gebäuden in Heidelberg, die die Verwüstungen im Pfälzischen Erbfolgekrieg während der Jahre 1688 bis 1697 bis zum ersten Obergeschoss unversehrt überstanden hatten. Außer dem Hotel *Ritter* waren ja beinahe alle Häuser in Heidelberg den Brandschatzungen der Franzosen bis auf die Grundmauern zum Opfer gefallen. Man betrat unser Haus über eine breite hohe Schwelle durch eine etwas zurückgesetzte, große zweiteilige Holztür mit einem Oberlicht, deren kleinerer Teil feststand und auf dessen Rückseite die Briefkästen für unsere Familie und Frau Schmidt befestigt waren. Die Tür war tagsüber immer unverschlossen, konnte aber von mir bei späteren Streichen auf der Flucht nach Hause schnell geschlossen und mit einem der beiden schweren Eisenriegel zugesperrt werden. Ein circa fünf Meter langer und zwei Meter breiter Hausgang führte dann auf Sandsteinplatten zu einer alten Steintreppe, vorbei an einem dicken, an der Wand befestigten Gasrohr, das man aus Sicherheitsgründen bei Fliegeralarm während des Krieges mittels eines Vierkantschlüssels absperren musste. Wir hatten nicht nur einen Gasherd, auch die gesamte Beleuchtung in der Wohnung wurde noch mit Leuchtgas, das die Stadtwerke lieferten, betrieben. Die zunächst vierzehnstufige Steintreppe, rechts gesäumt von einem schlichten schmiedeeisernen Treppengeländer, führte nach einem Absatz weitere fünf Stufen hinauf bis zur Wohnungstür im zweiten Stock, einer richtigen Abschlusstür. Weiter ging es auf einer hölzernen Treppe im natürlich unbeleuchteten Treppenhaus: erst sieben Stufen bis zur Toilette, von uns aber nicht so hochgestochen »Tollette« genannt, sondern schlicht und einfach Abort oder Klo. Nach einem nochmaligen letzten Schwenk nach rechts auf die bereits erwähnten zwölf Stufen, dieses Mal aber aufwärts, stand man eigentlich schon in unserer Wohnung. Eine Abschlusstür, wie bei der Wohnung unter uns, gab es hier nicht. Auf dem langen Hausgang mit breiten, etwas verzogenen, abgewetzten, aber mit Bohnerwachs sehr gepflegten alten Holzdielen standen rechts zwei einfache hohe Kleiderschränke. Gleich links, ganz dicht an der Treppe, war die Küchentür mit Namensschild, etwas weiter die Tür, die zum fensterlosen kleinen Mittelzimmer führte, das meine Eltern Alkoven nannten, und geradeaus die Tür zum Bubenzimmer. Durch den Alkoven gelangte man links zu einem nur durch einen Vorhang abgetrennten, ebenfalls kleinen Zimmer, das sich in der Größe der Küche hinter dieser anschloss, und rechts zum Schlafzimmer meiner Eltern, zum größten Zimmer, das wie das Bubenzimmer zur Hauptstraße hin lag. Die Küche und das kleine Zimmer dahinter lagen zur Nordseite hin, mit einem wundervollen Ausblick, hinweg über viele verwinkelte, oft aneinander lehnende ärmliche Altstadthäuser, auf den Heiligenberg, dessen Ausläufer im Westen mit sanftem Gefälle in Neuenheim, jenseits des Neckars, in die Rheinebene münden. Auf dem Gipfel des Berges sind der Aussichtsturm und links, am bereits abfallenden Teil, die »Pfann« zu sehen, so genannt nach der metallenen Schale, angebracht auf der Bismarcksäule, einem massiven Sandsteinturm, in der ein Feuer entzündet werden konnte.

Im Laufe der so ausführlichen Beschreibung unserer Wohnung bin ich natürlich ein wenig gewachsen und ließ mich im Kinderwagen hin und wieder von meinen Eltern gerne zum Königstuhl, einer der höchsten Berge des kleinen Odenwaldes, hochschieben. Die Höhendifferenz zwischen unserem Haus und diesem beträgt immerhin circa 454 Meter. Die Schubkräfte meines schlanken, großen und drahtigen Vaters und die meiner kräftigen Mutter reichten aber immer aus, den nicht gerade einfachen Spaziergang zu bewerkstelligen. Auf dem Königstuhl angekommen, nahe der Bergbahnstation, erspähte ich sogleich die günstigste Abfahrtsstelle für spätere Schlittenfahrten: die damals noch nicht befestigte Fahrstraße hinab zur Blockhütte, dann an der Molkenkur vorbei, den Klingenteich (die Klingenteichstraße) hinunter bis über den Bahnübergang in die Anlage (heute Friedrich-Ebert-Anlage) hinein. Erst ab da war die Fahrstraße gestreut, wodurch die Schlitten abrupt abgebremst wurden. Diese Schlittenfahrten hatten eine Besonderheit, die sie im Grunde genommen unverantwortlich machten: Man fuhr in kurzen Hosen und Kniestrümpfen. Eine Modeerscheinung der damaligen Zeit. Oder vielleicht eine Erfindung der Kinderärzte?

Eigenwillige Exkursionen sorgten so manches Mal für helle Aufregung zu Hause. Einmal bin ich abgehauen und die kleine kopfsteinbepflasterte Gasse, das Küchengässchen, zum Bäcker in der Unteren Straße hinuntergegangen. Ein anderes Mal türmte ich gar über die Hauptstraße bis zur Heugasse, rechts an der Jesuitenkirche vorbei, die Schulgasse hoch bis zur Kaserne in der Akademiestraße, zu dem späteren *Collegium Academicum*. Ob mich mein sechster Sinn leitete? Eine neugierige Erkundung zu dem Ort, wo ich einmal die Oberstufe des Helmholtzgymnasiums besuchen sollte, die von der Kettengasse dorthin ausgelagert worden war? Ein Polizeibeamter ließ meine in völliger Auflösung befindliche Mutter wissen, dass sie mich beim Pförtner oben abholen konnte. Angebunden wurde ich daraufhin zu Hause natürlich nicht, nur – aus Sicherheitsgründen – wenn ich mich, mein Oberkörperchen auf ein weiches Kissen gebettet, weit zum offenen Fenster aus dem dritten Stock hinauslehnte. Eine dicke Schnur war immer durch die Öse der Fensterverriegelung gezogen und um meinen Bauch geschlungen. Ob diese jedoch bei einem Sturz in die Tiefe gehalten hätte?

Hinderlich war diese Schnur nur einmal, als ich nämlich vor Jakob, einer stadtbekannten Dohle, einem unheimlich klugen, aber kleptomanischen Rabenvogel, flüchten wollte und es nicht konnte. Bei Treibers, unseren gegenüberliegenden Nachbarn, hatte ich ihn beim Diebstahl eines silbernen Bleistiftes gestört. Ich lockte ihn zu mir herüber und tatsächlich kam er geflogen, setzte sich auf das Fenstersims und grinste mich an, wie ich glaubte. Mein Plärren aber verjagte ihn. Vor Schreck verlor er seine Beute und konnte sie infolgedessen nicht zu seinen vielen anderen geklauten Schätzen in sein Nest legen. Jakob, dieser ungewöhnliche Vogel, soll mehrmals beobachtet worden sein, wie er seinen Heimweg zum Karlstor auf dem Dach der Straßenbahnlinie 1 antrat.

Nachdem ich meine Schreianfälle schon längst eingestellt hatte, kam ich im Alter von ungefähr drei Jahren in die Kinderschule in der Kanzleigasse, am Fuße des zum Schloss steil hochführenden Weges, relativ weit weg von unserem Haus gelegen. Schwester Anna war mein erster weiblicher Schwarm, eine warmherzige und, wie ich meinte, recht gut aussehende Kinderschultante. Eine meiner Lieblingsbeschäftigungen dort war das Spiel »Mudderles un Vadderles«, das wir Kinder uns ausgedacht hatten. Das ging so: Ich war der Vater, Inge die Mutter und wir bauten uns ein Heim. Die dicke Doris, die ich nicht leiden konnte, weil sie mich immer böse anschaute und mich oft durch dumme Bemerkungen reizte, ließ ich links liegen oder höchstens mal unsere »Küche« aufräumen und kehren. Dieses Spiel war – wie der Name schon verrät – so eine Art Familienspiel, bei dem wir wohl in die

Rollen unserer Eltern schlüpften und sie nachspielten. Ein besonderer Fall war Xaver, ein für sein Alter sehr großer dicklicher Junge, ein richtiger »Bomber«, der mir oft wegen seines brutalen Gehabes Furcht einflößte. Als er mir eines Tages drohte, die Polizei zu holen, weil ich ihm angeblich fünf Pfennige schuldete, bekam ich es richtig mit der Angst zu tun. Eine kleine Rauferei beendete schließlich diesen Erpressungsversuch. Xaver versuchte ab nun, bei anderen Kindern ans große Geld zu kommen.

Gerade mit drei Jahren in den Kindergarten gekommen, nahm ich schon Auswirkungen der Reichspogromnacht in meiner unmittelbaren Umgebung wahr. Ich sehe heute noch die 1878 erbaute Neue Synagoge in der Großen Mantelgasse an der Ecke Lauerstraße lichterloh brennen. Eine große Menschenmenge sah diesem makaberen Schauspiel zu. Ich, so erinnere ich mich, rief immer wieder: »Alles zusammengeschlagen!« Aber die Feuerwehr durfte nicht löschen! Auch die zerstörte jüdische Metzgerei in der Unteren Straße, deren eingetretene Tür mit Brettern wieder zugenagelt worden war, habe ich noch genau vor Augen. Meine Eltern besuchten oftmals mit mir sonntags Familie Roos oder Frau Hini, Frau Roos' Mutter, bei denen ich meiner Fresslust so richtig freien Lauf lassen durfte (fünf Stück Kuchen und manchmal noch mehr). Auf einem solchen Spaziergang in der Weststadt hatte ich ein anderes erschütterndes Erlebnis: Aus einem Haus flogen aus dem dritten oder vierten Stockwerk Möbel und andere Einrichtungsgegenstände auf die Straße. Auch kann ich mich erinnern – das war zu einem etwas späteren Zeitpunkt –, dass aus unserer Nachbarschaft, jenseits des Küchengässchens, Leute auf Lastwagen verladen wurden, um, wie es hieß, in Arbeitslager gebracht zu werden. Die schreckliche Zeit des bald beginnenden Krieges überstand ich in der von Bomben verschont gebliebenen Lazarettstadt Heidelberg, wohlbehütet aufwachsend, zum Glück unbeschadet. Im Gegensatz zu manchen Spielkameraden, die in dem nahegelegenen Mannheim ausgebombt, im Flammenmeer brennender Straßenviertel irre geworden, in unsere heil gebliebene Stadt evakuiert wurden.

»Pass jetzt awwer besser uff!«

Morgens kam mich meine Mutter immer singend wecken. Mal sang sie ein Kirchenlied, mal ein fröhliches weltliches Lied. Meist sang sie mehrere Strophen dieser Lieder. Dann ging sie zum Fenster, das im strengen Winter meist mit bizarren schönen Eisblumen geschmückt

war und öffnete die Fensterläden, um Licht ins Schlafzimmer herein-
fließen zu lassen.

Es war mal wieder Freitag, ein für mich besonderer Tag, nämlich
Zahltag, der »Zastig«, an dem mein Vater seinen Wochenlohn aus-
gezahlt bekam und er mir meistens eine kleine Süßigkeit als Überraschung mitbrachte. Seinen privaten handwerklichen Beschäftigungen,
denen er nach Feierabend zu Hause nachging, zollte ich begeistert eine
meinem Alter angemessene Aufmerksamkeit. Mein Vater war für mich
eine große Respektsperson. Er ließ mich schon früh einfache Arbeiten selbst ausführen, nachdem er sie mir, leider meist sehr ungeduldig,
beigebracht hatte. Ich beobachtete ihn gerne, wenn er zum Beispiel die
Schuhe für die gesamte Familie geschickt neu besohlte oder auch nur
die Absätze erneuerte, auf einem schweren metallenen Schusterbock
arbeitend, den er zwischen seinen Knien eingeklemmt hielt. Oder,
wenn er durchgebrannte, am Boden beschädigte Kochtöpfe lötete. Wie
oft hatte er wohl schon die flachen kleinen Aluminiumtöpfe repariert,
die bei uns »Rutscherlin« (Plural von »Rutscherle«) hießen und zu einem Henkelmann zusammengesetzt werden konnten. Alle Böden waren rundherum von Lötzinnhubbeln übersät. Ich durfte bei solchen
Arbeiten nicht nur zuschauen, sondern auch mithelfen. So saß ich einmal auf dem Küchentisch, hielt einen hölzernen Kochlöffel umgekehrt
auf das sauber gefeilte Loch im Kochtopf, um es zu verschließen, damit
mein Vater nun, von der anderen Seite kommend, das flüssige Lötzinn
einlassen konnte. Aber »Autsch!« Ein Wahnsinnsgebrüll ging los, das
mein Vater nicht so richtig zu verstehen schien. Er sagte: »Dös konn
doch nät soo schlimm sei, wemma ä bissl Lötzinn uffs nackde Knie
kriegd. Los! Halt den Kochleffel nochemol hie und pass jetzt awwer
besser uff!« – Ich passte beim zweiten Mal wirklich besser »uff«, aber
bei solchen Arbeiten half ich nie wieder mit.

Mit meiner Mutter, einer überaus gutmütigen, aber auch sehr re-
soluten Frau, ging ich oft die täglich notwendigen Einkäufe machen.
Bäcker, Metzger, das Milchgeschäft, das Kolonialwarengeschäft, alles
noch kleine Läden ohne Supermarktallüren, lagen für uns greifbar
nahe in der allernächsten Nachbarschaft. Selbst wenn es an einem
Knopf oder Reißverschluss mangelte, brauchten wir nur, am Café
Scheu vorbei, ein Stückchen des Weges in die Große Mantelgasse hi-
nunterzugehen und schon war da der Hasenfratz, so hieß der Besitzer des Kurzwarengeschäftes. Allein in der Unteren Straße gab es drei
Bäckereien! Die für mich interessanteste war natürlich die gegenüber
einer Schmiede, Ecke Kleine Mantelgasse, die Bäckerei *Schulz*. Im
dunklen Hintergrund war die Esse mit dem Kohlefeuer, die ab und

zu mit Hilfe eines überdimensionalen Blasebalges mit Fußbedienung angefacht wurde. Hieraus wurde dann mit einer Zange ein weißglühendes Eisenstück herausgenommen und unter Drehen und Hämmern bearbeitet. Viele Eisenteile, eigenartig geformte Werkzeuge, Ketten in verschiedenen Stärken et cetera hingen an den Wänden. Es sah drinnen aus wie in einer Folterkammer. Vorne, am Eingang, hielt der Schmied das eingeknickte Bein eines Pferdes über dem schweren Amboss fest, um dem Tier neue Hufeisen anzupassen. Diese Prozedur war für mich das aufregendste Erlebnis, denn es zischte nun, rauchte und stank widerlich nach verbranntem Horn. Als dann noch die Nägel zur Befestigung des Hufeisens in den Pferdefuß hineingetrieben wurden und die Zuckungen und das erbärmliche Wiehern des unruhig schnaubenden Pferdes seine Schmerzen vermuten ließen, wurde es mir etwas zu viel. Ich eilte lieber zu meiner Mutter in die Bäckerei und bettelte um einen Mürbs. Aber das nächste Mal obsiegte wieder die Faszination dieses Schauspiels in der zur Straße hin offenen Schmiede, denn wie unter Zwang stand ich erneut davor, staunte und rannte, sobald der Schmied die Nägel holte, wieder schleunigst in die Bäckerei.

Sehr gerne ging ich mit Mutter bei Weigands einkaufen, bei einem alten ergrauten Ehepaar, dessen zwei Töchter manchmal auch im »Laden« standen. Dieser Laden war eigentlich nur eine kleine Verkaufsstelle im engen lichtarmen Hof unter ihrer Wohnung, die am Zusammenlauf der beiden Straßen Unterer Fauler Pelz und Oberer Fauler Pelz gelegen war. Es gab dort nur Gemüse, Obst und Kartoffeln in Säcken zu kaufen. Letztere wurden zum Wiegen auf die große schwere Kartoffelwaage, eine Dezimalwaage, gestellt, die gleich neben dem Eingang zum Pferdestall stand. Manchmal war ich enttäuscht, wenn bei unserem Einkauf Herr Weigand mit seinem Pferdegespann noch unterwegs war und ich nur einen Blick in den leeren, schwach beleuchteten Stall werfen konnte. Dann aber glücklich, wenn er mit seinen Pferden, mit einem schon von Weitem hörbaren »Hü« und »Hott«, gerade nach Hause kam, ich das Rollen der Wagenräder mit einem knarrend-knirschenden Geräusch auf dem holprigen Kopfsteinpflaster vernahm, er sodann in die Einfahrt einschwenkte, das Geschirr löste, die Pferde in ihren Stall führte und ihnen mit einer Heugabel Futter gab und gegen ihren Durst noch zwei Eimer voll Wasser hinstellte. Meine Mutter blieb dann mir zuliebe immer ein bisschen länger da, damit ich diese Vorgänge ausgiebig beobachten konnte. Im Grunde genommen taten mir diese Pferde, von denen eines ein klappriger Gaul war, in der Enge dieses ziemlich kleinen und dunklen Stalles leid. Bald war nur noch ein Pferd vorhanden und von dem Ehepaar nur noch sie.

Helmut Weißkapp

»Drück mal feste!«

Meine Kindheit verlief glücklicherweise ohne große Krankheiten. Deshalb kann ich mich auch nur an kleinere Begebenheiten erinnern, die ich mit Ärzten in Verbindung bringen kann. Ich schämte mich sehr, als mich meine Mutter eines Tages zur Poliklinik brachte, mich im Wartezimmer im Beisein vieler anderer Kinder bäuchlings auf ihren Schoß legte und mir kurzerhand die Hosen zum Fiebermessen herunterzog. Ebenfalls dort wäre meine Mutter fast einmal in Ohnmacht gefallen, hätte sie der Arzt nicht des Zimmers verwiesen. Sie konnte nämlich kein Blut sehen, war es auch nur ein kleines Ritzchen an meinem Finger zur Erstellung eines Blutbildes. Was Peinlichkeit im eigentlichen Sinne bedeutet, das hatte ich bei Herrn Dr. Künzel in seiner Praxis in der Anlage erfahren. Meine Mutter hatte mich zu ihm gebracht. Bei der Untersuchung an meinem Po, dem »Auspuff«, wie es manchmal im Umgangsjargon unter Ärzten hieß, war etwas Unvorhergesehenes geschehen: Ich pustete ihm einen Knall ins Gesicht. Aber das war Dr. Künzels eigene Schuld. Warum hatte er auch zu mir gesagt: »Nun, mein Kleiner, drück mal feste!« Geärgert habe ich mich über unseren Zahnarzt in der Kettengasse, Dr. Kramer. Als ich auf seinem Behandlungsstuhl saß und er mich bearbeitete, ich ganz legitim zu jammern anfing, dauernd »Ah« schrie, schien ich ihn wohl genervt zu haben, denn er schlug mir vor, dass ich doch auch einmal »B« sagen sollte. Das ging doch gar nicht, wie ich meiner Mutter beim Verlassen der Praxis erklärte. Fräulein Grün war die Ärztin, die meine Mutter im Krankheitsfalle besonders gerne aufsuchte. Sie arbeitete ausschließlich mit homöopathischen Mitteln und ihre Aussagen über akute und zurückliegende Krankheiten, die sie nur durch Betrachten des Augapfels (Iris-Diagnostik) mit Hilfe einer Taschenlampe ergründen konnte, schienen meine Mutter immer sehr beeindruckt zu haben. *Fluid-Grün*, ein von ihr entwickeltes Medikament, das sie bei Mittelohrentzündung zu verschreiben pflegte, wirkte wirklich Wunder, wenn zuvor ein anderes, allopathisches Arzneimittel schon längst versagt hatte. Aufgrund unserer Armut, von der Fräulein Grün wusste, verlangte sie von uns pro Konsultation im Allgemeinen nur drei Mark.

Als Kräftigungsmittel erhielt ich als Kind oft Lebertran, aber den unbehandelten. Schon seine glasige Farbe und sein öliges Aussehen – vom Geruch ganz zu schweigen – ließen mich zusammenzucken und einnehmen konnte ich ihn nur mit verdrehten Augen und zugehaltener Nase. Ja, und dann musste ich ihn noch schlucken, das war das Allerschlimmste! »Am beschte«, riet mir meine Mutter, »nimmsch du den volle Kaffeeleffel goanz in den Mund und läscht den Lebertroan mit äm Schluck verschwinde, ohne ihn loang im Mund zu behalte.« Das half. War in der Familie doch mal jemand leichter erkrankt, so kurierte meine Mutter mit allerlei altbewährten Hausmitteln. Wenn ich als Kind auf dem Nachttopf saß und nicht konnte, so goss sie heißes Wasser in den Topf, das eine »lösende« Wirkung hatte. War der Erfolg vielleicht doch nicht eingetreten, so griff sie zu der Flasche mit Rizinusöl, eine ähnlich schöne Sache wie der Lebertran. Der Erfolg war stets gesichert. Fieber wurde mit Wadenwickeln angegangen, die auch heute noch als harmloses, aber gutes Mittel im Gebrauch sind. Erkältungskrankheiten, soweit es sich um Halsschmerzen handelte, kurierte man mit einem um den Hals gelegten Säckchen heißer zerstampfter Kartoffeln aus. Saßen die Beschwerden bereits weiter unten, in der Brust, dann wurden Brust und Rücken mit heißem Schweinefett eingerieben. Ich wunderte mich immer wieder, dass die Finger meiner Mutter nicht frittiert wurden, da sie das heiße Fett mit ihren Fingern direkt aus der Pfanne holte und beim Auftragen meine Haut zu verbrennen schien. Vorher wurden auf dem Gasherd Kamillendämpfe inhaliert, wobei ich mit meinem Kopf tief in einem Topf hing, aus dem die heilenden Dämpfe emporstiegen. Um den gesamten Dampf voll auszunutzen, hatte ich noch ein Handtuch über meinem Kopf liegen. Ließ die Dampfkraft nach, so drehte ich blind den Hahn der Gasflamme, der meinen Bauch etwas drückte, weiter auf, bis das Wasser mit den heilenden Kamillenblüten wieder zu sprudeln begann. Dann gab es noch das Seifenwasser, heißes Wasser, in dem gute Kernseife aufgelöst war, das gegen entzündliche und eitrige, doch noch geschlossene Partien, meistens an einem Finger, angewandt wurde, indem man sie darin badete. Bei Ohrenschmerzen oder verstopften Ohren erfuhr ich Linderung, indem über einer Gasflamme in einem Kaffeelöffel verdünntes Wasserstoffperoxyd, früher Wasserstoffsuperoxyd genannt, erwärmt und in das Ohr eingeträufelt wurde, was immer brodelnd aufschäumte und schrecklich kitzelte.

Mein Schwager Harry zeigte uns zu unser aller Erstaunen, wie man einen kleinen Eisensplitter, der im Augapfel festsaß, selbst herausoperieren konnte: Er riss sich ein Kopfhaar aus und legte es, eine Schlinge bildend, geschickt in ein unten leicht geschlitztes Streichholz. Mit diesem preiswerten Arztbesteck holte er tatsächlich den Eisenspan aus seinem Auge. Ein anderes Mal verriet er uns einen Trick, den er in der Kriegsgefangenschaft erlernt und mit dem er erreicht hatte, in ein Lazarett eingeliefert zu werden. Er bekam nämlich plötzlich eine Gelbsucht, wie man glaubte. Seine Augen waren richtig gelb geworden, weil er eine zuvor in Essig getauchte Zigarette geraucht hatte.

Meine Mutter wusste auch ein einfaches Mittel, das ihr im erforderlichen Fall selbst schnell Stärkung verschaffte. Ihr Rezept: Sie »verkläpperte« ein Eigelb in einem Glas mit Traubenzucker und füllte es danach mit einem Gläschen Rotwein auf. Ebenfalls zur Stärkung, aber vor allem bei fortgeschrittener Lungentuberkulose, wenn die Kavernen in den Lungenflügeln geschlossen werden sollten, war folgendes Geheimmittel hilfreich: Man nahm fünf Eier, legte sie mit der Schale in ein großes Glasgefäß und übergoss sie mit dem ausgepressten Saft frischer Zitronen. Nach einigen Tagen war der Kalk der Eierschalen aufgelöst, und das Ganze sah dann aus wie erbrochene Austern. Nun wurden noch einige Löffel Honig, am besten Tannenhonig, hinzugetan, vorsichtig umgerührt und mit einem ordentlichen Schuss Kognak abgeschmeckt. Ich dachte immer, diese Flüssigkeit müsste nun inhaliert werden, die Löcher waren ja schließlich in der Lunge und nicht im Magen. Bald war ich überzeugt, dass es sich hierbei wahrscheinlich um das Rezept eines Scharlatans handelte und dieses letztlich nichts anderes war als eben wirklich nur ein weiteres wohlschmeckendes Gesöff, das man Stärkungsmittel nannte. Bei Zerrungen, Verrenkungen, Verstauchungen et cetera wurde ein Wickel mit Essigsaurer Tonerde auf die lädierte Stelle aufgelegt. Auch diese Heilerde darf nicht unerwähnt bleiben: Sie konnte sowohl eingenommen als auch auf verletzte Körperteile aufgetragen werden und tat uns so gute Dienste. Meine Eltern kannten eine Stelle im Wald und holten sie dort, sodass sie diese nicht zu kaufen brauchten.

Natürlich hatten wir auch einen Hausarzt für eventuell kompliziertere Erkrankungen, und was für einen! Der alte Dr. Ritzhaupt, der seine Praxis an der Ecke Schießtorstraße zur Anlage hatte, war ein schnoddriger liebenswerter Arzt. Seine Praxis war sehr schlicht eingerichtet und erinnerte mehr an eine Studentenbude als an eine medizinische Einrichtung. In einer Ecke stand ein kleiner Kohleofen, hinter dem sich ein Berg voller Briketts auftürmte, mit Anfeuerholz daneben. Ein zierlicher Schreibtisch und eine Liege für Untersuchungen seiner Patienten ergänzten die spärliche Einrichtung dieses Raumes. Wenn Dr. Ritzhaupt einen begrüßte und in sein Untersuchungszimmer komplimentierte, schienen seine Nerven zu flattern, er redete schrecklich aufgeregt und aufregend, seine Bewegungen waren sehr fahrig. Doch wenn er nicht allzu schnell redete, konnte ich ihn ganz gut verstehen, denn er sprach hochdeutsch. Im Fach »Hygiene« schien er bei seinem Medizinstudium allerdings gefehlt zu haben, was ja bereits die ziemlich schmuddelige Ausstattung seiner Praxis vermuten ließ. Mein Vater erzählte, dass er von ihm einmal eine Spritze bekam, deren Nadel der liebe Doktor mit dem Zeigefinger und Daumen abgewischt und sie ihm dann durch die Kleidung in den Arm gejagt hatte. Dr. Ritzhaupt war gutmütig und allezeit hilfsbereit. Er verschrieb, was man wünschte und war insofern ein wirklich guter Arzt. Auch mir half er, als ich ihn in späteren Jahren um ein Attest bat, in dem er bescheinigen sollte, dass das Geräteturnen für mich, der ich beruflich Geiger werden wollte, äußerst gefährlich sei. Somit war ich in der Schule vom Turnen befreit. Zum Erstaunen meiner Klassenkameraden und meines Klassenlehrers war ich aber danach als einer der wenigen in meiner Klasse, sogar zweimal, bei den Bundesjugendspielen als Sieger hervorgegangen.

»Manneken-Pis«

Nachmittags durfte ich als Kind, anfangs noch in Begleitung meiner Mutter, auf dem Ludwigsplatz (heute Universitätsplatz) spielen, auf dessen Mitte früher das 1901 eingeweihte und bei Kriegsende 1918 eingeschmolzene Reiterstandbild Kaiser Wilhelms I. aufgestellt war. Seit 1937 hieß er Langemarckplatz, benannt nach dem Ort Langemarck, wo nach dem Bericht der Obersten Heeresleitung vom 11. November 1914 junge deutsche Regimenter die erste Linie der feindlichen Stellungen nahmen. Bänke, die auf dem Platz zum Verweilen einluden, sorgten für ein wenig Entspannung in Verbindung mit einem unverbindlichen Plausch für die damals noch stärker überarbeiteten Hausfrauen, die ohne Waschmaschine, Staubsauger, ohne die vielen anderen, heutzutage in jedem Haushalt selbstverständlichen Hilfsmittel auskommen mussten. Bei uns wurde die Wäsche noch im Waschtopf auf dem Gasherd gekocht, unter häufigem Umrühren mit dem hölzernen Wäschestempel, und nach dem Ausspülen und Auswringen über eine gefährliche, weil sehr steile und schmale Holztreppe neben der Wohnung von Frau Schmidt nach oben auf den Speicher geschleppt und dort zum Trocknen aufgehängt. Der einfache Teppich und die Bettvorlagen wurden zusammengerollt und zum kleinen Hinterhof hinuntergetragen, wieder aufgerollt, dann über das eiserne Geländer der Kellertreppe gelegt und mit dem Teppichklopfer »gedroschen«.

Anfangs also noch in Begleitung meiner Mutter, durfte ich bald alleine zu meinen Spielkameraden auf den Ludwigsplatz gehen, den man immer noch so nannte und der uns eine große freie Fläche für alle möglichen Spiele bot. Ein bei uns sehr beliebtes Spiel war »der Dreckbauer kommt« (so hieß früher die Müllabfuhr) – ein Spiel, genau so simpel wie schön: Auf den Bänken setzten wir uns auf die Außenlehnen, hantierten mit vielen Gesten und malmenden Geräuschen herum und ahmten den Ausruf des Dreckbauers nach, der »Ahoi« hieß und die Aufforderung zum Weiterfahren bedeutete.

Neben diesen Spielchen haben wir uns nicht gescheut, auch einmal festzustellen, wer von uns der Meister im Weitpinkeln war. »Pinkeln« war zu jener Zeit bei uns nicht der geläufige Ausdruck, wir nannten es »schiffen«. Später, auf dem Gymnasium, amüsierten wir uns noch über den Satz »...et Caesar in portum navigavit« (»...und Caesar schiffte in den Hafen«). Drei von uns Sumen, alle »wascheschte Neckarschlämer«, stellten sich also auf der einen Seite der Augustinergasse in einer Reihe auf, die Füße weit über den Bordstein hinausragend (jeder Zentimeter konnte ja gewinnentscheidend sein). Diese gesetzte Grenze respektierend, nicht überschreitend, gingen wir leicht in die Knie. Gleichzeitig das Gewicht des leicht gebückten Oberkörpers etwas nach hinten verlagernd, um die Balance halten zu können, schoben wir dann den Unterkörper weit nach vorne und steil nach oben, um auch hier wieder einen möglichen Vorsprung vor den anderen zu erzielen. So standen wir nun da, alle in der gleichen Stellung, ähnlich wie die Brunnenfigur »Manneken-Pis« in Brüssel, abwartend, bis schließlich einer das Kommando schrie: »Jetzt!« Und dann ging's los. Die zuvor angestellten klugen Überlegungen mit dem Zentimeter-Herausschinden-Wollen erwiesen sich als völlig überflüssig. Die Unterschiede der erreichten Entfernungen waren nämlich zu extrem, als dass ein genaues Nachmessen erforderlich gewesen wäre. Der Kleinste von uns hatte es am weitesten geschafft: weit über die Straßenmitte hinaus.

Außer Klaus und Joachim, die zu meinen ersten und engsten Spielkameraden zählten, gab es auch noch andere Jungen, zu denen wir uns gar nicht hingezogen fühlten. Da war zum Beispiel Ralph, ein richtiger Rowdy, der bei einem Streit immer spuckte, kratzte, an den Haaren zog und Fußtritte verteilte, alles Verteidigungsmaßnahmen, die wir verabscheuten. Für fünf Pfennige »Belohnung« schlich er sich von hinten an Frauen heran und hob mit einem Stock ihren Rock hoch. Der Ausbruch eines allgemeinen Gelächters war trotz dieser unfeinen Handlungsweise oft nicht zu bremsen. Es artete sogar meistens in ein lautes Gekreische aus, was allerdings in einem Fall jäh abbrach, als nämlich in der Hauptstraße ein älterer grantiger Mann, der sich wohl in seiner Ruhe gestört fühlte, mal wieder seinen Nachttopf aus dem Fenster im dritten Stockwerk entleerte, einfach auf die unten Vorübergehenden. Man erzählte von diesem komischen Kauz, dass er seine Urlaube lieber alleine, ohne seine Frau, mache.

Er habe sie dann aber doch immer mitgenommen, weil er ihr keinen Abschiedskuss geben wollte.

Ein anderes Spiel war »Um die Neu Bau«. Hier war das Spielareal der Gebäudekomplex, der von der Ostseite des Ludwigsplatzes, der Augustinergasse, der Merianstraße, der Schulgasse und dem Marsiliusplatz eingefasst ist (Letzterer ist benannt nach dem ersten Rektor der Universität, Marsilius von Inghen). Einer »kämpfte« gegen alle anderen Spieler, die sich an beiden Seiten des Gebäudeblocks je zur Hälfte auf dem Marsiliusplatz aufgestellt hatten und nun, links »Um die Neu« und rechts »Bau« schrien. Das war das Startzeichen des aufregenden Spiels. Der Einzelgänger hörte das Startgeschrei irgendwo in der Merianstraße und ging zu einer Gebäudeecke. Er wurde nun von der einen Gruppe gesehen, die an der Ecke lauerte. Der Einzelgänger kam den Gegnern immer näher, erst ganz harmlos, übertrieben langsam gehend und rannte dann, so schnell er vermochte, auf die Gruppe zu. Beide Gruppen versteckten sich nun, so gut wie sie es konnten, hinter Treppenabsätzen, Mauern oder sonst wo in der Nähe. Wurde einer entdeckt und sein Name gerufen, rannten die beiden auf die Stelle zu, an der man sich frei schlagen konnte oder gefangen war, je nachdem, wer zuerst die Stelle erreicht hatte. Der Einzelgänger bemühte sich natürlich, möglichst alle zu fangen. Hatten sich jedoch alle frei geschlagen, dann war das Spiel beendet und er musste wieder zurück; oder es wurde ein anderer bestimmt.

Ich bin nun aus Versehen der Zeit etwas vorausgeeilt. Ich habe ja immer noch den Status eines Kinderschülers und reifte in der Kinderschule unter der liebevollen Ägide meiner Schwester Anna zu einem stattlichen Buben heran. In dieser Zeit trieben wir noch allerlei zum Teil grausamen Unfug. Wir verfolgten mit dem Brennglas um ihr Leben rennende Ameisen, die keine Chance hatten. Oder wir fingen Fliegen, die wir in eine mit einer Glasscherbe abgeschirmte, ausgekratzte breitere Ritze zwischen zwei Pflastersteinen steckten und interessiert beobachteten. Am nächsten Tag mussten wir feststellen, dass sie leider alle gestorben waren. Aus Altersschwäche, wie wir meinten.

Heulen und Krachen

Es folgte die hektische Zeit der Kriegsvorbereitungen. Nach dem Beginn des Krieges im September 1939 sah ich viele Soldaten mit Kriegsgerät in der Stadt herumeilen. Durch die Anlage bewegten sich Truppen in Kampfausrüstung, zum Teil beritten, mit von Pferden oder Militär fahrzeugen gezogenen Kanonen, auch den viel sympathischeren Gulaschkanonen. Das Ganze verlief in ausgesprochen heiterer Stimmung. Eine große Menschenmenge feuerte die Vorbeiziehenden zu beiden Seiten der Straße an und warf ihnen manchmal Blumensträuße zu, sodass man glauben konnte, gerade an einem großen fröhlichen Festzug teilzunehmen. Auch ein Musikzug fehlte natürlich nicht. Und dann kam die Zeit, in der tagsüber und nachts, nach und nach immer häufiger, die Sirenen heulten: Fliegeralarm! Erst der Voralarm und danach, mit scheußlich einsetzendem Heulen, der Hauptalarm, auf und ab, auf und ab, der die Luft so erbarmungslos durchschneidende warnende Ton. Jetzt spätestens mussten die Straßen von den Menschen leer geräumt und alle, egal, wo sie sich gerade befanden, in Luftschutzkellern verschwunden sein.

Unser Luftschutzkeller war – wie alle anderen auch – mit circa 80 Zentimeter hohen Durchbrüchen zu den Nachbarkellern versehen, die mit leichten Steinen zugemauert waren. Auf beiden Seiten standen Pickel, im Bedarfsfall zum Aufschlagen bereit. Falls wir bei einem Bombenangriff gänzlich verschüttet worden wären, hätten wir in irgendeiner anderen Straße wieder zur Oberfläche gelangen können. Auch gab es zur Straße hin Kellerfenster, von außen durch weiße Striche als Notausstieg gekennzeichnet, die zur Rettung von eingeschlossenen Menschen dienen konnten. Zuerst hatten wir nur zwei erbärmlich wirkende winzige Kammern mit Lattenverschlägen zur Verfügung, in denen normalerweise Briketts, Kartoffeln, von der Mutter selbst Eingemachtes und sonstige Dinge, die man in Kellern aufzubewahren pflegte, gelagert waren. Mein Vater richtete dann in der einen Kammer zwei übereinandergebaute Pritschen ein, auf denen man bei Fliegeralarm versuchen konnte, die gestörte Nachtruhe fortzusetzen. Nachdem ich meistens schon beim Voralarm auf dem Bett meiner Eltern in Teppiche eingewickelt worden war (Teppiche nannten wir die ganz normalen Decken), trug mich mein Vater über den schon erwähnten kleinen Hof (ob es regnete oder schneite) eine weitere Sandsteintreppe hinunter, in seiner rechten Hand eine Taschenlampe, mit seiner linken Hand mich, das Mumienpaket, über eine Schulter gelegt. Er musste sich dann nach dem Öffnen der kleinen schlichten Holztür sehr tief bücken, um mich heil unter dem niedrig hängenden Gewölbe durchzubringen. Die letzte Steintreppe, noch steiler, führte dann endlich hinunter zu der Kammer mit den beiden Pritschen, links vorbei an den Absperrventilen und Ablaufhähnchen der Wasserversorgung für unsere Wohnung oben, rechts vorbei am Sauerkrauttopf und dem schön bemalten Steinguttopf, in dem mit »Wasserglas« konservierte Eier ihre Existenz durch Unsichtbarkeit demonstrierten. Ganz unten angelangt, hüpfte der schwache Schein der Petroleumlampe schemenhaft über das alte Kellergewölbe und bot eine nur spärliche Beleuchtung für unseren nächtlichen Aufenthaltsort. Ich wurde auf die eine Pritsche gerollt, eher gekippt, meine Schwester schlief auf der anderen, wo sich meine Mutter auch manchmal ausruhte.

Mein Vater konnte infolge seiner Verwundung im Ersten Weltkrieg nicht mehr an der Front eingesetzt werden. Er war Kanonier gewesen. Ein Granatsplitter hatte seinen Fuß durchschlagen und auch noch den anderen verletzt, während einer seiner Kameraden beim Einschlag der Granate sofort tot war und einem anderen beide Beine abgerissen wurden. Ein weiteres Kriegsrelikt war ein kleiner, in seiner Stirn hin und her wandernder Splitter, den ich interessant fand und immer wieder betasten musste. Mein Vater hatte nun die Aufgabe eines Luftschutzwartes übernehmen müssen. Sie bestand im Wesentlichen darin, in der Nachbarschaft für die Einhaltung bestimmter Vorschriften im Alarmfall zu sorgen. Zum Beispiel die noch auf der Straße herumirrenden Leute, die es nicht so eilig zu haben schienen, zum Aufsuchen von Luftschutzkellern anzuhalten. Oder nachts vor, erst recht aber während eines Fliegeralarmes die einwandfreie Verdunkelung der Fenster zu prüfen. »Licht!«, hallte es des Öfteren durch die stockfinstere Nacht, wenn ein Verdunkelungsrollo doch noch einen schwachen Lichtschimmer durch einen Ritz fallen ließ. Autos und Straßenbahnen fuhren mit abgedunkelten Scheinwerfern, auf denen zu diesem Zweck schwarze Masken angebracht waren, an welchen nur ein schmaler horizontaler Spalt für den Lichtaustritt erlaubt war. Dies diente den Fahrern zweifellos eher dazu, gesehen zu werden, als selbst etwas zu sehen. Die Fußgänger hatten sogenannte Leuchtplaketten, die an der Kleidung, etwa am Revers, wie Schmuckstücke angebracht waren, um bei wirklich finsteren Nächten von Entgegenkommenden wahrgenommen zu werden. Diese Plaketten hatte man zuvor unter eine möglichst helle Lichtquelle gehalten. Ihr fluoreszierendes Leuchten hielt dann eine ganze Weile an. Wer es sich leisten konnte, besaß eine Taschenlampe mit Dynamobetrieb. Für die Hand, die sie bediente, eine mühsame Angelegenheit: Für jeden abgegebenen Lichtstrahl musste sie nämlich eine kontrahierende Bewegung an der Taschenlampe ausführen, was dann so aussah, als ob das Licht aus der Lampe herausgequetscht würde und schnell zur Ermüdung der Hand führte.

Später erhielten wir einen größeren Schutzraum, mit gestampftem Erdboden, der uns vom Hausbesitzer wahrscheinlich deshalb zur Verfügung gestellt wurde, weil in den Kellern Gasschleusen eingebaut werden mussten. Der Raum besaß zwei schwere Holztüren aus Fichtenholz mit einem Guckfenster, die mittels zweier Hebel geöffnet und geschlossen werden konnten. Die Möglichkeit eines Gasangriffes schien somit ins Kalkül gezogen worden zu sein, was unsere Beunruhigung ansteigen ließ, welche allenfalls durch das Wissen um die vorhandenen Schleusen gemildert wurde. Zu jener Zeit bekamen wir auch elektrisches Licht im Keller, das im Hausgang oben ein- und auszuschalten war. So hockten wir nun bei Fliegeralarm alle, manchmal mit Besuch, gemeinsam in diesem Raum, das Notköfferchen immer dabei, welches Erste-Hilfe-Material enthielt: unter anderem Glasstäbchen zum Entfernen möglicher brennender Phosphorspritzer, die aus explodierenden Phosphorkanistern herausgeschleudert wurden und die unbedingt von der Haut entfernt werden mussten, sollten sie sich nicht weiter in den Körper hineinfressen. Ein anderes, in der Wohnung stets bereitgestelltes Köfferchen, enthielt ganz persönliche Papiere und vor allem auch Fotos, die ja im Falle einer Vernichtung unwiederbringlich gewesen wären.

Frau Schmidt kam nur dann angstvoll und in Eile durch das unbeleuchtete Treppenhaus vom vierten Stock in den Luftschutzkeller heruntergestürzt, wenn es allzu sehr unter ihrem Dach rumste. (Ein Gewitter ängstigte sie mehr!) Es krachte in der Tat oftmals ziemlich laut, entweder wegen des Flakabwehrfeuers oder auch wegen vereinzelt fallender Bomben. So wurde zum Beispiel der Heidelberger Tiergarten durch Bombentreffer arg in Mitleidenschaft gezogen, im Güterbahnhof schlugen Bomben ein und das Hilfskrankenhaus in der Gaisbergstraße – trotz des großen roten Kreuzes auf weißem Grund auf dem Dach – wurde, wohl aus Versehen, von einer solchen getroffen. Es gab bei Patienten und Personal Tote und Verletzte. Mein Vater hatte das Krankenhaus gerade 14 Tage zuvor verlassen, wo er wegen eines Magengeschwürs operiert worden war. Er aß in der Waggonfabrik meist nur seinen in einem kleinen Gefäß mitgebrachten Haferschleim zum Mittag, da er wegen seiner Magenerkrankung im Allgemeinen nur sehr wenig und nur Diätetisches essen konnte. Nach der Operation, bei der man die Hälfte seines Magens entfernt hatte, war es ihm jedoch vergönnt, doppelt soviel wie zuvor essen zu können. War ich nach der Entwarnung nach oben in unsere Wohnung getragen worden, so konnte es passieren, dass ich, bereits halb ausgepackt, wegen erneut einsetzenden Alarmes schon wieder in die Teppiche eingewickelt und in den Keller getragen wurde. Es war für die Menschen eine unvorstellbare Belastung, wenn die Nächte immer wieder zum Tag gemacht wurden.

Tatzen und Brummen

Im September 1941 wurde ich mit sechseinhalb Jahren eingeschult, kam in die Friedrich-Ebert-Schule in der Sandgasse an der Ecke zur Plöck (zu jener Zeit hieß sie Hindenburg-Schule), die einen großen Schulhof gemeinsam mit der gegenüberliegenden Lieselotte-Schule hatte, der Volksschule für Mädchen. An jedem Schulmorgen mussten wir den in das Klassenzimmer eintretenden Klassenlehrer – mein erster hieß Herr Heitz – mit »Heil Hitler« begrüßen und durften uns erst setzen, wenn er ein Zeichen dafür gegeben hatte. Schiefertafel und Griffel waren meine ersten Schulutensilien, die später durch Schreib- und Rechenhefte und einen Federhalter ersetzt wurden. Der Federhalter war in das auf dem Schreibtisch der Schulbank eingelassene Tintenfass einzutauchen, was oftmals – unabsichtlich und auch absichtlich – zu ganz schönen Schmierereien führte, sowohl auf der Schulbank selbst, als auch in den Heften und auf den Kleidern. Erst viel später wurde uns erlaubt, mit einem Füllfederhalter zu schreiben.

Im ersten Schuljahr lernte ich zunächst die damals noch übliche Sütterlinschrift, die um 1911 im Auftrag des Preußischen Kultusministeriums von dem Berliner Graphiker Ludwig Sütterlin geschaffene Schreibschrift. Sie war die Grundlage der 1935 an den deutschen Schulen als Normalschrift eingeführten »Deutschen Volksschrift«, die 1941 durch die »Deutsche Normalschrift«, eine lateinische Schreibschrift, ersetzt wurde. Der Schulleiter war Herr Kurzenhäuser. Und mein späterer Klassenlehrer war Herr Wächter, der meinen ersten Klassenlehrer an Strenge noch um eine Spur übertaf. Wenn er »Tatzen« verteilte, man also mit ausgestrecktem Arm eine geöffnete Hand hinhalten musste, dann schlug er nicht mit dem Zeigestock, sondern mit dem Lauf eines Luftdruckgewehres auf die Handfläche. Herr Wächter soll im Laufe des Krieges für »Führer, Volk und Vaterland« gefallen sein.

Maiglöckchen zu sammeln war idyllisch. Dies war den Klassen aufgetragen worden, weil man aus dieser giftige Glykoside enthaltenden Pflanze ein Medikament, ein Herzmittel, gewinnen kann. So zogen wir also mit der Klasse los und sammelten in kleinen Körbchen etwas oberhalb des Großen Riesensteines die Blätter dieser angenehm riechenden Heilpflanze. Der Große und der Kleine Riesenstein, so benannt nach zwei Riesen, Vater und Sohn, die anno dazumal auf der Neuenheimer Seite hausten, waren zwei Felsblöcke aus rotem Sandstein, die ursprünglich auf der anderen Neckarseite gelegen hatten. Der Riesenvater – vermutlich um seinem Sohn zu imponieren – hatte den kleineren Felsbrocken genommen und diesen über den Fluss geworfen, so weit, dass er am Berg hängen blieb. Der Sohn, noch nicht ganz ausgewachsen, aber doch schon ein Riese, packte einen wesentlich größeren Felsbrocken und setzte ihn mit einem hohen Wurf sogar über den Stein seines Vaters. Ob der Vaterriese daraufhin beschämt oder stolz auf seinen kleinen Riesen war, ist nicht überliefert. Die normal großen Menschen haben dann zu späteren Zeiten, noch bis ins 20. Jahrhundert hinein, den Großen Riesenstein als Steinbruch benutzt und in mühsamer Arbeit, zuletzt mit Hilfe von Sprengungen, mehr oder weniger große Steine zum Bauen herausgebrochen. Nun ist er weitestgehend von Pflanzen überwuchert.

Weniger idyllisch, eher grausam, ging es manchmal beim Altpapierabladen zu (Altpapiersammlungen waren uns Schülern auch aufgetragen worden). Das Papier wurde in einem kleinen Holzhäusel gestapelt, das zu diesem Zweck auf dem Schulhof zur Plöck hin aufgestellt war. Im Innern tobte oft die reinste Papierschlacht! Hugo, ein Siebtklässler, tat sich da in besonderer Weise hervor, indem er sich einen auf den Papiermassen herumtollenden kleinen Jungen schnappte, ihm einen großen Karton überstülpte, sich daraufsetzte und laut zu singen begann. Das endete natürlich immer mit lautem Geschrei, sowohl der herumtobenden und sich amüsierenden Jungen, als vor allem auch des unter diesem Karton eingeschlossenen und jammernden Gefangenen. Zwischendurch, während des Unterrichts, schrillte immer wieder der Fliegeralarm, bei dem alle Schüler und Lehrer in den Luftschutzräumen im Keller verschwanden.

War die Schule zu Ende, ging es immer mit großem Gebrüll auf den Heimweg, auf dem das »letzte Detschl« vergeben wurde. Irgendeiner fing an und gab einem Mitschüler einen leichten Schlag mit der flachen Hand, rannte davon, wurde von diesem verfolgt und entkam vielleicht. Wenn es gelang, dann versuchte derjenige, dem das »Detschl« anhaftete, es einem anderen weiterzugeben, denn man empfand es als Schmach, mit solch einem Makel nach Hause gehen zu müssen. Dort angekommen – ich hatte einen nur wenige Minuten kurzen Schulweg – wartete schon das einfache Essen auf mich, das meine Mutter stets selbst liebevoll zubereitet hatte, denn Fertiggerichte waren uns unbekannt. Das Gemüse war immer frisch, der Kartoffelbrei durch die kräftigen Arme meiner Mutter mit dem Kartoffelstampfer entstanden. Davor gab es oft eine »eingebrannte Grießsuppe« oder eine Bouillonsuppe mit Markklößchen oder Eierstich. Samstags gab es dann Eintopf, meistens »Kartoffelschnitts mit Brie« und reingeschnipselte Lyoner Wurst, sonntags ein Gericht mit Fleisch. Und hier noch einige meiner Lieblingsspeisen, von denen manche allerdings etwas aufwendiger herzustellen waren: Schupfnudeln, »Kadeiserkleeß« (Kartäuserklöße), Dampfnudeln, am liebsten zusammen mit den selbst gesammelten und eingemachten Heidelbeeren, dann abgeschmälzte Grießknöpfe mit »Kracherlin« (im Fett gerösteten kleinen Brotstücken), »Weckschniete« (Weckschnitten) mit Weinsoße, für mich mit Vanillesoße, oder auch mal Leberklöße (hergestellt aus je einem Drittel Leber, Herz und Lunge) mit Sauerkraut. Die »Pfannekuche« natürlich nicht zu vergessen.

Hin und wieder wurde das Essen etwas später serviert, dann nämlich, wenn das Gas ausgegangen war und ich erst noch schnell Gasmünzen zum Nachwerfen für die im Hausgang, oberhalb der Küchentür angebrachte Gasuhr kaufen oder bei einem Nachbarn ausleihen musste, falls die Geschäfte schon geschlossen hatten. Das Gleiche passierte später mit dem elektrischen Licht, das schon mal plötzlich ausging, weil der Stromzähler Hunger nach Strommünzen bekommen hatte. Zunächst waren sie viel zu groß und zu schwer, dafür aber leichter zu finden als die danach gültigen Münzen in Pfenniggröße. Die Münzen hatten wir im »Kläne Griegl«, einem kleinen porzellanenen Milchkrügchen aufbewahrt, im Küchenschrank oben links, wohinein die Mutter auch das Kleingeld zu legen pflegte.

Meine Eltern legten Wert darauf, dass ich vor dem Spielen erst die Hausaufgaben machte. Diese wurden von mir immer sehr schnell erledigt, denn mit meinen Freunden zu spielen, was mir allmählich im weiteren Umkreis von zu Hause erlaubt war, lockte doch sehr. Da war zunächst einmal der Petersgarten, der alte Friedhof um die Peterskirche herum, die älteste Kirche in Heidelberg, urkundlich bereits 1196 erwähnt. Viele alte Grabsteine an der Kirche sowie an der Mauer zur Anlage hin, die Inschriften zum Teil bis zur Unkenntlichkeit verwittert, zeugten von einer ehemals hohen Belegung dieses Kirchhofes, auf dem die Gräber bestimmt noch vorhanden, aber nicht mehr zu erkennen waren. Wildwachsendes Grünzeug war über sie hergefallen, was einen höchst verwahrlosten Eindruck hinterließ. An der für uns ziemlich hohen Mauer dienten die an ihr angebrachten Grabplatten als Kletterhilfen, damit wir uns dann, oben angelangt, schnell über das eiserne Gitter auf den Bürgersteig der Anlage schwingen konnten.

Ein schauriges Erlebnis schien sich für uns eines Tages im Petersgarten anzubahnen, als wir von einem Mord erfuhren, der hier geschehen sein sollte. Der damalige Kirchendiener, der Vorgänger meines Vaters, war in den Verdacht geraten, der Mörder zu sein; oder wir Kinder meinten es nur, weil er immer ganz in Schwarz gekleidet und mit seinen schneeweißen Haaren und Furcht erregenden Gesichtszügen genauso aussah wie ein Mörder und er es infolgedessen auch sein musste. Aber irgendetwas lag in der Luft! Der Kopf des Ermordeten sollte in Zeitungspapier eingewickelt in einem der Kellerausgänge der Kirche liegen. Keiner von uns hatte jedoch den Mut, dies zu überprüfen. Jedenfalls kam doch die Polizei hinzu und was sie fand, das war wohl kaum mehr als ein alter Skelettknochen oder vielleicht sogar ein Schädel aus einem der alten Gräber, sonst nichts! Der Alarm wurde also abgeblasen. Statt dessen kam wieder der richtige: der Fliegeralarm, erst der Voralarm und, während ich schnell nach Hause eilte, bereits der Hauptalarm, dieses scheußliche heulende Auf- und Abschwellen der lautstarken Sirenentöne, das durch die Phasenverschobenheit der vielen anderen Sirenen im Stadtgebiet noch nervenzerfetzender wirkte.

Ein anderes Mal war der Einsatz der Polizei bei der Peterskirche – an fast derselben Stelle wie im beschriebenen »Mordfall« – allerdings wirklich vonnöten. Ein Pferdegespann war die steile Klingentorstraße hinuntergerast, weil der Kutscher die Bremsen des Wagens wegen eines Defektes nicht mehr bedienen konnte. Mit dieser großen Beschleunigung des Wagens hatte das arme Tier nicht gerechnet. Der Schub von hinten brachte es zwar zunächst noch auf Trab, aber bald geriet es außer Kontrolle, hoppelte und stolperte verängstigt und alle ängstigend über den zum Glück nicht geschlossenen Bahnübergang und steuerte über die Straße auf eine breite nach unten führende Treppe zu, prallte gegen einen Alleebaum, wurde dadurch abgebremst und brach laut wiehernd zusammen. Die sofort herbeigerufene Feuerwehr, auch für solche ungewöhnlichen Vorfälle zuständig, versuchte das Tier mit einem breiten Gurt, den ihm die Hilfskräfte um den Bauch gelegt hatten, mithilfe eines Kranes wieder auf seine Beine zu stellen. Doch vergeblich, es brach immer wieder zusammen, sodass das Schicksal dieses bedauernswerten Huftieres besiegelt war. Ein Polizist gab ihm eine Kugel und ein Metzger öffnete ihm mit einem Schlachtermesser die Halsschlagader, um es ausbluten zu lassen. Das Blut schoss gleich heraus und rann in den nahe gelegenen Gully. Der Rest des Tieres wurde dann abtransportiert und sicherlich in der Freibank – einer Verkaufsstelle für minderwertiges Fleisch – zu Steaks und Wurst verarbeitet. Für die in der damaligen Zeit zahlreichen Liebhaber von Pferdefleisch war dies eine willkommene Delikatesse.

»Sie brummen schon«, sagte meine besorgte Mutter etwas vorwurfsvoll, weil ich nach Beginn des Hauptalarmes nicht gleich zu Hause war. »Sie«, das waren die vielen feindlichen Bomber, umgeben von ihrem Begleitschutz, den um sie herumflitzenden Jägern, die den Bomberpulk wie Hirtenhunde ihre Herde, so schien es, zusammenzuhalten versuchten. Meine Mutter war auch gerade nach Hause gekommen. Sie hatte die alte dicke Sophie besucht, um die sie sich des Öfteren kümmerte, eine ehemalige Arbeitskollegin, die vollständig erblindet war und in der Ziegelgasse in einem kleinen Zimmerchen wohnte. Dort schnitt ihr meine Mutter die Fußnägel und behandelte ihre Hühneraugen. Diese Hilfe ließ sie ihr manchmal auch bei uns zu Hause angedeihen, wenn sie zum Essen eingeladen war. Sophie hatte die Eigenschaft, Gemüse, Kartoffeln und Fleisch hintereinander, also getrennt zu essen, was ich komisch fand und einfach nicht verstehen konnte. Die Arme kam dann eines Tages ins Altersheim in Weinheim, wo meine Mutter und ich sie hin und wieder besuchten. Für mich war das spannend und unterhaltsam, weil wir die 19 Kilometer lange Reise mit einem Bimmelbähnchen machten, das – von einer seltsam aussehenden und Feuer spuckenden Lokomotive, dem »Feurigen Elias«, gezogen – damals noch vom Bismarckplatz aus bis Weinheim fuhr. Etwas später, nach fortgeschrittener Elektrifizierung der Strecke, konnten wir erst in Handschuhsheim, der Endhaltestelle der »Elektrischen«, der Straßenbahnlinie 2, in dieses Ungeheuer umsteigen, das dann nach einigen Jahren, wohl wegen seiner asthmatischen, keuchenden Geräusche, seiner Langsamkeit und letztlich auch wegen seiner Luftverpestung, das Zeitliche segnen musste. Sophie, so munkelte man – und da das Munkeln genauso gefährlich war wie das Aussprechen einer beweisbaren Wahrheit selbst, durfte man es also im Allgemeinen der Wahrheit durchaus gleichsetzen –, soll von den Nazis ermordet worden sein. Das »Euthanasiegesetz« schrieb ja unter anderem vor, »überflüssige Fresser«, die zu nichts mehr nützlich waren, zu »eliminieren«, um anderen, noch »nützlichen Fressern«, die immer spärlicher werdenden Nahrungsmittel zukommen zu lassen.

Das Brummen der Bombergeschwader wurde nun immer stärker. In unserer Küche hing neben dem Wasserstein das Planquadrat, eine Landkarte vom Großdeutschen Reich, die in Quadrate eingeteilt war. Mit deren Hilfe konnte man, zusammen mit den durch die Nachrichten übermittelten Koordinaten, den augenblicklichen Standort der feindlichen Bomber bestimmen und ihre Flugrichtung verfolgen. Mein Vater saß auf einem Stuhl auf dem Küchentisch, ein Ohr lauschend an den Volksempfänger gelehnt, um ganz leise den »Feindsender« BBC in deutscher Sprache abzuhören. Auf solch »defätistischem« Tun stand zwar die Todesstrafe, aber mein Vater ließ sich trotz ständig wiederholter Proteste meiner besorgten Mutter nicht von dieser gefährlichen Gratwanderung abhalten. Diesen Moment kurzer Ablenkung meiner Eltern nahm ich wahr, um schnell auf den Speicher hinaufzueilen, ein Dachfenster, das wie immer klemmte, nach oben zu schieben und die Flugzeuge zu zählen: Über 1000 an der Zahl flogen über Heidelberg hinweg in südöstlicher Richtung, um wenig später ihre todbringende

Last über einer Großstadt abzuwerfen. Meine Eltern, die überall nach mir riefen, kamen nicht auf die Idee, mich gerade auf dem Speicher zu suchen. Ich schlich mich hinunter und war plötzlich wieder da.

Eines Tages sah ich durch das Gangfenster neben der Küche einen einsamen Fallschirm im Westen der Stadt herunterpendeln. Eine Sensation für mich! Schnell hatte sich herumgesprochen, dass in der Nähe des Tiergartens ein feindliches Flugzeug abgestürzt sei. Ich – auf dem großen Damenfahrrad meiner Schwester, das ich nur im Stehen fahren konnte – radelte die circa vier Kilometer lange Strecke bis zum Tiergarten und konnte tatsächlich noch sehen, wie Polizisten den abgeschossenen englischen Flieger mit erhobenen Armen abführten. Alle seine Taschen waren nach außen gestülpt und er war natürlich bereits entwaffnet worden. Seine Maschine muss etwas weiter weg von Heidelberg getroffen worden sein, denn Flakbatterien waren in der Stadt und in der unmittelbaren Umgebung von Seiten der Alliierten nicht geduldet, sonst hätte Heidelberg den besonderen Status einer Lazarettstadt bestimmt verloren. Auch die Scheinwerfer, die nachts den Himmel nach feindlichen Flugzeugen absuchten – sofern klares Wetter vorherrschte – waren weiter weg von Heidelberg stationiert, da diese Einheiten ja mit Flakeinheiten zusammengestellt waren. Wehe, wenn ein Flugzeug von einem solchen breiten Lichtstrahl erfasst wurde, weitere zur Unterstützung hinzukamen und die Flak dann zu feuern anfing – da war ein Entkommen kaum möglich. Es soll nur selten ganz verwegenen und erfahrenen Piloten, zum Beispiel durch einen Sturzflug, gelungen sein.

»Du Dabbscheedel!«

Der Ludwigsplatz blieb vorläufig noch unser Hauptspielplatz, das Terrain, auf dem wir, oder von dem aus wir unsere neugierigen Unternehmungen starteten. Da nun mal Krieg war, waren auch wir Kinder immer bewaffnet, sei es mit Degen, die mein Freund Klaus irgendwo aufgegabelt hatte und mit denen wir bei einbrechender Dunkelheit auf den granitenen Randsteinen der Trottoirs Funken schlugen, oder nur mit einem Prügel. Auch echte Übungshandgranaten gehörten zu unserer Ausrüstung, ebenso selbstgebastelte Pistolen und Gewehre. Wenn dann beim Spielen einer von uns »erschossen« wurde, musste dieser bis 30 zählen und war dann wieder »lebendig« und frei. Ich hatte mir angewöhnt, dem Opfer spätestens bei 26 wieder einen »Schuss« zu geben, damit es »tot« blieb und dadurch meine Partei leichter nach den anderen Gegnern suchen konnte. Denn um zu gewinnen war es nötig, dass eine Partei alle Gegner besiegte. Die Prügel, die uns ein Gefühl der Stärke vermittelten, legten wir auch nicht ab, als wir die aufregende Nachricht aufschnappten, im nahegelegenen katholischen Pfarrhaus neben der Jesuitenkirche läge ein toter Pfarrer im offenen Sarg aufgebahrt. »Den gucke mir uns oa! – Kommt!« Es war, wie es hieß, ein Prälat, worunter wir uns nichts vorstellen konnten. Aber das machte nichts. Wir wollten ebenso wie die Gemeindemitglieder von ihm Abschied nehmen. Also gingen wir, durchaus betont ehrfurchtsvoll, wohl aber mehr ängstlich, und sicherheitshalber – man konnte ja nie wissen – mit unseren Prügeln in der Hand in den feierlich hergerichteten Raum hinein, schritten einige Male um den geschmückten offenen Sarg und dann wieder hinaus, froh darüber, dass uns nichts passiert war und stolz in dem Gefühl, nun mal einen Toten, der sogar ein Prälat gewesen sein soll, gesehen zu haben.

Auf den Ludwigsplatz wieder zurückgekehrt, bot sich uns ein seltsames Schauspiel: Zwei Hunde, ein Rüde und eine Hündin, hatten sich gefunden. So etwas hatten wir zwar schon des Öfteren mit wachsendem Interesse beobachtet – mein Freund Klaus »opferte« sogar einmal sein kleines läufiges Hündchen extra für mich und ließ es von einem Rüden »bearbeiten«, in der Absicht, mir mit wortreichen Erläuterungen tiefere Kenntnisse von solch heftigem Geschehen zu vermitteln –, aber, was war denn das? Die beiden Hunde, die zusammenhingen, zerrten in jeweils entgegengesetzter Richtung mit wechselndem Erfolg mal den einen, mal den anderen hinter sich her. Mir kam die Vorstellung von zwei aneinandergekoppelten Lokomotiven in den Sinn, die, den Schornstein jeweils vorne, jede in ihre Richtung wegzufahren versuchten. Das ging doch auch nicht! Das Ende dieser Vorstellung kam abrupt, als ein Metzgergeselle von der gegenüberliegenden Metzgerei den beiden Hunden einen Eimer kaltes Wasser übergoss. Nun konnte jeder endlich in seine gewünschte Richtung davonlaufen.

Ach, da kam mal wieder dieser komische Kerl, ein älterer Mann, mit seinem Papagei auf der Schulter die Straße entlang. Komisch war er, weil er für fünf Pfennige sein Kunststück vorführte, das ihn in seiner Physiognomie noch mehr entstellte, als dies bereits der Fall war. Er zog ein paarmal, indem er stützend seinen Daumen seitlich an sein Kinn legte, mit den vier anderen Fingern an der Unterlippe seines zahnlosen Mundes, prolongierte sie sozusagen, bis er sie dann mit einem heftigen Ruck nach oben weit über seine Nase brachte. Er schaute mehrmals blöde nach rechts und nach links, ließ seine Lippe wieder fallen und zog seines Weges. Ein anderes Mal ließ er mich seinen Papagei streicheln, meinte, das hätte dieser sehr gerne und da er ja ganz zahm sei, berge dies für mich auch keinerlei Gefahr. »Gogo, Gogo«, sprach ich ihn zärtlich mit seinem Namen an und Gogo erwiderte auf seine Weise genauso zärtlich mein Streicheln mit einem heftigen Hieb seines scharfen Schnabels in meinen linken Nasenflügel hinein. »Siehst du, wie gerne er das mag«, sagte dieser Heini zu mir und ich lief heulend, weil aus der Nase blutend, nach Hause.

Bald bekam ich meinen ersten Geigenunterricht. Meinen ältesten Bruder Emil, die große Hoffnung meiner Eltern, weil er so talentiert auf der Geige war, hatte in Russland nicht der »Heldentod«, sondern wahrscheinlich der Typhustod ereilt. Nun sollte ich das gleiche Instrument erlernen, so als ob eine Begabung in einer Familie von einem Bruder einfach auf einen anderen Bruder übertragen würde. Manchmal scheint es ja der Fall zu sein. Dr. Henn, der Leiter des Heidelberger Konservatoriums und später Direktor der Staatlich anerkannten Hochschule für Musik und Theater, ein großer Bewunderer und Förderer meines verstorbenen Bruders, sollte auch mein, vielleicht noch größerer Förderer werden. Selbst aus kleinen Verhältnissen stammend (sein Vater hatte unten am Heumarkt einen bescheidenen Kolonialwarenladen), war es eines seiner Anliegen, Begabungen auch in ganz einfachen Familien aus der unteren sozialen Schicht zu entdecken und zu unterstützen. Das erste, was er tat: Er schenkte meinen Eltern die schöne Geige, die er Emil ausgeliehen hatte und die sie nun nach seinem Tod zurückgeben wollten, eine Geige von Jakob Weiß, Geigenbauer in Salzburg, aus dem Jahre 1734. Dann sagte er ganz spontan: »Und der Helmut soll auch Geiger werden!« Er bestellte kurz darauf meinen Vater mit mir in sein Direktionszimmer im Konservatorium in der Anlage, schaute sich meine Hände an und meinte, ich hätte genau die richtigen Geigenfinger. Als er einen Ton auf dem Flügel anschlug, um mein Gehör zu testen, sagte ich »C«. Er schien so verblüfft, weil es vermutlich ein »C« war, dass er daraufhin weiter fragte: »Und das?« Ich hatte natürlich überhaupt keine Ahnung von alledem und fing an zu weinen. Er tröstete mich ganz lieb, im Gegensatz zu meinem Vater, der mich ob meiner kindlichen Reaktion wohl viel lieber ausgeschimpft hätte.

Dass meine Eltern kein Geld für Geigenunterricht hatten, war für Dr. Henn kein Problem. »Der Helmut bekommt eine Freistelle!« Und so blieb es auch, bis ich sieben Jahre später von meiner ersten Geigenlehrerin, Agnes Buhr, mit 16 Jahren zu dem Hochschullehrer Bruno Masurat überwechselte. Meine Eltern hatten von nun an monatlich zehn Mark zu zahlen. Immer noch ein unwahrscheinlich großes Entgegenkommen!

»Du Dabbscheedel!«

Während ich mit meinen Eltern im Sommer »in die Himbeeren« und »in die Heidelbeeren« ging, zogen mein Vater und ich wochenends im Herbst, vor allem nach einer stürmischen Nacht, »in die Keschte«. In der nahen Umgebung über der Altstadt gab es im Wald viele Esskastanienbäume – sie gehören der Gattung der Buchengewächse an –, die, geschüttelt vom starken Wind, ihre stacheligen Fruchtbecher abwarfen, welche auf dem Boden aufplatzten oder geschlossen liegen blieben. Schon am frühen Morgen zogen wir mit Stoffsäckchen los, damit wir die dickeren Früchte möglichst vor den anderen Sammlern finden konnten. Jeder hatte sich einen Stock zum Herumstochern abgeschnitten und so suchten wir unter den Bäumen, oft noch versteckt im Laub des Vorjahres, nach den sympathisch aussehenden Kastanien. Die hoch über uns an den Bäumen hängenden, manchmal schon zum Teil aufgesprungenen stacheligen Kugeln, versuchten wir mit hochgeworfenen Prügeln zu treffen und sie zum Abfallen zu bringen. Abends saßen wir dann vor dem Kohleofen in der Küche, auf den wir unsere Ernte gelegt hatten, nicht ohne alle Kastanien zuvor mit einem Messer anzuritzen, damit sie nicht beim Erhitzen auf der Ofenplatte explosionsartig durch die Gegend sprangen. Oder sie wurden geschält, in Salzwasser gekocht und so gegessen. Mutter machte manchmal tags darauf auch Kastaniengemüse, das nicht so recht meinem Geschmack entsprach.

Eine andere Beschäftigung zur Herbstzeit war das Holzsammeln im Wald für den bevorstehenden Winter. Briketts waren ja rationiert, sodass zusätzliches Heizmaterial willkommen war. Wenn ich daran denke, wie die armen Brikettträger, jeweils einen Zentner im Jutesack auf der Schulter, von der Hauptstraße her durch unseren langen Hausgang über den Hof ihre Last in den Keller hinunterschleppen mussten! Und zuvor hatten sie diese schweren Säcke erst einmal aus dem Lager der Firma *Oberfeld*, einem ebenso tief gelegenen Keller in der Dreikönigstraße, nach oben tragen müssen! Meine Eltern vergaßen nie, diesen Leuten ein kleines Trinkgeld zu geben. Mein Vater und ich gingen also mit einem kleinen Karren in den Wald, um das auf dem Boden liegende Holz zu sammeln. Hinauf, über das Schloss hinaus in Richtung Molkenkur, links an der *Schwarzen Villa* vorbei, wie sie von allen genannt wurde. Mit einem Freund stritt ich mich um die richtige Bezeichnung dieses Wohnhauses: Er meinte, es hieße *Villa Schwarz*, ich, *Schwarze Villa*. Er hatte natürlich recht, wenn man es korrekt hochdeutsch bezeichnen wollte. Kurz nach dieser Villa bogen wir bei der Rechtskurve der Straße links in einen unbefestigten Weg ein, der in Richtung Felsenmeer führte. Felsenmeer hieß diese

Gegend wegen der zahllosen herumliegenden Steinbrocken. Mein Vater erzählte mir unterwegs zur Unterhaltung immer wissenswerte Dinge.

In der Stadt unten heulten wieder die Sirenen. Voller Angst warf ich mich, mittlerweile im tiefen Wald angekommen, in den laubgefüllten Weggraben, weil wir zwei feindliche Jäger im Tiefflug das Neckartal stromabwärts unter uns fliegen sahen. Zur besseren Tarnung zog ich noch meine giftgrüne wollene Zipfelmütze über mein Gesicht und wunderte mich, dass mein Vater überhaupt keine Vorsichtsmaßnahme ergriff. Nun ja, die war hier im dichten Wald auch wirklich nicht vonnöten. Soweit ich mich erinnern kann, waren es zwei *Spitfires*, die wegen der nur nach vorne gerichteten starren Kanone ausschließlich im direkten Anflug auf ausgesuchte Ziele feuern konnten. Diese Ziele, so hörte man häufig, waren oft Bauern auf freiem Feld, die wie gehetztes Wild auf einer Treibjagd ihr Leben lassen mussten. Als die Gefahr vorüber zu sein schien, schickten wir uns an, Holz zu sammeln und auf unseren kleinen Karren zu laden. Es waren lange trockene Äste, die der Sturm abgeworfen hatte. An einem Ast, der noch am Baum hing, machten wir uns leider vergeblich zu schaffen. Es war ein Kastanienbaum, der sein Eigentum hartnäckig verteidigte. Alles Zerren, Drehen und Reißen blieb ohne Erfolg. So schnürte mein Vater eben ohne diesen zähen, störrigen Ast das zusammengesammelte Holz auf dem Karren fest und ab ging es, hinunter in Richtung Stadt.

Auf dem Weg dorthin durfte ich den Bremser spielen, wenn der Weg zu steil abwärts führte. Ich setzte mich hinten auf die überstehenden und auf dem Boden schleifenden Äste, sodass mein Vater ohne allzu große Anstrengung nur den Karren zu führen brauchte. Doch einmal wurde er wütend, als ich ohne ihn zu warnen kurz meine Bremserfunktion aufgab und der schwer beladene Karren ihm in seine Knochen fuhr. »Du Simbel! Du Dabbscheedel! Was machsch du denn do? Hock dich sofort widder druff un brems weida! – Wann hosch du denn des ledschde Mol Geige geiebt?« – »Geschdern!« – »Wielong?« – »Ä väddl Stund!« – »Reischt des denn?« – »Dicke!«

Zu Hause heil angekommen, luden wir das Holz ab, mein Vater sägte es klein und hackte es mit dem Beil zu handlichen Stücken zurecht. Ich verstaute es schön übereinander geschichtet im Holzkämmerle.

Und jetzt ein paar Weihnachtslieder

Die Weihnachtszeit nahte mal wieder und die Vorbereitungen für das Fest liefen auf Hochtouren. Mutter musste jedes Jahr zweimal Weihnachtsplätzchen backen, weil die erste Produktion meist im Laufe der Adventszeit in den Mägen aller verschwunden war. Am Heiligabend ging es oft sehr hektisch zu, auch mit viel Streit über Belangloses, Nichtigkeiten – ein Phänomen, das auch bei vielen anderen Familien zu beobachten und wohl auf die allgemeine Stresssituation zurückzuführen war. Letzte Vorbereitungen wie das Einpacken der Geschenke und das Schmücken des Tannenbaumes mussten getroffen, zuvor aber der Stamm dem Christbaumständer gefügig gemacht werden. Diese dummen verwurstelten Lamettafäden vom vorigen Jahr entwursteln! Der Kartoffelsalat und die Brühwurst mussten zubereitet werden, die Gas- oder Strommünzen waren mal wieder ausgegangen. Die Krippenfiguren, soweit noch vorhanden, mussten aufgestellt und der wächserne Verkündigungsengel unter der leicht beschädigten gläsernen Christbaumspitze aufgehängt werden. (Später einmal tropfte er vollkommen weg, weil ihm eine Kerze zu nahe gekommen war und er sich nicht wehren konnte.) Dann mussten alle Geschenke um den Christbaum herumgelegt werden und wir uns am Schluss auch noch umziehen, um uns, dem Anlass angemessen, etwas schöner zu machen. Manches Tun blieb für mich verborgen, einiges konnte ich nur durch das Schlüsselloch beobachten. Die meiste Zeit hing ich jedoch untätig, nervös und vor Spannung fast berstend im kalten Hausgang herum. Ich wartete auf das Klingeln des Christkindes, das beim Öffnen der Tür zu meiner Enttäuschung jedes Jahr schon verschwunden war. Endlich das erlösende helle »Klingelingeling« des Glöckchens, das mir nun den Eintritt ins Zimmer erlaubte. Die brennenden Kerzen des schön mit bunten Kugeln geschmückten Christbaumes zogen meine Aufmerksamkeit natürlich zunächst auf sich. Dann fiel mein Blick sehr schnell auf die Geschenke, die trotz des fürchterlichen Krieges reich an der Zahl auf dem Tisch und auf dem Boden ausgebreitet lagen. Irgendwann sagte meine Mutter, bevor mein Vater die Weihnachtsgeschichte nach dem Lukasevangelium vorlas: »So, und jetzt singen wir ein paar Weihnachtslieder!«, und stimmte schon eines an. Mit kräftiger Stimme, alle Strophen auswendig, kam ein Lied nach dem anderen. Ich vermochte meist nur den Strophenanfang eines Liedes mitzusingen. Die weiteren Strophen hörte ich meiner Mutter zu, die die letzten oft nur noch ganz alleine sang. Die zweite Stimme sang sie manchmal auch, zwar schön, aber mit kleineren Schnitzern, was mich zu Hause im Kreise meiner

Lieben nicht weiter störte. Im Gegensatz zu kirchengemeindlichen Veranstaltungen, bei denen ich meinte, mich vor den anderen schämen zu müssen.

Dedda, so wurde die Haushälterin unseres Hausbesitzers genannt, die mit bürgerlichem Namen Thekla Bauer hieß. Sie war eine liebe, aber streng aussehende und meist ohne Worte – die hätten ja schon zu laut sein können –, immer nur mit ihrem Gesichtsausdruck zur Ruhe gemahnende Frau, denn die Arbeit des zum Hof hin liegenden Geschäftsbüros erforderte absolute Ruhe. Dedda hing immer neugierig am Fenster, es entging ihr nichts. Sie war die unschlagbare Kennerin des gesamten Hinterhofgeschehens. So bemerkte sie jetzt auch mein Kommen, als ich zu Fräulein Reinehr ging, zu Elise, der alten jungfräulichen Schwester des Chefs und Mitinhaberin des Lederwaren- und Koffergeschäftes, bei der ich jedes Jahr mein Weihnachtsgeschenk abholen durfte. Ich ging unten über unseren kleinen und über deren größeren Hof und benutzte den Hofeingang zu ihrem Haus. Alles erschien mir hier recht vornehm, aber der penetrante Geruch nach Leder, die tiefe Stille und das Alleinsein ließen in mir ein ängstliches und stark beklemmendes Gefühl aufsteigen. Erst recht ganz oben, wo ich mich durch den verwinkelten Innenausbau dieses alten Altstadthauses, der vollgepackt mit Kartons jeglicher Größe war, im Halbdunkel zu der Zimmertür der Elise hindurchfinden musste. Sie stand meistens schon vor der geöffneten Tür und überreichte mir lächelnd mein Geschenk. Alles an Elise war weich: ihre Wangen, ihr Gesichtsausdruck, ihre Hände ohne Gegendruck. Blass war sie ebenfalls, man konnte annehmen, dass sie so eine Art Engerlingdasein führte. Wenn ich sie tatsächlich sonst irgendwo im Hause mal sah, wurde ich sofort an Dedda erinnert, weil auch sie ganz leise und langsam mit gespitzten Lippen durch die Gegend schlich und den gleichen Gesichtsausdruck hatte, der zu absoluter Stille zwang. Am nächsten Tag schickten mich meine Eltern nochmals auf diesen mir ganz unsympathischen Weg, weil ich mich bei Elise bedanken sollte. Hatte ich es denn vergessen?

Es war mir auch nie so ganz geheuer, wenn ich durch unser unbeleuchtetes Treppenhaus hinunter in den Keller geschickt wurde, um Kartoffeln oder Briketts heraufzuholen. Selbst als die Briketts nicht mehr im Keller, sondern unter der letzten Treppe des Treppenhauses in einem kleinen Kämmerchen zu holen waren, hatte ich nur mit Pfeifen und Singen meine Angst verscheuchen können. Denn es gab den »Butzebär«, ein Wesen, durch das man schon in frühester Kindheit das Fürchten gelehrt wurde. Es gab auch noch den »Kohleklau«, eine Erfindung der staatlichen Behörde, der durch seine ständige Ge-

genwart daran erinnern sollte, dass Brennmaterial rar war und nach Möglichkeit eingespart werden sollte. Aber von ihm hatte man wenigstens eine gewisse Vorstellung, ja, man sah ihn sogar auf Plakaten: einen schwarzen Mann ohne erkennbare Gesichtszüge, der vornübergebeugt einen Sack auf dem Buckel trug, in welchem er ganz bestimmt wieder geklaute Kohle versteckt hatte. Die gesamte Erscheinung glich einem dunklen Schatten, der die Gefährlichkeit dieses Diebes einem jeden suggerieren sollte. Den »Butzebären« hingegen konnte niemand beschreiben, es blieb der Fantasie eines jeden überlassen, sich – auf welche Weise auch immer – durch ihn ängstigen zu lassen. Ich war jedes Mal etwas ruhiger, sobald ich die Kerze, die auf einem Kerzenhalter à la Wilhelm Busch auf dem Regal hinter dem Lattenverschlag stand, ertastet und angezündet hatte und ich mich somit seines Nichtvorhandenseins vergewissern konnte. War der Korb mit Briketts gefüllt und die Kerze ausgeblasen, rettete ich mich sogleich und so schnell wie nur möglich mit lautem Pfeifen wieder nach oben. Auch noch andere Gestalten, leibhaftige, hätten ja einem während solcher Besorgungen in der völligen Dunkelheit begegnen können. Zum Beispiel der »Halsabschneider«. Dieser existierte wirklich! Er war ein alter Mann, grauhaarig, mit langen, nach hinten gekämmten Strähnen. Sein Gesicht war bleich und wächsern glänzend, seine lange, krumme und spitze Nase ragte schnüffelnd aus seinem Gesicht, seine Zähne hatte er vermutlich schon längst verloren. Er erinnerte mich an eine alte vergammelte Vogelscheuche und beim Gehen, wegen seiner nach vorne geneigten Haltung, an den »Kohleklau«. Wer ihm den Namen »Halsabschneider« angehängt hatte, ist mir nicht bekannt. Ob er wirklich jemandem den Hals abgeschnitten hatte, war keineswegs erwiesen. Aber man konnte ja nie wissen. Und falls doch – warum lief er dann noch frei herum? Er beschäftigte mich noch eine geraume Zeit, weil ich von einem Fenster unseres Hinterhauses heraus, zum Glück bei größerer Entfernung, in sein Zimmer in der Bussemergasse schauen konnte. Schauder überfiel mich jedes Mal, wenn er an seinem Fenster der Dachgaube erschien.

Körperpflege

Samstags war bei uns immer der große Körperreinigungstag. Als ich noch kleiner war, hatte mich meine Mutter hin und wieder ins Kolpinghaus in der Merianstraße an der Ecke zur Augustinergasse mitgenommen, wo man für 50 Pfennig ein Wannenbad nehmen konnte. Nachdem sie mich gebadet hatte, musste ich draußen vor der Tür warten, bis sie aus dieser kleinen Nasszelle herauskam und wir dann die paar Schritte zusammen nach Hause gingen.

Die Waschung zu Hause war in Ermangelung eines Badezimmers schon eine reichlich komplizierte Angelegenheit. Wir hatten ja nur eine einzige Wasserstelle und die war in der Küche. Von dem winzigen Abort ein halbes Stockwerk weiter unten einmal abgesehen, in dem es immerhin schon eine laut gurgelnde Wasserspülung, aber kein Handwaschbecken gab. Auf dem man immer ängstlich die Türe von innen fest zuhielt, hörte man jemanden die Treppe rauf- oder runtergehen, um sie dann meist erleichtert wieder loszulassen, wenn man nicht weiter gestört wurde. Man ärgerte sich höchstens über Bemerkungen von draußen, dass ein gewisser Duft im Treppenhaus lag, konnte sich aber bei nächst bietender Gelegenheit mit gleichen Bemerkungen revanchieren. Richtiges Toilettenpapier gab es keines. Auf einem spitzen, halb nach oben gerichteten Eisendorn steckten zugeschnittene Papierstücke und man konnte froh sein, wenn man Zeitungspapier anstatt Packpapier erwischte. Ich hatte mir immer zwei kleine Vorräte an Zeitungspapier als äußerste Reserve zugelegt, die ich hinter der Toilettenschüssel in einer kleinen Vertiefung und in einem Spalt an der nach oben zum Spülkasten führenden Wasserleitung versteckt hielt. Dieses Wasserrohr war zwar mit Hanf zum Schutz gegen die Kälte umwickelt, im Winter aber trotzdem oft zugefroren, manchmal auch geplatzt, wenn vergessen worden war, im Keller das Wasser abzustellen und die Leitung zu entleeren. Dann musste man sich für die Spülung mit einem Wassereimer behelfen, der hoffentlich rechtzeitig, das heißt vor dem Zubettgehen, gefüllt worden war.

Die bereits erwähnte einzige Wasserstelle in der Küche war ein Wasserstein, so nannten wir dieses Wasserbecken aus Terrazzo, ein Vielzweckbecken, in dem man sich wusch, das Geschirr spülte und selbstverständlich nicht nur den Kochtopf, sondern notgedrungen auch den Nachttopf säuberte. Wenn dann alles gereinigt war, durfte ich auch das Becken für meine kleinen Papierschiffchen als Ozean benutzen und diese auf den Grund versenken.

Der Nachttopf, an und für sich eher das Nachtgeschirr eines Kranken, war doch auch für den Gesunden damals noch ein wichtiges und wirklich unentbehrliches Utensil! Warum? Man stelle sich vor, man hätte im Winter nachts mal aus seinem halbwegs warmen Federbett heraussteigen müssen. Das tat ohnehin keiner gerne und hätte zudem eine Gefahr für die Gesundheit bedeutet, in einer Zeit mangelnder Vitamine. Man hätte bei eisiger Kälte raus aus dem Schlafzimmer, an dessen Fenstern die Eisblumen üppig rankten, durch die ungeheizte Wohnung und über den Hausgang runter zu der noch kälteren Toilette laufen müssen. Da war ein Nachttopf die bequemere und gesündere Lösung! Er war damals sowieso noch in Mode, konnte auf eine jahrhundertealte Tradition zurückblicken. Ein Nachttopf konnte aber auch etwas Heimtückisches an sich haben. Mir war er einmal in meiner frühen Kindheit zur Falle geworden. Tante Eva, eine Schwester meines Vaters, ein bisschen überkandidelt, war aus Hannover zu uns zu Besuch gekommen. Die vielen Jahre, die sie in Norddeutschland lebte, hatten aus ihr eine Hochdeutsch sprechende Tante gemacht. Solche Leute waren in Heidelberg a priori nicht gerne gehört, denn wer Hochdeutsch sprach, der konnte nur ein Angeber sein. Wer etwas auf sich hielt, und das nicht nur in den einfachen Kreisen, der babbelte Heidelbergerisch. Aber lieb war diese Tante, großzügig und freigebig; sie spendierte mir einmal sogar ein Eis für 20 Pfennig. Das waren vier Bollen! Ich hatte ein ziemlich großes Kinderbett, das im Elternschlafzimmer stand. Es war ein Eisenbett, das man auf der breiten Vorderseite halb herunterlassen konnte, zum bequemeren Ein- und Aussteigen. Tante Eva war an diesem Morgen Babysitterin. Als ich aus dem Bett herausturnen wollte – die Vorderseite war nicht heruntergelassen –, passierte es: Ich tappte genau auf den Rand des gefüllten Nachttopfes, den ich dadurch umwarf, selbst aber mit dem Bauch auf der oberen Eisenstange hängen blieb, zwischen Himmel und... ja, der Hölle unter mir! Der Inhalt des Nachttopfes hatte sich auf den Boden unter meinem Bett sowie unter den Kleiderschrank, der daneben stand, ergossen. Ich erwartete ein hochdeutsches Donnerwetter, aber nichts dergleichen geschah. Tante Eva wischte alles schön auf und reinigte den Boden. Nur meine Mutter, die inzwischen gekommen war, schimpfte mich aus, aber auch nicht wegen meines Versehens, sondern weil mein frisch bezogenes Bett voller schwarzer »Riwwelin« war – Krümel, die ich durch Reiben auf meiner feuchten Haut erzeugt hatte. Es musste wohl kurz vor einem Samstag gewesen sein, dem großen Körperreinigungstag.

Dieser hatte etwas Rituelles an sich. Unsere einzige Wasserstelle zwang uns zu einem notwendigen Arrangieren, wann wer zuerst an der Reihe war. Schließlich war die Küche ja in erster Linie der Schauplatz, wo gekocht und jeden Samstag Kuchen für den Sonntag gebacken wurde. Alles musste also rechtzeitig gut eingeteilt werden. Die Küche war der einzige beheizbare Raum – abgesehen von dem kleinen Luxus, dass das Zimmer hinter der Küche stets von dem zum Kamin laufenden, mit Silberbronze gestrichenen Ofenrohr etwas Wärme abbekam. Überhitzung des Ofens aber bedeutete Gefahr und führte so manches Mal zu aufregenden Situationen. Dann nämlich, wenn zunächst unhörbar, bald aber durch leises Knacken auf sich aufmerksam machend, das Ofenrohr weiß glühte. Auch im Zimmer nebenan glühte es meist schon, wie dann entsetzt herübergebrüllt wurde. Schleunigst wurden nasse Lappen, Handtücher und was sonst noch zur Verfügung stand, auf das heiße zischende Rohr gedrückt und schnell wieder gewechselt, wollte man sich nicht an dem sich entwickelnden Wasserdampf die Hände verbrühen. Doch einmal mussten wir die Feuerwehr zu Hilfe rufen, die gerade noch rechtzeitig einen Kaminbrand verhindern konnte. Mein Neffe war zum Universitätsplatz gerannt und hatte die Scheibe des Feuermelders eingeschlagen, das, was ich mir immer so sehr gewünscht hatte, auch einmal tun zu dürfen. Ich erwartete hingegen aufgeregt an einem Schlafzimmerfenster, ein kleiner Schauder über meinen Rücken laufend und mit einem dummen stolzen Gefühl in mir, das Herannahen der Feuerwehr, die wir – jawohl, wir! – alarmiert hatten und die nun auch wirklich mit schrillem Klingeln zu uns durch die enge Hauptstraße kam.

Während der Kohleherd, gefüttert mit gut getrocknetem Holz, kräftig zu spucken anfing und die Küche mollig warm werden ließ – noch zügiger ging es, wenn man die vier Brennstellen des Gasherdes mit hinzunahm –, wurde das Fenster mit großen Tüchern verhängt, sodass man, von außen unbeobachtet, beruhigt mit seiner Ganzkörperpflege beginnen konnte. Jede Ritze war, wohl aus Gewohnheit, so abgedichtet, dass ein Lichtstrahl nicht die geringste Chance hatte, in die Außenwelt zu gelangen. In diesem Fall war es aber eher die Absicht, einen Nachbarn nicht zum Voyeur werden zu lassen. Als ob ein Nachbar aus einer Entfernung von über 25 Metern durch einen schmalen offenen Spalt auch nur das Geringste hätte sehen können. Die Küchentür war von innen verriegelt, von dort war also ebenfalls keine Störung mehr zu erwarten. Jetzt wurde die kleine Waschwanne in das Terrazzobecken gestellt und mit heißem Wasser gefüllt, das man zuvor auf dem Herd erhitzt hatte. Man konnte mit einem Schöpfgefäß noch Wasser nachholen, vor allem für die letzten Spülungen beim Haarewaschen. Das Wasserschiff, ein am Kohleofen seitlich angebrachter abdeckbarer Wasserbehälter, stellte es hierzu sprudelnd heiß zur Verfügung. Mit einem Waschlappen und mit Schwimmseife, einer ganz leichten Seife, die dank unseres absolut kalkfreien Wassers sogar ein wenig schäumte, ging die ziemlich unbequeme Art dieses »Badens« nun vonstatten. Für die Kopfwäsche musste man zwischen dem Fenster und dem Herd am anderen Ende der Küche dauernd hin und her rennen, um mit dem Wasserbecher immer wieder sauberes Wasser für die letzten Spülungen zu holen.

Um sich die Beine und Füße zu waschen, musste man gar auf einen Stuhl vor dem Wasserstein steigen.

Frau Fleck, eine ältere Nachbarin, schaute mir kleinem Jungen bei einer solchen Waschprozedur einmal ganz fasziniert zu. Sie war von meiner Mutter gebeten worden, auf mich aufzupassen, hatte aber eigentlich noch mehr Freude an meiner großen Fresslust. Meine Mutter hatte an jenem Samstag mal wieder Kartoffelkuchen gebacken, ein nie ganz gelungener Ersatz für einen Käsekuchen, weil hierfür die nötigen Zutaten nicht zu erhalten waren. Dieser Kuchen, gebacken auf einem großen Backblech, sah einem Käsekuchen täuschend ähnlich, war aber aus passierten Kartoffeln hergestellt, vermischt mit Eigelb und Zucker. Vielleicht wurde auch noch Zitronensäure hinzugefügt. Die Konsistenz war leicht pampig, gummiartig, er schmeckte mir aber immer sehr gut. Während des Waschens holte ich mir nun aus dem Alkoven nebenan ein Stück nach dem anderen, immer wieder von Neuem angefeuert durch die bewundernden Ausrufe der Frau Fleck, wie viel ich, als so kleiner Knirps, doch zu essen vermochte. Ich war letztlich stolz auf meine Leistung: Gut ein Drittel dieses hernach ziemlich schwer in meinem Magen liegenden Kuchens hatte ich in relativ kurzer Zeit verputzt.

Frau Schmidt, die über uns wohnte, mit einem Kropf etwas kleiner als ihr Kopf, war sehr lieb und stets hilfsbereit, saß aber für mein Gefühl etwas zu häufig bei uns in der Küche. Auf der Schuhkiste neben dem Herd, einer ganz einfachen, von meinem Vater stammenden Holzkonstruktion, saß sie immer und löffelte ihr in eine Kaffeetasse gebröckeltes Brot aus. Wir Kinder duzten sie alle, obgleich wir sie nicht mit ihrem Vornamen – Käthe –, sondern mit Frau Schmidt anredeten.

Im Laufe der Jahre geriet ich immer häufiger mit ihr in Streit, vor allem, wenn es sich um religiöse oder kirchliche Fragen handelte. Denn sie war eine strenge Katholikin, eine Katholikin par excellence, eine, wie ihr Papst sie haben wollte, und sie duldete nicht den leisesten Widerspruch, schon gar nicht von Seiten eines Evangelischen. Sie war fest davon überzeugt, mit dem in der Bibel genannten kleinen Häufchen von 144 000 Seelen dereinst in den Himmel einzuziehen. Sie stand nämlich nach der Messe in der Jesuitenkirche immer mit dem Körbchen an der Tür, um die Ausgangskollekte einzusammeln. Das war für sie der unwiderlegbare Beweis, dass sie nach ihrem Tod einmal in den Himmel fahren würde. »Beschdimmt in der erschde Klass!«, reizte ich sie unnötigerweise. Zu wesentlich tiefer gehenden Gesprächen war sie nicht fähig und mir war es aufgrund meines jungen Alters noch nicht gegeben, sie auf weitere kontroverse Höhepunkte hinzuführen. »Unsa

Kärschturm vun der Heiliggeistkärsch is än Meter höher als wie einer vun der Jesuitekärsch!« (Ich versuchte es ja immer mal wieder!) Das konnte sie nicht verkraften, das war zuviel für sie! Sie widersprach natürlich, ich blieb bei meiner Behauptung, und so gingen wir wieder im Streit auseinander. Vielleicht glaubte sie einmal, einen eindeutigeren Sieg davontragen zu können, als sie das Gespräch auf unseren Familiennamen brachte. »Weißkapp! Sooo än komischer Noame! Als dei Eltern hier eugezoge sinn, do hab' isch misch halb kabutt gelacht, als ich den Noame ›Weißkapp‹ g'hört hab'. Weißkapp!« Sie steigerte sich so sehr in ihr angriffslustiges Reden hinein, dass ich nur kochend dastand und mir als Entgegnung nicht sofort etwas Passendes einfiel. Aber dann, einen sicheren Trumpf in meiner Hand: »Un wie hosch du denn frieher g'heeße?« – »Henkelmann!«, schoss es aus ihr heraus. »Henkelmann! Des is än schäner Noame!« Und ihr Kropf schwoll vor Stolz sofort ein bisschen mehr an. Ich ging lachend und kopfschüttelnd davon und ließ sie beleidigt stehen, sie, eine geborene Henkelmann – mhm! – aus Mosbach, deren Großmutter im Keller Ratten durch Füttern aus der Hand gezähmt hatte.

Mein Russe

Im Laufe des Krieges mit seinen verheerenden Bombenangriffen auf alle deutschen Städte und Ortschaften, in denen Militäreinrichtungen oder kriegswichtiges Potenzial vorhanden oder vermutet worden war, ging man auch in Heidelberg daran, zum besseren Schutz der Bevölkerung einen Bunker zu bauen. Am Schlossberg wurden von der Straße aus Stollen in den Berg hineingetrieben, die drinnen äußerst spartanisch ausgestattet wurden, das heißt nur mit Bänken links und rechts die Gänge entlang. Elektrischer Strom und Sanitäreinrichtungen, sowie eine Erste-Hilfe-Station sorgten für das Allernotwendigste. Zwölf Meter tief in diesem Berg gelegen, mit Wohngebäuden darüber – das größte war eine langgestreckte mehrstöckige ehemalige Kaserne –, bot der Bunker einen fast hundertprozentigen Schutz. Da hätte selbst eine Luftmine, die ein ganzes Straßenviertel auszuradieren imstande war, den Zufluchtsuchenden nichts anhaben können, so hieß es. Weit oben in der Klingenteichstraße, etwas unterhalb des auf der anderen Seite gelegenen Kinderhortes, war der Notausgang dieses unterirdischen, weit verzweigten Labyrinthes. Er war für den Fall vorgesehen, dass zum Beispiel die unten angelegten Zugänge möglicherweise verschüttet worden wären oder andere katastrophenähnliche Geschehen wie eine Feuersbrunst die Menschen in diese Fluchtrichtung gezwungen hätten. Beim Bau dieses Bunkers war ich oft dort oben und habe den russischen Kriegsgefangenen bei ihrer Zwangsarbeit zugeschaut. Ich kam sogar ins Gespräch mit einigen von ihnen. Ein Russe bettelte mich einmal um ein Brotmärkchen an, mit dem er seine Tagesration aufzubessern gedachte. Als Gegenleistung wollte er mir ein Paar selbst geschnitzte Holzpantinen oder einen von ihm angefertigten goldenen Ring schenken. Toll! Ich rannte sofort nach Hause und brauchte meine Mutter nicht lange um ein solches Brotmärkchen zu bitten, weil es ja einem guten Zweck dienen sollte.

Doch zunächst hatte sie noch ein wenig gezögert, weil ihr ja bekannt gewesen sein musste – das schien ihr gerade gegenwärtig geworden zu sein –, dass solche Hilfen, eigentlich jede Hilfe Kriegsgefangenen gegenüber, strengste Strafen nach sich zogen und man in Arbeitslager, sogenannte Konzentrationslager, gesteckt werden konnte. Schon bei Witzen über den Staat oder den »Führer« konnte man »sein Testament machen«, wenn man sich dabei erwischen ließ. Den Vergleich zwischen dem »Führer« und dem Volk einerseits und einer Straßenbahn andererseits: »Der Führer steht vorne und das Volk sitzt im Kasten«, unterließ man besser. Gleichwohl wurde immer wieder gewitzelt: »Heute gibt's Hering, so fett wie der Göring!« Die Verhaftung des Fischhändlers folgte auf der Stelle. Nach seiner vierzehntägigen Haft schrieb er dann an sein Geschäft: »Heute gibt's wieder Hering, so fett wie vor vierzehn Tagen!«

Sich diese Konzentrationslager als Todeslager, ja mehr noch, als Vernichtungslager vorzustellen, auf einen solchen Gedanken bin ich als Kind nicht gekommen, zumal die Nazis eine solche Massentötung von Menschen bis hin zum Genozid, bei der praktischen Ausführung weitestgehend zu verheimlichen verstanden. Dabei waren diese Absichten in Hitlers *Mein Kampf* als Programm schon längst vorgezeichnet. Auch solche Gräuelgeschichten, wie sie uns der einfache Frontsoldat Paul berichtete, als er zu Besuch bei seiner Tante Frau Schmidt war, ganze Eisenbahnzüge voller Menschen in Viehwaggons würden in Gaskammern gefahren, hielten meine Eltern und ich einfach für dummes Geschwätz, für die Ausgeburt einer kranken Fantasie. Hier bei uns? In Deutschland? So etwas? Nein! Das wahre und in seinen Dimensionen unvorstellbare Ausmaß des Holocausts, das wir erst nach dem Ende des Krieges erfuhren, hat uns dann zutiefst entsetzt und gelähmt.

Doch zurück zu meinem russischen Bunkerbauer. Das kleine Brotmärkchen fest in meiner geschlossenen Hand haltend, eilte ich am nächsten Tag wieder zu der Baustelle am Schlossberg und suchte meinen Russen. Ich war gerade im Begriff, ihm erwartungsvoll das begehrte Märkchen auszuhändigen, als ich schnelle harte Stiefelschritte auf dem Asphalt den Schlossberg herunter auf uns zukommen hörte. Mich ergriff eine panische Angst, als ich einen großen schlanken Mann in Zivil, aber in hohen schwarzen Lederstiefeln, wie sie Polizisten und Soldaten trugen, direkt auf uns zusteuern sah. Sollte er ein Geheimpolizist sein, schoss es mir durch den Kopf. Sollte er mich beobachtet und meine Absprache mit dem Gefangenen erkannt haben? Meinen Vater oder meine Mutter, oder womöglich beide nun vielleicht ins Konzentrationslager schicken? Ohne auf den versprochenen Ring zu warten, raste ich davon, so flink mich meine Beine trugen, den Schlossberg hinunter, rechts in den Oberen Faulen Pelz hinein, über die Eisenbahnbrücke, auf der ich so oft stand, um die aus dem Tunnel herausschnaufende und gleich im nächsten Tunnel wieder verschwindende Eisenbahn zu sehen, die mich immer durch den Qualm der Lokomotive unsichtbar werden ließ, dann die Treppe hinunter, links am Gefängnis vorbei und im Zickzackkurs nach Hause. Als ich ganz außer Atem ankam, war meine Mutter der Meinung, dass das mit der Brotmarke ein gutes Werk gewesen sei, fragte mich allerdings noch, was ich eigentlich mit einem goldenen Fingerring zu tun beabsichtigte.

Tante Lina und der »Helmudele«

Ich habe das Bedürfnis, »Tante« Lina an dieser Stelle ein kleines Denkmal zu setzen. Diese »Tante« – so wurde sie genannt – war eine ganz und gar ungewöhnliche Frau, in jeder Hinsicht. Sowohl was ihre Größe – sie maß ungefähr 1,30 bis 1,35 Meter – als auch ihr soziales Engagement betraf. Sie hieß mit vollem Namen Lina Hechler, hatte einen blinden Bruder, der Telefonist in der Sternwarte auf dem Königstuhl war, und wohnte zunächst im Unteren Faulen Pelz, später in einer ebenso kleinen Wohnung im Oberen Faulen Pelz, danach wieder in ihrer alten Wohnung. Sie zog danach von hier weg in die Ziegelhäuser Landstraße und verbrachte schließlich ihren Lebensabend in der Bergheimer Straße. Dieses kleine Persönchen leitete in der Kirchengemeinde Heiliggeist I eine Jungschar für Mädchen. Meinen ersten Kontakt bekam ich mit ihr durch meine Schwester Erna, die mich bereits sehr früh, als ich ungefähr zwei Jahre alt war, in ihre Mädchenschar mitgeschleppt hatte. Meine erste Erinnerung an sie habe ich seit dem Rückgabetermin des kleinen weißen Korbkinderwagens, des Puppenwagens, den sie mir geliehen hatte und den ich ihr nun wegen meines fortgeschrittenen Alters – ich war mittlerweile vielleicht dreieinhalb Jahre alt geworden – wieder zurückgeben sollte. Ich rollte ihn von unserem Haus nur wenige Meter weg, bis zur Ecke Heugasse, wo ich vor dem Uhrengeschäft *Geiger* wie ein Schlosshündchen zu weinen anfing. Das hatte gewirkt! Ich durfte ihn daraufhin wieder mit nach Hause nehmen und ihn noch für eine Weile behalten. Bald darauf schenkte Tante Lina mir einen kleinen einfachen Holzroller. Sollte ich da meinen rechten Fuß aufsetzen und mit dem linken »Gas« geben? Oder den linken und mich mit dem rechten zur Fortbewegung abstoßen? Ich hatte mich für die erste Möglichkeit entschieden.

An zwei kleine Begebenheiten kann ich mich noch gut erinnern. Meine Schwester führte mich an der Hand, zusammen mit ihren Freundinnen, nach einer Jungscharstunde noch ein wenig spazieren. Unser Weg ging wieder zum Wredeplatz (heute Friedrich-Ebert-Platz), um dort die Klofrau zu ärgern, die ihr Kabuff in der öffentlichen Toilette unter dem Bürgersteig zur Straße hin hatte. Zwei auf dem Trottoir nebeneinanderliegende Schächte versorgten sie mit Luft und Licht. Auf dem Lichtschacht, der mit Glasbausteinen abgedeckt war, trampelten wir so lange herum, bis sie sich schreiend und schimpfend rächte, wobei sie eine Tasse Kaffee von unten durch den danebenliegenden Schacht, der nur mit einem Eisengitter versehen war, heraufschleuderte. Das hatte uns beeindruckt! Nach diesem Vorfall passten wir aber auf, dass wir die nächsten Male trocken nach Hause kamen.

Auf dem Heimweg passierte es einmal, dass wir Zeugen eines schrecklichen Unfalles wurden. Ein Hund war von der durch die enge Hauptstraße sausenden Straßenbahn erfasst worden, humpelte jedoch furchtbar jaulend auf drei Beinen davon, während wir sein viertes Bein suchten. Nachdem die Straßenbahn weitergefahren war, entdeckten wir es in der Schiene. Es lag da, blutig, aber ganz »friedlich«. Dieses blutige, abgerissene Bein bescherte mir in meiner ganzen Kindheit noch einige Träume, die mir dieses Erlebnis immer wieder vor Augen führten.

Doch kehren wir zurück zu Tante Lina. Etwas älter geworden, durfte ich dann auch alleine zu ihr gehen. Einen gewissen Respekt flößte mir immer das mit Sandsteinen erbaute Gefängnis am Unteren Faulen Pelz ein, an dem ich auf dem Weg zu ihr vorbeigehen musste und das ich auch von einem ihrer Wohnzimmerfenster aus weiterhin beobachten konnte, wobei ich meinen halb forschenden, halb ängstlichen Blick auf die vergitterten Fenster konzentrierte, hinter denen ich Gefangene erkennen konnte, die mit ihren Blicken durch diese Fenster ein bisschen mehr Freiheit zu suchen schienen. Wahrscheinlich habe ich meine allerersten musikalisch-instrumentalen Erfolgserlebnisse bei Tante Lina gehabt. Sie besaß nämlich ein Klavier, auf dem ich gerne, kaum war ich in ihre Wohnung eingetreten, mit zwei Fingern, mit Fäusten oder meinen flachen Händen herumschlug. Und sie ließ mich immer gewähren.

Eines Tages – ich war mittlerweile schon zehn Jahre alt geworden, hatte manchmal auch meine Geige auf ihren Wunsch hin mitgebracht und ihr etwas vorgespielt – war für mich Konkurrenz in ihrer Wohnung aufgetaucht: ein kleines schreiendes Baby, dem sie genau so gerne zuzuhören schien wie meinem sicherlich auch nicht so schönen Gekratze auf der Geige. Es war ein Säugling, den ein junges Paar aus dem Osten in den Wirren der unmittelbaren Nachkriegszeit als lästiges Paket bei ihr abgeliefert, ihn zwar noch einige Male besucht, dann aber Tante Lina überlassen hatte, die ihn behielt und versorgte. Sie ließ ihn auf den Namen Peter taufen und »adoptierte« ihn. Mit welch großer Liebe und Opferbereitschaft sie diesen kleinen Jungen nun erzog, das war mehr als erstaunlich. Bei ihrem sicherlich kleinen Einkommen oder ihrer kleinen Rente ließ sie ihn später sogar das Geigespielen erlernen und steckte ihn in eine private Schule auf der rechten Neckarseite, wo es allerdings Schwierigkeiten gab, entstammten die Eleven dieser Institution doch nur angesehenen und wohlhabenden Familien. Mich, ihr »Helmudele«, förderte sie auch immer wieder auf indirekte Weise, indem sie mir zum Beispiel oft ihr eigenes Kinderfahrrad überließ und ich so bereits im frühen Alter trainieren konnte, um später ein tüchtiger Radfahrer zu werden. Sie hatte viel Sinn für Musik und in Verbindung damit den Wunsch, anderen Menschen Freude zu bereiten. »Helmudele«, sagte sie, »in der nächsten Woche gehen wir zu einer Neunzigjährigen in der Neuen Schlossstraße, da bringst du der alten Dame ein Geburtstagsständchen.« Ein anderes Mal war es ein runder Geburtstag von Schwester Lilli, der verdienten Gemeindeschwester von Heiliggeist II, bei der ich meine gerade erworbenen Geigenkünste vorführen sollte. Ihrem organisatorischen Talent verdanke ich es, dass ich unter anderem auch Prälat Hermann Maas, den späteren Ehrenbürger der Stadt Heidelberg, anlässlich seines 70. Geburtstages in seinem Haus in der Beethovenstraße 64 in Heidelberg-Handschuhsheim noch vor seinem Frühstück mit einem Ständchen überraschen und erfreuen durfte. Diese »Einsätze«, die Tante Lina arrangierte, darf ich wohl zu meinen ersten »Konzerten« zählen, die ich als blutjunger Geiger gegeben habe. Tante Lina konnte auch schon mal böse und zornig werden. Einmal verkrachte sie sich gar mit ihrem Gemeindepfarrer und warf enttäuscht ihre Mitarbeit in der Gemeinde hin. Sie war auch nicht mehr gut auf die sie zu Hause pflegende Gemeindeschwester zu sprechen, nachdem diese ihr eine Spritze verabreicht hatte, wobei die Nadel abgebrochen und steckengeblieben war und hernach von einem Arzt herausoperiert werden musste. Mit Tante Lina war ich oft unterwegs, einmal sogar auf einer Radtour, die uns spät abends über die nördliche Bergstraße heimwärts führte. Es war bereits dunkel geworden und meine Eltern, in großer Sorge, schimpften mich aus, weil ich so spät nach Hause gekommen war. Doch Tante Lina nahm mich in ihrer liebenswürdigen Art in Schutz.

So gerne ich auch immer mit ihr zusammen war, ein einziges Mal wünschte ich mich weit weg von ihr, eines Spätnachmittages nämlich, als ich mit ihr noch auf den Bergfriedhof gegangen und die Abenddämmerung über uns hereingebrochen war. Und das auf einem Friedhof! Der Gipfel meines Entsetzens schien erreicht zu sein, als wir feststellten, dass die Friedhofstore bereits geschlossen worden waren. Was nun? Ich glaubte nicht mehr an Geister, wirklich! Aber... wenn doch einige erschienen wären? Tante Lina hatte stets die richtigen Einfälle zur rechten Zeit. Und so hatte sie auch hier einen Weg gefunden, um aus diesem Dilemma herauszufinden. »Wir gehen zum Krematorium hinunter, da kenne ich den, der die Leichen verbrennt. Der arbeitet meist noch zu dieser Stunde. Er hat natürlich auch einen Schlüssel für das Friedhofstor.« Mir schien das Blut in den Adern zu gefrieren. Aber der wirkliche Höhepunkt meines Schreckens kam erst, als dieser Mensch zum Vorschein kam. Nachdem die beiden sich sehr herzlich begrüßt hatten, machte er obendrein den Vorschlag, uns in die unteren Räume des Krematoriums mit hinunterzunehmen, wo wir durch ein gläsernes Bullauge zusehen könnten, wie sich die Toten bei der Verbrennung nochmals aufbäumten und schließlich immer weniger würden. Mir war sofort klar, dass die Toten versuchten, sich aufzurichten, mit dem alleinigen Wunsch, der tödlichen Hitze, also der Trockendestillation ihrer Körper, zu entkommen. Ich wusste, dass zu jener Zeit die Feuerbestattung nicht mehr mit Briketts, die die Angehörigen eines Verstorbenen mitbringen mussten, vonstatten ging, sondern bereits mit elektrischer Erhitzung betrieben wurde. Aber was sollte es: Auch wenn man einen Toten möglicherweise kleingehäckselt hätte, es wäre für mich genau so entsetzlich gewesen wie dieser Anblick durch so ein Bullauge und mir sicherlich zum Trauma geworden. Tante Lina hätte gerne zugeguckt, doch ich drängte sie, am ganzen Körper schlotternd, sofort nach Hause zu gehen.

Im Laufe der Zeit sah ich Tante Lina immer seltener, aber eine Begegnung auf der Straße war immer sehr herzlich. Nach einer längeren Erkrankung hatte sie sich wieder aufgerappelt und sich von Neuem einer Arbeit, dieses Mal der Pflege von Kranken, zugewandt. Zuletzt arbeitete sie in der Universitätsaugenklinik in der Bergheimer Straße, wo sie, schon hochbetagt, mithalf, den Kranken die Augen zu verbinden und andere pflegerische Arbeiten zu verrichten. Tante Lina verstarb dann mit über 80 Jahren nach einem erfüllten Leben. Sie hatte mit ihrer steten Hilfsbereitschaft und Großzügigkeit sehr viele Mitmenschen beglückt.

Kindliche Ängste

Bei Fliegeralarm eilten wir gegen Ende des Krieges Schutz suchend fast jede Nacht in den Bunker. Es kam nicht selten vor, dass er kurz nach Beginn des Alarmes bereits ziemlich besetzt war. Die Menschen gingen nämlich am frühen Abend in den Bunker, ob Alarm schon gegeben war oder nicht. Um die Wanderungen bei Nacht durch die dunklen Straßen zu vermeiden – ein Alarm kam ja auf jeden Fall – richteten sie sich meist, ohne hetzen zu müssen, rechtzeitig im Bunker ein und konnten sich somit einen oftmals viel besseren Platz für einen dann immer noch unbequemen Aufenthalt sichern. Wenn wir nach der Entwarnung nachts wieder ins Freie traten, bot sich uns nicht selten am westlichen Horizont ein vom Feuerschein hell- bis dunkelrot gefärbter Himmel. Da wussten wir: Mannheim hatte wieder einen Brandbombenangriff erlitten. Kurz bevor diese Bombergeschwader ihren schrecklichen Auftrag ausgeführt hatten, waren wohl wieder sogenannte »Christbäume«, bestehend aus bunter Leuchtmunition, von dem Kommandoflugzeug über dem bestimmten Zielgebiet gesteckt worden.

Im Bunker erkrankte meine Mutter eines Nachts und ich geriet in panische Angst darüber, wie ich sie so daliegen sah, leicht apathisch, wortkarg. Kindliche Ängste, auch wenn sie vielleicht übertrieben erscheinen mögen, darf man nicht unterschätzen. Ich betete, dass meine Mutter doch recht bald wieder gesund würde. Sie wurde es auch. Meine gute christliche Erziehung durch das Elternhaus hat mir schon sehr früh das Beten und Bitten als eine der zahlreichen Arten, sich an Gott zu wenden, nahegebracht. Es gab kein Mittagessen ohne das Tischgebet, das ich immer mit »Gottes Brünnlein hat Wasser die Fülle – Amen« ergänzen durfte, und kein Einschlafen ohne das gemeinsame Gebet an meinem Kinderbettchen »In Gottes Namen schlafen gehen...«. Dem oben erwähnten Vorfall im Bunker kann ich noch einen zweiten Krankheitsfall meiner Mutter bei uns zu Hause hinzufügen, bei dem meine Bitte um schnelle Gesundung ebenfalls erhört wurde.

Mein erworbenes kindliches Vertrauen in die Erhörung meiner Gebete basierte ja auch auf der neutestamentlichen Aussage Jesu: »Bittet, so wird euch gegeben.« (Mt 7,7) Auch in gänzlich kindlich naiver Form bat ich eines Tages betend auf dem Weg zum *Haarlass* (einem Parkcafé und Hotel, früher eine Gerberei), um im Neckar an einer ungefährlich erscheinenden Stelle zu baden, dass doch die aufziehenden Regenwolken mein Vorhaben nicht stören mögen. Ein anderes Mal bat ich sogar um das Nachlassen eines »Rührens« in meinem Bauch, denn wo hätte ich auf dem gleichen langen Anmarschweg eine Toilette finden können? Meine kleinen Gebete endeten stets mit dem Zusatz: »Lieber Heiland, du hast mir schon immer geholfen, du hilfst mir bestimmt auch dieses Mal.«

Später, sehr viel später in meinem Leben komme ich mit dem Bitten in dem Sinne, wie ich es einmal früher gelernt habe, nicht mehr ganz zurecht. Ich finde meine kindlichen Gebete heute, im Rückblick, rührend. Diese schlichte Vorstellung vieler gläubiger Menschen, man brauche nur zu bitten, dann werde einem gegeben (so steht es ja in der Bibel und warum sollte man Jesu Worten nicht Glauben schenken!), muss aber falsch sein! Ich könnte nämlich sonst mein Leben führen, wie ich es haben möchte und Gott einfach zu meinem Handlanger degradieren, der all das tun müsste – aufgrund seiner Zusage –, worum ich ihn gerade bitte. Um es ad absurdum zu führen: Ich hätte den Weg gefunden, die Unsterblichkeit zu erzwingen! Indem ich etwa wiederholt bitte: »Herr, lass meinen kranken, lieben alten Großvater nicht sterben.«

Wie ist das also gemeint: »Bittet, so wird euch gegeben«? Wie können wir das verstehen? Soll es etwa heißen, dass wir zum Beispiel bei Gefahr, in Todesnot, Gott bitten sollen, dass er unser Leben schonen und uns ans andere, sichere Ufer bringen möge? Das kann es doch nicht heißen! Denn es wäre von uns Menschen vermessen zu glauben, Gott an etwas erinnern zu müssen, zu meinen, er könnte uns in unserer Not vergessen haben! Es hat immer wieder Menschen gegeben, die in allerhöchste Not geraten sind, in innigem Gebet Gott um Hilfe anriefen und solche erhofften – und trotzdem umgekommen sind. Andere sind durchgekommen und wieder andere, die gar nicht gebetet hatten, sind es ebenfalls – oder auch nicht!

Wir müssten nun, der Einsicht folgend, zu der Überzeugung gelangen, dass dieses Bibelwort »Bittet, so wird euch gegeben« für uns nicht so eine Art Zauberformel sein kann, die man nur anzuwenden brauchte, um alles nach unseren Wünschen geschehen zu lassen.

Ich glaube, dass wir niemals um Dinge bitten sollten, deren Zweckmäßigkeit oder Unzweckmäßigkeit wir ohnehin nicht tatsächlich erkennen können. Wir sollten also nicht um die Erfüllung unserer vielen Wünsche, die die Kleinigkeiten im Alltag betreffen, bitten, um Dinge, die wir sowieso von unserem guten Vater geschenkt bekommen, wenn sie zu unserem Nutzen dienen. Da wir auch den Verlauf einer Krankheit letzten Endes nicht beeinflussen können – und schon gar nicht das Nahen des Todes –, so brauchen wir auch deshalb Gott nicht zu bitten, dass er das in unserem Sinne gewünschte Richtige tun möge, da er ja niemals etwas Falsches tut. Ich glaube weiterhin, dass wir Gottes Willen durch unser Bitten nicht ändern können, denn Gottes Gedanken, die zu seiner Willensbildung führen, sind gut und richtig! Unsere sind nicht etwa besser und richtiger! Und doch sehe ich eine Möglichkeit, dass wir bei einem innigen Wunsch Gott durch Bitten zum Überdenken und Ändern seines bereits gefassten Ratschlusses bewegen können. So zum Beispiel, wenn wir bei einer durch ihn zu erwartenden Bestrafung um Barmherzigkeit und Gnade nachsuchen. Aber auch um Mitleid für andere, wenn wir gleichzeitig bereit sind, unser Bestmögliches für sie zu tun; etwa das große Elend in der Dritten Welt zu bekämpfen. Die Entscheidung, seinen einmal gefassten Plan doch nicht abzuändern, bleibt natürlich auch dann Gott vorbehalten. Kein Bitten kann eine Änderung erzwingen. Unser noch so inniges Gebet wird dann bei ihm unerhört bleiben, aber nicht ungehört! »Bittet, so wird euch gegeben« sollte man vielleicht in der Weise verstehen, dass wir uns immer dann mit Bitten an Gott wenden dürfen und sollen, wenn es sich um die Erlangung von Werten handelt, die wir von uns aus oftmals nur mühsam erbringen können: Geduld, Besonnenheit, Sanftmut, Rücksichtnahme, Mitleid, Nächstenliebe. Gott widerspräche sich nämlich selbst, würde er uns solche Bitten abschlagen; denn er möchte ja, dass wir reich an solchen Werten werden.

Bitten ist nicht immer primär Ausdruck unseres Glaubens, sondern zunächst einmal – häufig jedenfalls – Ausdruck unserer Angst, wenn wir solche empfinden. Unseren Glauben könnten wir oft genug bei anderen Gelegenheiten unter Beweis stellen. Gott braucht keine Art Vorleistung in Form von Bitten und Betteln. Was er aber wohl gerne sähe, das wäre unser Vertrauen in ihn. Dieses ist etwas Unsichtbares und fällt uns daher unendlich viel schwerer als das Bitten, obgleich Letzteres ja ebenfalls etwas Immaterielles darstellt, was noch zudem an ein unsichtbares Wesen gerichtet ist. Anstatt bei einer Krankheit oder Todesnot immer wieder zu rufen: »Bitte, hilf mir doch, o Gott!«, wäre es meiner Glaubenshaltung wohl entsprechender zu sagen: »Herr, ich vertraue dir ganz und gar. Alle meine Sorgen werfe ich auf dich, du wirst es wohl machen.« Es wäre sicherlich das schönste Bittgebet in solchen Fällen, die eigentliche Bitte unausgesprochen zu lassen und eine ganz stille vertrauensvolle Haltung einzunehmen. Wenige Menschen werden dies können. Denn in der Not schreit man dann doch zu Gott, trotz aller klugen Überlegungen, die man vorher angestellt hat. Und das ist sicher auch gut so!

Blaise Pascal, der große französische Religionsphilosoph, Mathematiker und Physiker, scheint ein solcher von mir gewünschter und skizzierter Mensch gewesen zu sein, dem die Fähigkeit zu einem absoluten Gottvertrauen, einem völligen Gottergebensein, beschieden war. Schauen wir auf sein Gebet:

Vater im Himmel, ich bitte weder um Gesundheit
noch um Krankheit, weder um Leben noch um Tod,
sondern darum, dass Du über meine Gesundheit
und meine Krankheit, über mein Leben und meinen
Tod verfügst zu Deiner Ehre und zu meinem Heil.
Du allein weißt, was mir dienlich ist;
Du allein bist der Herr; tue, was Du willst.
Gib mir, nimm mir; aber mache meinen Willen
dem Deinen gleich, dass ich in demütiger,
vollkommener Unterwerfung und heiligem Vertrauen
Deine Befehle empfange. Amen.

Du meine Güte! Wie soll ich denn jetzt von diesen laientheologisch-philosophisch angehauchten Gedanken eines Erwachsenen und einem solch wunderbaren Gebet eines Blaise Pascal wieder in das Umfeld eines ungefähr neunjährigen »Nekarschlämers« zurückkommen? Ein wahrhaft schwieriges Unterfangen, sollte der Sturz da hinab doch nicht allzu abrupt geschehen!

Hamstern

Die Versorgung der Bevölkerung mit Lebensmitteln klappte zwar gegen Ende des Krieges noch einigermaßen, aber Hamstern war an der Tagesordnung. Meine Mutter fuhr mit mir oft aufs Land, vor allem nach Steinsfurt bei Sinsheim, ihrem Geburtsort, wo sie noch vielen Einwohnern in guter Erinnerung geblieben war und hier und dort, bei Verwandten und Bekannten, immer etwas zugesteckt bekam. Mal waren es ein paar Eier, mal ein Stück Bauernspeck oder in großen Dosen konservierte Leber- und Griebenwurst. Hausgemachte! Ihr Bruder Jakob lebte auch noch in diesem Ort, verheiratet mit einer Berlinerin, meiner Tante Marie. Er, ein ziemlich ruppiger, schnoddriger, mir äußerst unsympathischer Onkel, weil er jeden nur im schnauzigen Befehlston herumkommandierte. Sie, liebenswürdig, aber mit ihrem Berlinerisch sprachlich überhaupt nicht in diese Gegend passend und schon gar nicht, wie mir schien, mit ihrer lebensfrohen gackerigen Art zu meinem Onkel. Er war Maler und hatte in seinem bescheidenen Häuschen unten, gleich links neben der Eingangstür, seine Werkstatt, die vollgestellt war mit Farbtöpfen, Leitern und verschiedenen Karren. Oben, wenn man die steile Holztreppe hinaufkam, landete man sogleich in der Küche. Eine Verbindungstür führte von hier drinnen direkt zum Schlafzimmer. Es gab auch noch ein kleines Wohnzimmer, das eigentlich nur für festliche Anlässe vorgesehen war. Gewöhnlich hielt man sich in irgendeiner Ecke der Küche auf.

Nach der Toilette brauchte man sich nicht zu erkundigen, denn wenn man nicht gerade von einem Schnupfen geplagt wurde, war diese, auch ohne zu fragen, leicht zu finden. Sie war ein Plumpsklo zweiter Qualität, mit einer für diesen Ort viel zu wertvollen Kanne aus Emaille zur Spülung. Wozu man und was man hier überhaupt spülen sollte, das war mir nie klar geworden.

Zwei sehr ungewöhnliche Vorfälle, die ich selbst nicht miterlebte, beeindruckten mich stark. Einmal soll bei einem Gewitter ein Kugelblitz die Straße entlang, am Haus meines Onkels vorbei, nach oben gerast sein und sich irgendwo in nichts aufgelöst haben. Ein anderes Mal hatte mein Onkel die Sau rausgelassen – im wahrsten Sinne des Wortes –, natürlich unbeabsichtigt. Er war gerade dabei, sie zu schlachten, das süße Schwein, das er in einem zur Straße hin gelegenen kleinen Stall großgezogen hatte, als es, mit dem Schlachtermesser in seinem Ranzen, Reißaus nahm und wütend ob solcher dilettantischer Behandlung auf der Straße rauf und runter rannte, bis es wieder eingefangen wurde, dann aber wohl beruhigt auf seine Schlachtung durch einen dafür befugten Metzger hoffen durfte. Denn eine Hausschlachtung dieser Art war nicht üblich, ja, sie war verboten, und es gab bei meinem Onkel unglücklicherweise viele Zeugen dieses leidvollen Vorganges.

Wenn meine Mutter und ich nicht bei meinem Onkel, diesem Möchtegernschlachter, übernachteten, dann waren wir beim Zieglers Fritz untergebracht. Er war ein angesehener Bauer, der es sogar bis zum Bürgermeister des Ortes gebracht hatte. Seine Frau war meine »Tante« Lisbeth, eine ehemalige Klassenkameradin meiner Mutter, die, was ihren Leibesumfang betraf, mit Sicherheit im ganzen Dorf keine Konkurrenz zu fürchten brauchte. Noch schrecklich aufgeregt von einer Fahrt auf einem Heuwagen, gezogen von einem sehr jungen, wild herumhüpfenden Pferd, das ich mit »Hü« und »Hott«, auf dem Kutschbock neben dem alten Fritz sitzend, lenken durfte und um ein Haar die links von uns befindliche steile Böschung hinunter manövriert hätte, wurden mir, zu Hause angekommen, fünf Spiegeleier mit Speck zubereitet. Allein der Ausblick auf eine solche gewaltige Portion beruhigte mich sehr schnell, meine Mutter hingegen weniger.

Der Besuch bei einer anderen ehemaligen Klassenkameradin war für mich ein unter die Haut gehendes Erlebnis. Schon seit 25 Jahren war diese bedauernswerte Frau durch eine schwere Krankheit an ihr Bett gefesselt, konnte niemals aufstehen. Ihren sie stets liebevoll pflegenden Ehemann hatte sie überdies eines Morgens tot neben sich im Bett aufgefunden.

Je schwieriger die allgemeine Versorgungslage wurde, desto mehr war man auf gute Beziehungen angewiesen. Als weitere Möglichkeit boten sich Besuche in Berwangen an, nicht weit von Steinsfurt entfernt, bei »Tante« Gretel, auch eine ehemalige Klassenkameradin meiner Mutter, um vielleicht das Eine oder Andere an begehrenswerten Nahrungsmitteln zu erhalten. Diese Besuche dienten aber in erster Linie der Freundschaftspflege und waren nicht als Bettelbesuche geplant. »Tante« Gretel hatte einen Gemischtwarenladen, über dem sie mit ihrer Familie, ihrem dement gewordenen Vater und ihren beiden Töchtern wohnte. Die Sorgen um ihren kranken Vater, der einmal diese Ecke, ein anderes Mal jene Ecke im Zimmer für seine menschlichen Bedürfnisse benutzte, erschöpften allmählich ihre Kräfte. An eine Heilung war nicht zu denken. Um nach Berwangen, einem kleinen hübschen Dörfchen, zu gelangen, reisten wir mit dem Bummelzug bis Richen. Dort angekommen, machten wir uns vom Bahnhof aus zu Fuß auf die circa vier Kilometer lange Wegstrecke bis Berwangen. Unterwegs sammelten wir, wenn gerade die Jahreszeit für die Obsternte gekommen war, Äpfel und Birnen auf, die am Straßenrand als Fallobst von den der Gemeinde gehörenden Bäumen herumlagen. Wenn wir Glück hatten, wurden wir von einem mit seinem Pferd vorbeikommenden Bauern auf seinem Pritschen- oder Heuwagen mitgenommen und in Berwangen irgendwo abgesetzt. Ich war gerne zu Besuch bei »Tante« Gretel, denn da gab es für mich Abwechslungsreiches zu tun. Bimmelte unten die Ladentür, so rannte ich immer mit hinunter und durfte auch mithelfen, die Kundschaft zu bedienen. Mal reichte ich eine spitze Papiertüte an, mal durfte ich zum Beispiel die losen Erbsen aus dem Sack zum Wiegen abfüllen.

Es gab zwei Wasserstellen, aus denen man das Wasser für den Haushaltsbedarf entnehmen konnte. Es waren gusseiserne Pumpen, die eine im Erdgeschoss, die andere vor dem Haus auf der Straße, die meine Aufmerksamkeit auf sich gezogen hatten, weil sie beide mit einem Schwengel bedient werden mussten, durch dessen Betätigung erst nach einigen »leeren« Hubversuchen das Wasser aus dem Auslaufrohr gurgelte. Diese Kolbenbewegungen waren mit einem schrecklichen Geräusch verbunden, das mich an ein Erbrechen erinnerte, wenn am Ende weiter nichts mehr als ein Würgen übrig geblieben war.

Irmgard, die jüngere der beiden Schwestern, betrachtete ich als meine Freundin, obwohl sie fünf Jahre älter war als ich. Wir hatten viel Spaß miteinander und ich erlernte mit ihrer Hilfe das Radfahren, das allmähliche Beherrschen dieses Vehikels, das ich einige Jahre später zu Hause bei allen Gelegenheiten benutzte, und war es auch nur, um zwei Straßen weiter Brot zu holen. Ich hatte damals eine gewisse Zeit lang Buch über meine Fahrten geführt und war über einen Zeitraum von vielen Monaten auf einen Schnitt von 22 Kilometern pro Tag gekommen, bei einer Höchstleistung von einmal 54 Kilometern an einem einzigen Tag. Und das nur durch Herumradeln in der Stadt!

Manchmal fuhren meine Mutter und ich auch nach Durlach, einem Karlsruher Vorort, wo Onkel Christian, ein weiterer Bruder meiner Mutter, mit seiner Frau, Tante Karoline, wohnte. Beide hatte ich sehr gerne! Er besaß einen Tuchladen, nicht weit weg von seinem Wohnhaus, den er, bei der Margarinefabrik wegen des unangenehmen süßlichen Geruches immer die Nase rümpfend und dann an der Nähmaschinen- und Fahrradfabrik *Gritzner* vorbei, bequem zu Fuß erreichen konnte. Kuchen, mit Margarine gebacken, konnte er für den Rest seines Lebens nicht mehr essen. Es war ein Gräuel für ihn. Als ich eines Tages als kleiner Bub mal wieder zu Besuch bei ihm war und meine Mutter mich nach dem Abendbrot gerade gewaschen hatte und im Begriff war, mich für die Nacht anzuziehen, sprang mich dieser kleine weiße Spitz des Nachbarn an und – wie ich später stets behauptete – biss mich ins Herz. So wie mein Onkel Christian keinen Kuchen mit Margarine mehr mochte, so hatte ich meinerseits für alle Zeiten die Nase voll von dieser mir heimtückisch erscheinenden Hunderasse. Möglicherweise hatte ich in jener Nacht von diesem Spitz geträumt und mich von meiner Matratze auf dem Boden in die hinterste Ecke unter das Bett meiner Mutter verkrochen: Als meine Mutter am nächsten Morgen aufwachte, war ich einfach nicht mehr da. Einer der letzten Besuche in Durlach vor Kriegsende geschah aufgrund eines traurigen Anlasses: Das Wohnhaus meines Onkels, ein Mehrfamilienhaus, war während eines Bombenangriffes zerstört worden und total ausgebrannt. Drei Phosphorkanister, zwei auf das Haus selbst abgeworfen und einer in den Garten, hatten dieses schreckliche Werk angerichtet. Alle anderen Häuser in der Ostendstraße, ja, selbst die beiden Häuser zur rechten und linken Seite, blieben bei diesem Bombardement völlig verschont. Als meine Mutter und ich wenige Tage nach dem Bombenabwurf diese ausgebrannte Ruine betrachteten, rauchte es noch aus manchen Kellerfenstern und die orangerote Glut ließ mir kalte Schauer über den Rücken laufen. Rein gar nichts mehr war übrig geblieben, außer einigen Weckgläsern im Keller mit Einmachgut und einer entschärften 100-Millimeter-Granate aus dem Ersten Weltkrieg, die mein Onkel in seinem Wohnzimmer als Erinnerungsstück aufbewahrt und die ich nun im Keller unter den Trümmern gefunden hatte.

Kein »Heldentod«

Hans Scheu, dessen Vater der Besitzer der bekannten Konditorei an der Ecke Hauptstraße zur Großen Mantelgasse war, schätzte ich als einen meiner Klassenkameraden, mit dem ich besonders gerne spielte. Wenn ich etwas übertreiben wollte, dann würde ich sagen, dass er ganze Armeen von Spielsoldaten besaß. Diese kleinen, circa acht Zentimeter großen Massefiguren aus Elastolin waren so echt, bis ins kleinste Detail nachgebildet, dass es eine Wonne war, sie aufmarschieren oder gegeneinander kämpfen zu lassen. Er hatte nämlich nicht nur deutsche Soldaten aus allen möglichen Waffengattungen, sondern auch »feindliche« verschiedener Nationen. Es gab da Soldaten, die im Liegen, Sitzen oder Stehen ihre Gewehre im Anschlag hatten, Handgranaten warfen oder auch ein Maschinengewehr bedienten. Er hatte Verwundete und natürlich auch Sanitäter. Panzer, Flugzeuge und sogar einige Schiffe ergänzten dieses immens große Kriegsszenarium en miniature. Mein Arsenal war dagegen äußerst bescheiden. Ich besaß einen beim Fahren feuernden Panzer, einige deutsche und zwei englische Soldaten. Dafür aber noch eine nicht geringe Anzahl kleinerer grauer Bleisoldaten, zu Fuß und zu Pferde, die alle, ohne Ausnahme, irgendwo Verbiegungen aufwiesen. Mal hatte ein Soldat einen Schiefhals, mal stand der Schwanz eines Pferdes im rechten Winkel ab. Fielen diese Gebilde auf den Boden, dann waren die Füße der Figuren durch den Aufprall so stark verbogen, dass sie nicht mehr stehen, oder, wenn sie schon verbogen waren, wieder stehen konnten. Mangels militärischer Masse habe ich eines Tages meine beiden im Stehen schießenden Engländer bei einem meiner Freunde gegen einen kleinen Wasserfrosch eingetauscht. Der übergab ihn mir, eingesperrt, besser gesagt eingequetscht, in einer kleinen Streichholzschachtel. Zu Hause angekommen, war er bereits tot: erstickt, oder Herzversagen wegen übergroßer Aufregung. Das war kein guter Tausch für mich gewesen!

Bei meinem Klassenkameraden Hans – was lag da näher, als selbst in die Rolle von Soldaten zu schlüpfen? Er hatte echte Stahlhelme und auch ein Luftdruckgewehr. Unter den Helmen waren unsere Gesichter fast verschwunden und wir konnten nur dann richtig sehen, wenn wir sie, im »Kampfeinsatz« auf dem Boden robbend, immer wieder in den Nacken zurückschoben. Unser bevorzugtes Angriffsziel war eine gegenüberliegende, etwas tiefer befindliche Wohnung, die wir von unserem in diese Richtung weisenden Erker aus ins Visier und unter Beschuss nehmen konnten. Spaß machte dies aber nur, wenn das Fenster dieser Wohnung offen stand und wir hemmungslos unsere Munition, die aus rohen geschälten Kartoffeln, Möhren und roten Rüben bestand, dort drüben hineinfeuern konnten. Immer wieder mussten wir den abschraubbaren Gewehrlauf mit kleinen Portionen unserer harmlosen Munition nachladen, hatten dann aber den Fußboden unseres Zieles allmählich gänzlich damit übersät. Gesehen werden konnten wir von der aufgeregt schimpfenden Hausfrau nicht, da wir ja, durch unsere Helme getarnt, auf dem Boden des Erkers lagen und die in vorderster Reihe stehenden Blumentöpfe uns zusätzlichen Sichtschutz boten. Unser freudevolles Gekicher hielten wir so weit zurück, dass es uns nicht verraten konnte. Als wir eines Tages allerdings erfuhren, in unserem Zielgebiet da drüben wohne ein Polizist, stellten wir ganz schnell und verängstigt unsere Attacken in diese Richtung ein und spielten im Wohnzimmer weiter, wo wir mit viel Geschick beide Kriegsparteien verlieren ließen.

Von meinen beiden Brüdern Emil und Walter habe ich als Kind recht wenig gehabt. Die Altersunterschiede waren einfach zu groß. Mein Bruder Emil war 16 Jahre und Walter ist 14 Jahre älter als ich. Beide waren bald aus dem Hause, zum Arbeitsdienst verpflichtet, und sind Soldat geworden. Emil hasste das Militär und all die Zwänge, die es mit sich brachte. Er machte einen weiten Umweg, ging lieber auf den Heiligenberg über den Philosophenweg, nur um einen Vorgesetzten in der Stadt nicht grüßen zu müssen. Er trat in ein Musikkorps ein, in dem er seine verschiedenen erlernten Instrumente spielen konnte, war aber auch in Frankreich wie in Russland als Unteroffizier bei kämpfenden Truppen eingeteilt, während Walter im gleichen Dienstgrad, als Bordfunker bei der Luftwaffe ausgebildet, seine Einsatzgebiete in Italien und in Norwegen hatte. Mein Bruder Emil war ein ganz hervorragender Geiger. Seine Ausbildung, zuletzt bei Frau Professor Alma Modie in Frankfurt am Main, ließ noch weit größere Leistungen erwarten. Sein Musikstudium war durch den plötzlichen, geheimnisumwitterten Tod seiner Lehrerin für kurze Zeit unterbrochen worden. Nach ihrem Ableben durfte er dennoch in Frankfurt bei seiner öffentlichen Darbietung des *Violinkonzertes in a-Moll* von Viotti eine ihrer beiden wertvollen Violinen spielen, die *Guarneri*! Emil hatte dieses prachtvolle Instrument – zur damaligen Zeit lag ihr Wert schon bei 40 000 bis 50 000 Mark – sogar zu uns mit nach Hause nehmen dürfen und legte es während der kurzen Pausen auf ein Federbett im Schlafzimmer der Eltern. Mit ganz großem Respekt, so erinnere ich mich, zupfte ich einmal mit meinen Fingern ängstlich und verstohlen über die Saiten und glaubte dabei zu hören, wie schön doch eine so kostbare Geige klingt. Emil sollte sein Studium bei Professor Georg Kulenkampff fortsetzen, bei dem er bereits die Aufnahmeprüfung mit Erfolg bestanden hatte. Jedoch, zu wiederholten Einsätzen bei Kampfhandlungen in Russland abkommandiert, ereilte ihn der plötzliche Tod, nicht der »Heldentod«. Er bekam eine schwere Darmerkrankung, aller Wahrscheinlichkeit nach Typhus. Drei Tage vor seiner Rückreise, aufgrund seiner großen Begabung von höchster Stelle in Berlin von der Front freigestellt, war er ohne sein Bewusstsein wiedererlangt zu haben in ein Feldlazarett eingeliefert worden und ist daselbst verstorben. In Snamenka, einem kleinen Ort in der Ukraine, wurde er auf einem deutschen Soldatenfriedhof beigesetzt. Spätere Nachforschungen in Snamenka haben zu keinem Ergebnis geführt. Mein Brief ist unbeantwortet geblieben. Die Todesnachricht erfuhr ich krank im großen Bett meiner Schwester liegend. Mein Vater hatte sie entgegengenommen, als er gerade für ein kleines Nickerchen auf dem Küchentisch lang ausgestreckt lag. Jetzt waren also wir an der Reihe, nachdem in fast allen Familien in der Nachbarschaft solche Schreckensmeldungen bereits hereingebrochen waren. Es war für uns alle so furchtbar.

Walter sah ich auch nur anlässlich seiner seltenen Heimaturlaube. Meine Schwester Erna dagegen jeden Tag, denn sie wohnte ja bei uns und arbeitete bei *Vollmond*, nicht bei Vollmond, sondern im Büro einer gleichnamigen Firma in Heidelberg. Ich schlief damals zusammen mit ihr in dem Zimmerchen hinter der Küche.

»Du Bessawissa!«

Eine Weiterführung dieses grausamen, draußen tobenden Krieges schien für die meisten der betroffenen Menschen schon längst sinnlos geworden zu sein – als ob man bei diesem Krieg überhaupt jemals etwas Sinnvolles hätte erkennen können. Bomben, geworfen von Jagdbombern, kurz »Jabos« genannt, hatten noch einige, doch zum Glück nur wenige Häuser in Heidelberg zerstört. Es gab Tote und Verletzte in der Zivilbevölkerung. Die Front rückte unaufhaltsam näher und die Angst vor der Ungewissheit kroch in die Menschen, die aber dankbar waren, dass die Amerikaner Heidelberg einnehmen würden. »Aber ihre vielen Neger!«, hörte man vielerorts. Es wurden Horrorgeschichten über sie erzählt, zum Beispiel was diese den Frauen alles antun würden. Später sollte sich herausstellen, dass das alles üble Propaganda war! Die Schwarzen waren nicht etwa Wilde, sondern zivilisierte amerikanische GIs, eben nur mit dunkler Hautfarbe.

Die Hosentaschen vollgepackt mit Äpfeln, die meine Eltern alljährlich im Keller einlagerten, gesellte ich mich auf dem Uniplatz zu meinen Freunden. Dort saßen wir, mit dem Rücken an die Alte Universität gelehnt, genossen die schon ziemlich warmen Sonnenstrahlen des Frühlings und hörten gelassen dem fernen, gedämpften Geschützdonner zu, der uns nicht besonders beunruhigte.

In den folgenden Tagen ging alles sehr schnell. Das allgemeine Chaos war groß. Hier und dort in der Stadt wurde geschossen und die »fliegenden Standgerichte« der deutschen Wehrmacht nahmen noch eine ganze Reihe grausamer Exekutionen an versehentlich oder absichtlich von ihren Einheiten abgeschnittenen Soldaten vor. So erfuhr ich, dass ein siebzehnjähriger Soldat wegen Fahnenflucht an einem Baum vor dem Bergfriedhof in der Rohrbacher Straße aufgehängt worden war und dort als abschreckendes Beispiel drei volle Tage lang hängen bleiben musste. Die Heidelberger Bevölkerung wollte die kampflose Übergabe ihrer Stadt. Einige mutige Bürger sollen bei Schießereien unter den Arkaden auf dem Bismarckplatz den deutschen Soldaten ihre Gewehre aus der Hand genommen und sie auf die Sinnlosigkeit ihres Tuns hingewiesen haben. Ich selbst sah, wie ein Sanitätsoffizier seine Pistole vor dem Antiquitätengeschäft *Winnikes*, auf der Hauptstraße an der Ecke zur Augustinergasse, in den Gully warf und von Anwohnern Zivilkleidung erhielt, sodass ihm dadurch hoffentlich die Gefangenschaft erspart blieb. Waffen und Munition waren überall zu finden, zum Beispiel in der Heugasse auf einem Fenstersims eine Eierhandgranate, von der ich geflissentlich meine Finger ließ. Später entdeckten wir ein Maschinengewehr, das allerdings für uns Kinder, die wir auf dem Heidelberger Schloss überall herumstöberten, unerreichbar war, weil es – im Halbdunkel gerade noch erkennbar – in einem großen leeren Raum hinter einer verschlossenen Gittertür stand. Den etwas späteren, äußerst gefährlichen Fund einer noch intakten Panzerfaust, die wir, halb unter dem Laub verdeckt, beim Durchqueren eines Waldstückes fanden, meldeten wir natürlich sofort der Polizei.

Die Amerikaner standen vor den Toren Heidelbergs und kurz vor der Einnahme der Stadt, die dank des mutigen Einsatzes eines sechzehnjährigen Mädchens in letzter Minute vor der angedrohten Zerstörung durch die herangerückten feindlichen Truppen bewahrt wurde. Sie war es nämlich, die sechs Parlamentarier, Einwohner der Stadt, in der Nacht von Gründonnerstag auf Karfreitag mehrmals in einem Faltboot über den Neckar brachte. Auch die letzte Brücke über den Fluss, die Alte Brücke, war um Mitternacht gesprengt worden, sodass die Verhandlungen zwischen den Amerikanern und dem deutschen Militärkommando abzureißen drohten. Die durch ihren Einsatz weitergeführten Verhandlungen mündeten letztlich in der kampflosen Übergabe der Stadt. Als dann die ersten Amerikaner in die Stadt einrückten, sah die Hauptstraße geschmückt aus, wie bei einem großen Umzug oder einem kirchlichen Fest. Nur waren es keine farbenfrohen Fahnen und Fähnchen, sondern weiße Tücher, meistens Betttücher, die an Fahnenstangen und überall aus den Fenstern hingen, was die Bereitschaft der Einwohner signalisierte, sich kampflos zu ergeben. Auch am Rathaus auf dem Marktplatz hing eine weiße Fahne, eine weitere, aus der Ferne schon erkennbar, ganz hoch oben, direkt unter der Laterne des Turmes der Heiliggeistkirche. Flugzeuge der deutschen Luftwaffe kreisten noch in großer Höhe über der Stadt. Wie es schien, nicht kampfeswillig, eher vielleicht um zu demonstrieren, wie stark »Großdeutschland« doch noch sei und, im Grunde genommen, wie nahe dem immer noch unermüdlich verkündeten Ziel, dem »Endsieg«.

In der Tat: Der »Endsieg« kam immer näher, aber die Sieger waren nicht wir Deutschen – Gott sei's ewig gedankt –, sondern unsere »Feinde«, die Alliierten, die sich dann uns gegenüber gar nicht so feindlich benahmen. Jedenfalls die Amerikaner, die uns eher freundlich und wohlwollend gesinnt waren (sieht man einmal von einem gewissen Henry Morgenthau ab, der Deutschland in ein Agrarland verwandeln wollte). Dies zeigte sich sehr bald bei allen möglichen Aktivitäten, auf die ich noch zu sprechen kommen werde.

Während alles wie ausgestorben schien, an den Fenstern das weiße Bettzeug sich leicht im Winde bewegte und alle Fensterläden, soweit vorhanden, geschlossen waren, konnte man doch an den huschenden Schatten dahinter bemerken, dass die Bewohner durch die Schlitze der Fensterläden spähten, also Leben in den Häusern war. Ich stand oder hockte derweil unten vor unserer Haustür, musste öfter mal rauf aufs Klo, vermutlich wegen der auch in mir vorhandenen Spannung und Aufregung. Wieder unten vor unserer Tür angelangt, harrte ich der Dinge, die da kommen würden.

Da! Da kam in schnellem Tempo ein Wagen in die Hauptstraße gefahren, ein Jeep mit vier Soldaten, einer von ihnen hatte seine Hand am Abzug eines in der Mitte aufgestellten Maschinengewehres. Es war die Vorausabteilung der Amerikaner, die im Rathaus zunächst einmal die Kapitulation der Stadt entgegennehmen sollten, bevor dann, im Vertrauen auf die versprochene kampflose Übergabe, die Soldaten mit Panzern und Geschützen auffahren und Heidelberg einnehmen würden. Ungefähr zehn Jahre später sollte ich im *Schnookeloch*, dem Studentenlokal in der Haspelgasse, einige Amerikaner kennenlernen. Einer erzählte, er sei 1945 als Erster mit drei weiteren Soldaten in Heidelberg eingerückt, um die Kapitulation entgegenzunehmen. Er war höchst erstaunt von mir zu hören, dass ich ihn damals gesehen hatte, ihn heute aber natürlich nicht wiedererkennen konnte.

Die in die Stadt eingerückten Amerikaner sammelten sich zunächst auf den großen Plätzen, unter anderem auch auf dem Kornmarkt. Am Tag nach der Besetzung, da ja alles in Ruhe verlaufen war, fühlte man sich einigermaßen sicher und ging auch wieder auf die Straße. Mein Interesse galt vor allem den schweren Waffen, die ich auf dem Kornmarkt zu besichtigten wagte. Ich stieg sogar auf eine der großen Kanonen, um einen Blick durch das Zielfernrohr zu werfen, wurde aber sehr hart von einem Wachsoldaten angefahren, heruntergezogen und ausgeschimpft. Ein anderer Soldat bat mir daraufhin als Trostpfläster-chen ein »Schewwinggum« an, das für mich etwas ganz Neues war. Dieses »Schewwinggum« (bald konnte ich dieses englische Wort auch richtig aussprechen) war schnell bei vielen von uns zu einer Art Angebersymbol geworden. Man kaute es möglichst auffällig, nachdem man diese Kunst bei den Amerikanern abgeguckt hatte, wobei man seinen Unterkiefer weit nach unten fallen ließ und es nach links und rechts im halb geöffneten Mund schob, mahlend wie ein Rindvieh. Hin und wieder zeigte man es auch fletschend zwischen den Zähnen und zog es mit zwei Fingern, so weit es sich dehnen ließ – und es ließ sich fast endlos dehnen –, aus dem Mund, um dann den erzeugten langen Gummifaden entweder mit einem Finger auffädelnd oder wie ein Fisch nach Luft schnappend wieder mit dem Mund einzufangen und von Neuem mit dem Kauen zu beginnen. Und das stundenlang. Abends konnte man es in ein Glas Wasser legen und am nächsten Tag weiter kauen. Gebettelt habe ich um diese Dinge (Kaugummi, Schokolade, Apfelsinen et cetera) nie, wohingegen dies andere Kinder hemmungslos taten.

Wie es dazu kam, dass gerade mein Vater – wahrscheinlich mit Herrn Gärtner, einem stadtbekannten kleinen Mann, der jeden Tag sämtliche Kirchturmuhren der evangelischen Kirchen der Stadt aufzog – den Turm der Heiliggeistkirche bestieg, um die weiße Fahne einzuholen, daran kann ich mich nicht mehr erinnern. Mein Vater wurde erst Anfang August 1945 offiziell als Kirchendiener tätig. Pfarrer Riecker, der damalige Inhaber der ersten Pfarrstelle bei Heiliggeist, hatte ihm dieses Amt angeboten, das mein Vater, ohne lange zu überlegen, gerne annahm. Ich durfte mit auf den Turm. Das war für mich eine unheimlich spannende Angelegenheit! Nur das letzte Stück ließ mich mein Vater nicht mitgehen. Es wäre zu gefährlich für einen kleinen Jungen, so meinte er. Oberhalb des Glockenstuhles, zu dem ein Weg aus Treppen und Leitern führte, vorbei an dem damals noch vorhandenen kleinen Nachtwächterstübchen, ging es ab hier nämlich die glatte Wand hoch, eine Bretterwand mit einigen Auslassungen. Man konnte gerade mal einen Fuß dazwischenschieben, um sich dann mit beiden Händen nach oben zu ziehen. Auf dem nächsten Absatz angekommen, ging es dann allerdings wieder auf einer sehr steilen Leiter weiter, bis vor den Ausstieg durch eine niedrige Luke, durch die man ins Freie gelangte. Hier draußen, direkt unter der Laterne, musste man sich an der Brüstung festhaltend bis zu der weißen Fahne hangeln – die Füße in den Maschen des Eisengitters, das um den ganzen, so weit oben natürlich bereits stark verjüngten Turm herumführte. Auf der hier abschüssigen Schiefereindeckung der Zwiebel konnte man nämlich schlecht Halt finden.

Später lernte ich diesen Turm bei noch weitaus gefährlicheren Anlässen kennen: einmal nachts, mit der Taschenlampe in der Hand, auf der Suche nach einem Einbrecher, der die Tür zur Turmbesteigung am Fischmarkt aufgebrochen hatte. Des Weiteren häufig bei Schlossbeleuchtungen mit Feuerwerk, wo ich mit Freunden oben in der Laterne saß, auf der kegelförmigen, also geneigten blechernen Abdeckung, auf der höchstens drei bis vier von uns Platz finden konnten. Man hätte von hier aus mit und erst recht ohne besondere Vorsicht leicht durch eine der weiten ovalen Öffnungen rutschen und nach freiem Fall erst circa 75 Meter weiter unten wieder Fuß fassen können. War bei diesem luftigen Hochsitz ein Feuerwerk allein schon durch die besondere Perspektive ein einmaliges Erlebnis, so wurde der Kitzel durch die gefahrvolle Besteigung des Turmes in der Dunkelheit, bei Sturm und Glockengeläut, noch um ein Vielfaches verstärkt. Der Turm schwankte jetzt, was man natürlich erst hoch oben so richtig wahrnehmen konnte. Fixierte man mit seinen Augen die nahe Laternenöffnung, so verschwanden dahinter die Häuser am Berghang abwechselnd ein wenig nach links und nach rechts, mal mehr, mal weniger, je nachdem, ob das ohnehin starke Schwanken, hervorgerufen durch das Geläut der vier Glocken, durch Sturmböen verstärkt wurde oder nicht. Die horizontalen Amplituden waren jedenfalls deutlich zu spüren und sehr beeindruckend!

Kurz vor dem Einmarsch der Amerikaner ging der gesamte Dachstuhl der Peterskirche in Flammen auf. Auch hier durfte die Feuerwehr, ähnlich wie bei dem Brand der Synagoge 1938, nicht sofort mit den Löscharbeiten beginnen. Wichtige Dokumente aus der nahe gelegenen nationalsozialistischen Zentrale am Schlossberg sollten auf dem Speicher der Kirche in den Flammen vernichtet werden, um sie so dem Zugriff der heranrückenden Amerikaner zu entziehen. Der Schaden war beträchtlich. Durch die enorme Hitzeentwicklung wurde auch der Putz des Deckengewölbes bröckelig und fiel in den Kirchenraum. Nach den notwendigen Abstützungen gefährdeter Stellen hatten meine Eltern bei den Aufräumungsarbeiten besonders viel zu tun, da sich abzeichnete, dass mein Vater den Kirchendienerdienst hier übernehmen würde. Da die Heiliggeistkirche zu jener Zeit für Gottesdienste noch nicht wieder benutzt werden konnte – die Nazis hatten bereits Vorkehrungen getroffen, sie als Museum zweckzuentfremden – fanden diese in der Peterskirche, der Universitätskirche, statt. Später, bis zur Wiedererrichtung des abgebrannten Dachstuhles, war die Gemeinde zu Gast in der Providenzkirche. Ich sehe noch meine Mutter vor mir, wie sie jeden Samstag in der Kirche putzte, den Boden aufwischte und die Bänke abstaubte. Eine Sisyphusarbeit, denn solange die Decke nicht neu verputzt war, fielen ständig Brocken herunter.

Mein Vater war damit beschäftigt, das abgetragene, verkohlte Gebälk im Petersgarten aufzustapeln. Es war als Brennholz noch bestens geeignet, da nach dem Abschlagen der mehr oder weniger verbrannten Schichten viel helles, unbeschädigtes Holz zum Vorschein kam. Das gesamte alte Pfarrhaus der Heiliggeistkirche, erbaut 1790, wurde damit versorgt und auch wir durften zu unserem Gebrauch eine reichliche Menge nach Hause schaffen. Da Holz zum Heizen als Mangelware galt, war es nicht verwunderlich, dass nachts viel geklaut wurde. An jedem Morgen war der Holzstapel kleiner geworden, wodurch sich das Problem, ihn wegzuräumen, erfreulicherweise weitestgehend von selbst löste. Nachdem wir das uns zugeteilte Holz durch unseren Hausgang getragen hatten, gingen wir daran, die langen Balken in handliche Stücke zu zersägen, um sie dann klein zu hacken. Oh Graus! Am Ende dieser Arbeit sahen wir alle wie verkohlt aus. Beim Hacken gab es Streit. Mein Vater wollte mir unbedingt die seiner Meinung nach richtige Handhaltung am Beil beibringen. »Du musch dei rechte Hoand am Stiel vonne vum Beil halde un dei linke hinne! Un die Bä ausännoanner, sunscht hacksch disch selba in Sticke!« Ich war jedoch anderer Meinung, dass nämlich die linke Hand am vorderen Stielende und die rechte »hinne« zu halten sei. Da wurde mein Vater ziemlich grantig und schimpfte mich aus: »Du Bessawissa! Hör uff mich, was isch dir sag!« Irgendwann später sah er allerdings ein, dass der Arm, der den Zug ausführte, natürlich hinten sein musste, als verlängerter Hebel des Beiles. Ganz abgesehen davon, dass man, allein um sich nicht zu verletzen, das Beil als Rechtshänder mit der rechten Hand führen muss.

Das Einbringen von Holz wurde in späteren Jahren viel komplizierter. Von der evangelischen *Pflege Schönau*, einer Stiftsschaffnei, bekamen wir jährlich welches zugeteilt und ließen es in der Unteren Straße, an der Einmündung des Küchengässchens, mit Hilfe einer Bandsägemaschine, die einen Höllenlärm veranstaltete, zurechtschneiden. Die ganze Familie musste dann mithelfen, die Holzklötze das Gässchen hinaufzutragen, sie ganz leise und vorsichtig durch den privaten Eingang unseres Hausherrn und seinen Flur zu seinem Hinterhof und von dort die kleine Treppe hinauf in unseren Hof zu schleppen. Das war eine große Abkürzung, denn sonst hätten wir das Holz das ganze Küchengässchen hinauf, die Hauptstraße entlang bis zu unserer Haustür und von dort in unseren Hof tragen müssen. Wir hatten vor, während und nach diesen Arbeiten so manchen schiefen Blick in Kauf nehmen müssen, obwohl wir wirklich leise, fast wie auf Zehenspitzen gegangen waren und den Weg fein säuberlich zurückließen.

Was für ein Leichtsinn

Unmittelbar nach der Besetzung Heidelbergs – an die Besatzer hatten wir uns sehr schnell gewöhnt – besorgte man sich, auch auf nicht gänzlich legalem Weg, alles, was man zum Leben brauchen konnte. Im Güterbahnhof standen verlassen mehrere Waggons, voll beladen mit Briketts. Wie ein Lauffeuer ging diese Entdeckung durch die Straßen der Stadt. Zu Fuß, mit dem Fahrrad, dem Kinderwagen oder einem

Leiterwägelchen versuchte man soviel wie nur möglich von diesem wertvollen Brennstoff zu ergattern.

Mit einem neuen, einfachen braunen Pappkoffer gingen mein Vater und ich in Nußloch bei Bauern hamstern. Wir handelten für dieses mitgebrachte Objekt einen halben Sack Kartoffeln aus, die wir dringend brauchten! Sie waren noch für längere Zeit das Hauptnahrungsmittel, denn wegen Brotmangel gab es bereits zum Frühstück des Öfteren Kartoffeln zu essen, in der Pfanne mit Kaffee-Ersatz (Zichorie) geschwenkt und leicht angebraten, manchmal auch angebrannt. Kaffee-Ersatz ist ein aus gerösteten Pflanzenteilen hergestelltes Produkt, das durch Aufkochen oder Überbrühen mit Wasser ein in Geschmack und Geruch dem Kaffee ähnliches Getränk ergibt. Rohstoffe sind unter anderem Gerste (besonders Gerstenmalz für »Malzkaffee«), Roggen, Weizen und die Gemeine Wegwarte (Zichorie). »Himmlisch« fühlten wir uns, wenn wir hin und wieder einige Extras »auf der Straße« aufgabeln konnten. In dem von den Amerikanern besetzten Hotel und Restaurant *Perkeo* gaben uns Soldaten aus dem Seiteneingang in der Karpfengasse, wo sich die Küche befand, die heiß begehrten Donuts, in Schmalz braun gebackene süße Teilchen in Ringform. Und in der Ingrimstraße konnte ich einmal zwei Apfelsinen auffangen, die ebenso von amerikanischen Soldaten an die vielen auf der Straße wartenden Kinder verteilt wurden.

Als die Lebensmittelkarten eingeführt wurden, gab es pro Kopf und pro Woche in der Übergangszeit immerhin ein ganzes Kommissbrot. Ebenso Wurst – aus was auch immer sie bestand (es gab zum Beispiel Leberwurst, mit feinem Sägemehl gestreckt) –, wie alle anderen verfügbaren Nahrungsmittel aber nur rationiert. An richtigem Hunger litt ich zum Glück niemals, denn meine Mutter bekam zusätzliche Brotmärkchen von einer Frau Ebert aus der unmittelbaren Nachbarschaft, die sie nicht brauchte (so sagte sie). Sie gehörte mit Sicherheit nicht zu jenen Betrügern, die sich durch einen üblen Trick mit weiteren Lebensmittelkarten zu versorgen wussten: Manche nutzten für einen Augenblick die Unaufmerksamkeit des Beamten und stellten blitzschnell ihre Einkaufs- oder Aktentasche auf den Stapel mit den begehrten Karten und konnten auf diese Weise unauffällig eine zusätzliche Lebensmittelkarte ergaunern, weil sie den Boden ihrer Tasche zuvor mit Klebstoff präpariert hatten. Der Mann einer meiner Cousinen, Heiner, belieferte uns ebenfalls mit zusätzlichen Brotportionen. Er arbeitete in der Neurochirurgie der Universitätsklinik in der Abteilung Gehirnchirurgie (Kopfchirurgie), wo er die »Inhalte« der Patienten, bei denen eine Operation nicht zum Erfolg geführt hatte und die verstorben waren, einigermaßen geordnet zurücklegte und daraufhin ihre Schädel wieder verschloss. Er hatte gute Beziehungen zur Stationsküche und brachte uns tütenweise Kanten altes Brot, Endstücke (»Knärzel«). Ob meine Eltern, wenn er sie ihnen übergab, sich Gedanken machten, wo er kurz zuvor wohl seine Finger gehabt haben mochte? Aber was sollte es, Hygiene gab es damals in Krankenhäusern ja auch schon.

In der Not ist der Mensch erfinderisch. So wie es die Erfindung des Holzvergasers gab (der technische Ausdruck dafür heißt »Holzgasgeneratorfahrzeug« – bereits 1925 erfunden), jenes Vehikel, dessen Motor durch das auf dem Fahrzeug im Ofen selbst erzeugte Holzgas betrieben wurde, so soll es auch ein Verfahren gegeben haben, mit dem man »Butter« aus Kohle gewinnen konnte. Auch der Alkoholiker schien auf seine Getränke nicht verzichten zu müssen: In manchen Bäckereien sollen Brotdämpfe, die durch den Abzug gingen, mit Hilfe besonderer Anlagen zu Schnaps destilliert worden sein. Ich glaube jedoch, dass man damals nicht alle Meldungen solch verwunderlichen Inhaltes allzu ernst nehmen durfte.

Seit dem Herbst 1945 konnten wir auf Zichorie verzichten und das Braten unserer Kartoffeln in Bucheckernöl vornehmen. Das Sammeln dieser kleinen Früchte in den Buchenwäldern auf und unterhalb des Königstuhles war eine äußerst mühselige Angelegenheit. Man benötigte nämlich viele Kilogramm von diesen kleinen Dingern, um einen einzigen Liter Öl daraus zu gewinnen. Auf einem Schiff, das in Neckargemünd, circa zehn Kilometer weiter östlich von Heidelberg, vor Anker lag, war eine dafür geeignete Ölpresse in Betrieb. Wir konnten in jenem Jahr eine große Ernte einbringen, ein Glücksfall, denn solch eine Buchelmast fiel nur alle fünf bis zehn Jahre an. Sie wurde normalerweise zur Schweinemast und jetzt eben zur oben erwähnten Speiseölgewinnung verwendet. Die dreikantigen Nüsse der Rotbuche bestehen fast zur Hälfte aus Fett, sowie aus Stärke und Eiweiß, was sie sehr nahrhaft macht. Wegen des Saponingehaltes sind Bucheckern jedoch leicht gifitg. Ein Glück für uns war der alte Baumbestand in der Umgebung, da die Rotbuchen erst 40 Jahre alt werden müssen, um überhaupt Früchte zu tragen.

Die Eltern meines Freundes Joachim besaßen einen Schrebergarten in der Nähe des Bergfriedhofes, direkt am Bahndamm der Eisenbahnstrecke gelegen, die nach Süden führt. Ich war häufig dort, vor allem unmittelbar nach der amerikanischen Besatzung der Stadt. Züge fuhren keine mehr. Alle standen still. Einen Personenzug der Reichsbahn, der direkt vor dieser Schrebergartenanlage stand, durchstöberten wir vorsichtig, auch ein bisschen ängstlich, denn es war uns ziemlich unheimlich, durch die gespenstig wirkenden Abteile zu gehen. Überall lagen aufgeschlitzte Polster herum, ausgekippte Koffer, die Hinterlassenschaft menschlicher Bedürfnisse mit dem dazugehörenden Gestank und Lachen erstreckten sich über den Boden, von was weiß ich woher. Kriegsauszeichnungen, zum Beispiel Eiserne Kreuze und verschiedene Orden, hatten schnell unsere ganze Aufmerksamkeit auf sich gezogen und wir waren gerade im Begriff sie einzusammeln, als urplötzlich zwei Polen hinter uns auftauchten und uns erschraken. Wir waren von unseren Eltern gewarnt worden, insbesondere vor den von den Deutschen gefangenen Polen und Russen, die sich nun in Freiheit bewegten, zuvor aber unter der Last von Zwangsarbeiten geknutet worden waren. In der *Fuchs Waggonfabrik* waren sogar einige von ihnen aufgehängt worden – als abschreckendes Beispiel für die anderen –, nur weil sie in Abfallkübeln nach etwas Essbarem gesucht hatten und dabei erwischt worden waren. Der Gefahr aufkommender verständlicher Ressentiments gegenüber uns Deutschen, ihren früheren Peinigern, wussten wir auszuweichen, denn es hatte Übergriffe auf die Bevölkerung gegeben, die uns zur Warnung dienen sollten.

Eine schnelle Flucht schien uns auch angeraten, als ich mit Freunden auf der Fahrstraße, die zur Molkenkur hinaufführt – einsam im Wald – von zwei Polen, die uns die ganze Zeit über nachgestiegen waren, nach der Uhrzeit gefragt wurde. Ich gab gerne Auskunft, denn ich hatte ein altes silbernes Taschenührchen bei mir, das in einer dafür geschaffenen ledernen Hülle eingelegt war, sodass ich es wie eine Armbanduhr tragen konnte. Ein paar Blicke unter uns Freunden genügten und wir rasten ängstlich davon, hinunter in Richtung Stadt. Dabei ließen wir sicherlich zwei verblüffte junge Männer stehen, die von uns vielleicht wirklich nichts anderes wollten, als die Uhrzeit zu erfahren. An einer Kurve des Fußweges fanden wir auf dem Boden neben einer Bank einen schäbigen alten Geldbeutel, leer, und einen verdreckten, möglicherweise verlausten Kamm. Ehrlich wie wir waren, brachten wir unseren kostbaren Fund unverzüglich zur Polizeiwache in der Hauptstraße am Karlsplatz und erkundigten uns sogleich nach dem möglichen uns zustehenden Finderlohn. Der Polizeibeamte, nicht unfreundlich, schöpfte natürlich Verdacht, dass wir ihn veräppeln wollten, öffnete die Tür und jagte uns zum Teufel.

Wir waren eigentlich auf dem Weg zum Großen Riesenstein gewesen, zu dem Steinbruch, der heute von Sträuchern und hohen Bäumen völlig zugewachsen ist, als wir die Flucht ergriffen. Dort wollten wir die amerikanischen Soldaten besuchen, die auf der Aussichtskanzel eine Vierlingsflak aufgestellt hatten, um den nördlichen und nordwestlichen Luftraum von Heidelberg überwachen zu können. In diesen

Tagen sahen wir auch zum ersten Mal Düsenjäger, die aus dem Neckartal in die Rheinebene flogen. Die GIs führten uns gerne die verschiedenen Funktionen dieser Flugabwehrkanone vor und wir waren von dem Schwung, dem Auf und Ab der vier Kanonenrohre äußerst beeindruckt. Als wir größer waren, galt uns diese Kanzel als Objekt einer Mutprobe: Man musste einmal auf der schmalen hufeisenförmigen Brüstung von einem Ende zum anderen gehen. Eine Mutprobe war es deshalb, weil unter dieser Kanzel ein ungefähr 20 Meter tiefer Abgrund klaffte. Ich war in kleinen Schritten, leicht nach innen zur sicheren Seite hin geneigt, unter dem Beifall meiner Freunde darauf entlanggetrippelt. Ein Wahnsinn! Was für ein Leichtsinn! Was für eine große tödliche Gefahr hatte da auf uns gelauert.

Alle Häuser der Stadt waren von amerikanischen Soldaten auf versteckte Waffen hin untersucht worden. Ich besaß ein Luftdruckgewehr, allerdings ohne den zum Schießen notwendigen abschraubbaren Lauf, den man erst mit der hierfür vorgesehenen Munition (Bleikugeln, Möhren oder Kartoffeln) hätte laden müssen. Ich hatte es gegen ein Spiel mit Würfeln bei einem Gleichaltrigen eingetauscht. Als ich von den bevorstehenden Hausdurchsuchungen erfuhr, versteckte ich mein Gewehr im Treppenlauf zum Speicher in der Setzstufe, in der vorderen Stoßfläche des Austritts, also ganz oben. Die Setzstufe war defekt, fast nicht mehr vorhanden. In dieses gähnende dunkle Loch schob ich das Gewehr weit hinein und war fest davon überzeugt, ein gutes Versteck gefunden zu haben. Doch mein Vater entdeckte es noch vor der Durchsuchung unseres Hauses, schalt mich furchtbar aus, zertrümmerte es vor meinen Augen und warf es in den Mülleimer. Mein Heulen und Betteln hatte nichts geholfen. Ich hatte ihn von seinem Vorhaben nicht abbringen können. Die Angst meines Vaters wegen dieser im Grunde genommen völlig harmlosen Waffe war für mich im Nachhinein durchaus nachvollziehbar, da wir der Aufforderung, alle Waffen abzugeben, nicht nachgekommen waren.

Um uns mit den amerikanischen Soldaten zu unterhalten, wäre es natürlich notwendig gewesen, ihre Sprache zu sprechen, denn die Amerikaner galten damals als fremdsprachenfaul. Meine Schwester Erna, nun schon ein ganz passables Pflänzchen von 19 Jahren, brachte mir die ersten Brocken Englisch bei. Es war aber nicht sie, wie man einmal behauptete, die mir im folgenden Fall auch das gute, richtige Hochdeutsch beizubringen beabsichtigte. Ich wurde nämlich einmal korrigiert:»Man sagt nicht: ›man sächt‹, man sächt: ›man sagt‹!«

Es gab in der Altstadt weitläufige Sperrgebiete, in denen sich amerikanisches Militär eingenistet hatte, nachdem die Wohnungsinhaber oder die Hausbesitzer auf die Straße gesetzt worden waren. Das Schicksal von Besiegten eben. So war zum Beispiel für die Bevölkerung, ausgenommen die Anwohner, ein sich weit nach Osten erstreckendes Areal von den Soldaten gesperrt worden. Es umfasste ab der Jesuitenkirche die Schulgasse aufwärts, einen Teil der Anlage und reichte bis weit oberhalb der Auffahrt zum Schlossberg. Die Bewacher dieses abgesteckten Gebietes schienen uns Jungen bei ihrer langweiligen Tätigkeit, die sie verrichten mussten, zur Unterhaltung ganz gerne bei sich zu haben. Sie schenkten uns hin und wieder so hoch begehrte Dinge wie Kaugummi, Schokolade, Kekse und so weiter. Einmal gab mir ein Soldat in einer Dose sogar etwas Speisefett, das nach Hause zu bringen ich mich heimlich bemühte. Doch die neugierige, immer an ihrem offenen Fenster hängende Nachbarin, Frau Luschtinetz, bemerkte meine Heimlichtuerei sofort und rief von ihrem Fenster im dritten Stock aus: »Hast du Weihwasser aus der Kirche geholt?« Ich war entsetzt, ich war doch evangelisch! Frau Luschtinetz besaß eine mutige Tochter, groß und breitschultrig. Irmgard hieß sie, die auf der Höhe des *Haarlasses* einmal einen ertrinkenden Amerikaner aus dem Neckar zog und ihm so das Leben rettete. Als Dank für die Spender des Fettes brachte ich ihnen eine Ansichtskarte mit unserer Heiliggeistkirche. Auf die Rückseite schrieb ich: »This is our cherry.« Kirche hatte ich damals sicherlich noch in meinem Dialekt gesprochen und im Wörterbuch nicht ganz richtig nachgeschlagen.

Interessant fanden wir auch die anderen Wachsoldaten an der bereits oben genannten Absperrung zum Schlossberg hinauf. Es gab für uns auch noch einen weiteren Grund, gerade diese Stelle aufzusuchen: eine kleine Schönheit, die hier wohnte, ein ganz süßes Mädchen in unserem Alter. Zutiefst erschüttert waren wir allerdings, als wir eines Tages erfuhren, dass ein amerikanischer Jeep bei einem Verkehrsunfall den Kopf ihrer Mutter abgefahren hatte. Die Soldaten zeigten uns, wie man Patronen entschärfte und die herausgeholte Treibladung in Brand setzen konnte. Sie hebelten das Geschoss einer Gewehrpatrone aus, entfernten die festgestopfte Watte über dem Pulver und ließen es dann aus der Metallhülse in ihre geöffnete Hand herausrieseln. Wir experimentierten nach diesen gewonnenen Kenntnissen auf unsere Art und Weise an den Gewehrpatronen herum, oben auf dem Schloss bei den alten Bädern, als niemand in Sicht war. Uns waren diese Experimente nicht ganz geheuer und uns schlug das Herz jedes Mal bis zum Hals. Mit dem aus einigen Patronen gewonnenen Pulver wollte ich eine Bombe bauen. Ich steckte einen »Schuhbändel« (Schnürsenkel) als Zündschnur durch ein kleines Loch in einer leeren Streichholzschachtel, füllte diese Schachtel mit dem Pulver, umwickelte das Päckchen dann mehrfach mit Schnur und Klebeband und fertig war mein Werk.

Doch wo sollten wir diese Bombe hochgehen lassen? Unter einem Kanaldeckel? Da würde es durch den Hall besonders laut knallen. Wir konnten uns zunächst nicht einig werden. Da bekam ich die zündende Idee: Ich befestigte meine Bombe mit Draht am Metallgitter eines sowieso immer verschlossenen Seiteneingangs der Alten Universität. Mit allergrößter Sorgfalt und Gewissenhaftigkeit wollten wir nun unser Experiment zu Ende bringen. Dies konnte nur bei einbrechender Dunkelheit geschehen. Zwei meiner Freunde mussten an den Straßenecken Schmiere stehen und gaben mir ein Zeichen, wenn die Luft rein war, mich also bei meiner Handhabung niemand stören würde. Dieses Zeichen erhielt ich mehrere Male, immer wieder kamen jedoch irgendwelche Personen meinem Experimentierort zu nahe, was mich stets an der Ausführung meines Vorhabens hinderte. Dann endlich schien es so weit zu sein. Ich steckte mit einem Streichholz den »Schuhbändel« an, der langsam nach oben zu glimmen begann, aber mehrere Male erlosch. Jedes Mal rannte ich nach erneutem Anzünden eilig davon, ich wollte ja schließlich unverletzt bleiben. Als das letzte Stück der Zündschnur abgebrannt war, da erwarteten wir die ersehnte Explosion. Doch nichts geschah. Die Zündschnur war direkt am Eingang zur Streichholzschachtel endgültig erloschen. Natürlich aus Sauerstoffmangel. Enttäuscht ging ich wieder hin und stocherte mit einem brennenden Streichholz an der kleinen Öffnung herum, genau dort, wo die Zündschnur erloschen war, um vielleicht noch ein Stückchen von ihr zu finden. Doch, oh weh! Mit einem sanften Zischen schoss mir eine grelle Stichflamme mitten ins Gesicht, sodass ich im ersten Augenblick in der Dunkelheit überhaupt nichts mehr sehen konnte. Erst allmählich konnte ich meine beiden Freunde erkennen, die erschrocken zu mir geeilt waren. Sie stellten besorgt fest, dass mein gesamtes Gesicht mit schwarzen Pünktchen übersät war, den Spuren des herausgeschossenen Pulvers. Wie sollte ich mich so meinen Eltern zeigen? Ich war zunächst der Ansicht, dies seien Verbrennungen, doch zum Glück ließen sich diese Pünktchen leicht wegwischen. Wieder ein Fall von allergrößtem Leichtsinn! Ein solches Experiment wiederholten wir, nach diesem Vorfall etwas klüger geworden, dann nicht mehr.

Helmut Weißkapp

»Heallmet!«

Zurück zu den amerikanischen Soldaten. Mit ihrem Erscheinen war auch sogleich der Begriff »Amihuren« entstanden. Gemeint waren deutsche Mädchen und Frauen, die die Gunst der Stunde – oder auch die Stunde der Gunst – gerne wahrnahmen. An und für sich keine große Sensation, denn wohl überall und zu allen Zeiten gab und gibt es Frauen, welche die Soldaten in den von ihnen besetzten Gebieten als willkommene Abwechslung zu schätzen wissen. Ihr Liebeslohn war natürlich kein deutsches Geld, mit dem sie sowieso nichts kaufen konnten – es gab ja nichts –, auch nicht der *Scriptdollar*, das »besondere« Geld, extra für die Besatzer geschaffen, damit diese in der PX, im amerikanischen Kaufhaus, einkaufen konnten. Der Besitz solchen Geldes war den Deutschen strengstens verboten. Nein, es waren Naturalien wie Zigaretten, Kaugummi, Schokolade, Lippenstift, Nylonstrümpfe und andere begehrenswerte Artikel. Mit grellrot geschminkten Lippen, eine für die damalige Zeit bei uns ungewöhnliche Bemalung bei einfachen Frauen, standen die erlebnishungrigen Mädchen sichtbar erwartungsvoll vor allen von den GIs frequentierten Lokalitäten. Sie verströmten ihr verführerisches Parfüm, nämlich das eines Kaugummis, des kleinen klebrigen weißen, das sie schon längst zermalmt hatten, aber immer noch zwischen ihren Schneidezähnen hielten und mit ihrer Zunge daran spielten. Nebenbei bemerkt, bedeutet im Amerikanischen die Abkürzung GI ursprünglich *galvanized iron* und markierte Waren dieses Materials, beispielsweise Mülleimer. Später nahm man an, GI bedeute *Government Issue*, die staatlich gelieferte Ausrüstung für die Soldaten und übertragen: der amerikanische Soldat (dem deutschen »Landser« entsprechend). Neugierig wie wir Jungen eben waren, verfolgten wir manchmal solch glücklich aussehende Pärchen in gebührendem Abstand bis in den Wald, in der Hoffnung, beobachten zu können, was sie eigentlich vorhatten. Doch immer verloren wir sie aus den Augen und waren dann mutlos, auch etwas ängstlich geworden, sie irgendwo im Dickicht aufzustöbern. Auch an bestimmten Stellen auf dem Schloss, zum Beispiel nach einer kleinen Kletterpartie zu einem verborgenen Örtchen am Gesprengten Turm, kamen wir bei unseren Ausspähungen immer entweder zu spät oder verscheuchten gerade unsere Opfer. An der Art und Weise, wie sie weggingen, konnten wir nicht ersehen, was nun gewesen war. Auf jeden Fall hatten wir sie gestört. Auch bei der anschließenden Untersuchung der »Hinterlassenschaft« war es uns nicht möglich, ein frisches von einem älteren stattgefundenen Abenteuer zu unterscheiden... Ein paar Häuser weiter links von uns wohnte eine kinderreiche Familie, die mit einer großen Anzahl halbwüchsiger Töchter gesegnet war. Diese jungen Mädchen verstanden es besonders gut, den Lebensstandard in ihrer Familie durch »horizontale Gymnastik« zu heben. In diesen Niederungen ging es oft hoch her: Streitereien, Gekreisch und Schlägereien waren immer häufiger an der Tages- und Nachtordnung. Und bald prangte an ihrer Haustür das Schild »OFF LIMITS FOR GIs«.

Prügeleien zwischen deutschen Halbstarken und amerikanischen Soldaten – im *Zillertal* in der Ingrimstraße soll einem Soldaten, wie es hieß, sein Penis abgeschnitten worden sein – wurden durch das Eingreifen der vor allem von den Amerikanern sehr gefürchteten MP, der *Military Police*, im Allgemeinen schnell beendet. Die MP fuhr in ihren Jeeps regelmäßig Streife und war an den wichtigsten Brennpunkten stets präsent. Der *Rodensteiner* in der Sandgasse und das der Gasse auf der Hauptstraße gegenüberliegende Lokal waren in unserer Gegend so richtige, vor allem von den GIs besuchte, sogenannte »Bumslokale« und Austragungsorte von Auseinandersetzungen und wüsten Orgien. Einmal sah ich einen kleinen, untersetzten schwarzen Militärpolizisten ein großes Bündel in seinen Jeep legen. Erst bei näherem Hinschauen gewahrte ich einen zusammengeschlagenen GI, den er locker mit einer Hand, ihn hinten an seinem Gürtel gepackt, aus dem Lokal geholt hatte, derart, dass die Beine auf der einen Seite und der Oberkörper auf der anderen herunterhingen, was aussah wie ein halb zusammengeklapptes Taschenmesser.

Ich fand später einen amerikanischen Freund, einen von der *Military Police*, mit dem ich mich häufig auf dem Universitätsplatz traf. Donald hieß er. Er spielte mit uns Jungen und fuhr uns manchmal in seinem Jeep spazieren. Er ging oft mit mir ins Kino und schenkte mir eines Tages sogar einen silbernen Bleistift, dessen Mine man durch Druck auf das hintere Ende nachschieben konnte. Obgleich er sehr misstrauisch war (er bat mich einmal um ein Glas Wasser, das ich ihm von zu Hause auf den Uniplatz brachte und von dem ich den ersten Schluck trinken musste, damit er sicher sein konnte, dass es nicht vergiftet war), besuchte er mich eines Tages in unserem Haus. Als Gegengeschenk gab ich ihm meine winzige Kamera, Format 25 mal 25 Millimeter, die er so bewunderte. Einmal wurde Donald sehr böse. Es war auf einer Jeepfahrt, an der auch mein Bruder Walter teilnahm. Mit ihm unterhielt ich mich über irgendetwas und sagte: »Das ist derselbe Text.« Entsetzt und wutentbrannt fuhr mich Donald an: »Heallmet!« Ich konnte mir überhaupt nicht vorstellen, weshalb er so ungehalten war. Später, als wir allein waren, stellte er mich zur Rede und wollte den Grund wissen, weshalb ich von Kondomen gesprochen hätte. Jetzt verstand ich noch weniger als zuvor. Er behauptete, ich hätte mit meinem Bruder von *Silver Text* gesprochen. – »??« – Plötzlich musste ich herzhaft lachen und versuchte ihm zu erklären, was im Deutschen »derselbe Text« bedeutet. Er glaubte mir nicht und war weiterhin der Meinung, dass ich von *Silver Text* gesprochen hätte, dem Markenname einer amerikanischen Kondomfirma. Etwas seltsam mutete uns Jungen Donalds Erzählung an: »A friend of mine cut off the genitals of some boys, put them into cans and sold them as sausages.« Wir waren angeekelt über diese Art von Wurstherstellung, lachten letzten Endes aber doch über diese Worte, von denen wir annahmen, dass sie eine reine Erfindung waren, geboren aus einem schmutzigen Geist.

Es war schon erstaunlich, wie sich die Amerikaner als Siegermacht uns Deutschen gegenüber verhielten. Nicht nur die Soldaten, die mit der zivilen Bevölkerung direkt in Berührung kamen, sondern auch das amerikanische Volk erwies sich in menschlicher Hinsicht als ethisch, hilfsbereit, christlich. Wohl selten sind die Worte aus der Bergpredigt »Liebet eure Feinde« so konkret in Taten umgesetzt worden. Was wir an Hilfe in der größten Not nach dem Zweiten Weltkrieg von amerikanischen Organisationen alles erfahren haben, zum Beispiel von den Quäkern, durch die Lieferung unzähliger CARE-Pakete et cetera. Alles stammte letztlich aus privaten Spenden, was für uns Deutsche Grund sein muss, dies für immer mit Dankbarkeitsgefühlen in unserem Gedächtnis zu verankern. Vielleicht hat dieses vorbildliche Verhalten des amerikanischen Volkes im Unterbewusstsein uns Deutsche im Laufe der Jahre befähigt, heute eine Nation mit heute solch großer Spendenbereitschaft für alle möglichen Notfälle in der ganzen Welt zu sein.

Meine Patentante Philippine, genannt Bienchen, die Schwester meiner Mutter, die in den Zwanzigerjahren nach Südamerika ausgewandert war, muss ich hier ebenfalls erwähnen. Sie schickte uns immer mal wieder ein Paket mit meist nützlichen Sachen. Nicht so notwendig waren jedoch zum Beispiel die rosaroten wollenen Bettschuhe, über die und derentwegen alle über mich lachten, die ich aber sehr liebte, weil sie mir meine Füße wärmten. Die gebrauchten, damals in Südamerika wohl sehr modischen braunen Halbschuhe mit Löchermuster auf dem Oberleder sorgten für eine kleine Sensation, wenn ich sie trug. Denn wer konnte sich schon solche Schuhe leisten? Und wo gab es sie?

Aber diese Schuhe verrieten mich auch einmal, als ich nämlich bei der Familie von Dr. Fritz Henn – meinem Konservatoriumsdirektor in der Werrgasse 5 auf der anderen Neckarseite – an einem Ostersonntag für seine beiden Kinder Beate und Michael (Gigi) den Osterhasen spielte. Den Neckar hatte ich auf dem wackeligen Behelfssteg überquert, der einzigen Verbindung zur anderen Seite. Die gesprengte Alte Brücke lag ja in Trümmern zusammengestürzt im Fluss. In der Villa oben angekommen, kleidete mich Schwester Margarethe, Dr. Henns Schwägerin, als Osterhase ein. Das Kostüm passte mir wie angegossen. Ich hüpfte in ihrem Garten wie wild herum, piepste mit leicht rostig klingender Stimme und versteckte bunt bemalte Eier und vielerlei Süßigkeiten im Gras und hinter Büschen. Noch während die Kinder, begeistert, einen echten Osterhasen gesehen zu haben, ihre Sachen suchten, geschah es, dass ich durch eine wundersame Metamorphose wieder ein Mensch geworden war. »Hallo«, begrüßte ich alle Anwesenden und durfte auch ein Ostergeschenk entgegennehmen: Es war eine kleine, ineinander geschachtelte Reiseapotheke aus rotbrauner Pappe, die ich zukünftig immer auf Reisen mitnahm, deren Inhalt ich aber niemals benutzte, aus Sorge, dass ich in einem noch schlimmeren Ernstfall als dem, der gerade akut war, nicht mehr hätte helfen können. Besonders stolz war ich auf ein kleines Riechfläschchen, das man an einem Ende hätte aufbrechen und es einem in Ohnmacht Gefallenen unter die Nase halten müssen. Während ich den interessanten Inhalt meiner Apotheke betrachtete, da wurde ich entdeckt. Eines der Kinder sagte zu mir: »Du hast ja dieselben Schuhe an wie der Osterhase!« Ich war von der offenbar nicht vollständig gelungenen Verwandlung irritiert, leugnete das Offensichtliche aber und log, dass sich die Balken bogen. Am Schluss schien ich die beiden überzeugt zu haben, dass auch Osterhasen solche Schuhe, wie ich sie trug, selbstverständlich in jedem Schuhgeschäft kaufen konnten.

Rien ne va plus

Kurz nach Kriegsende erfolgten dicht hintereinander die Eheschließungen meiner beiden Geschwister. Zu der einen Hochzeitsfeier kam nachmittags auch der Wurschters Fritz. Vermutlich hieß er Fritz Wurst. Er war ein kleiner, dünner und geistig behinderter Mann mittleren Alters, der im Keller einer Metzgerei gegenüber der Providenzkirche hauste. Der kleine Lichtschacht zur Straßenseite hin wird ihm wohl recht wenig Licht gespendet haben. Er brachte einen Blumenstrauß, gab ihn mit linkischen Bewegungen ab, ein paar Gratulationsworte stotternd, wobei er auch hervorbrachte: »Der... hot... 2,50 Mark... gekoscht.« Mein Vater, der Fritz von seinen einfachen Hilfsdiensten in der Providenzkirche her kannte, gab ihm natürlich die 2,50 Mark und

Mutter packte ihm noch einige Stücke Kuchen ein. Freudig zog er von dannen.

Nun wohnten wir zu siebt in unserer kleinen Wohnung. Erna mit ihrem Mann in ihrem Zimmer. Ich war natürlich ausquartiert worden und musste fortan im Schlafzimmer der Eltern die Nächte verbringen, vor der zugesperrten Verbindungstür zum Bubenzimmer, wo Walter mit seiner Frau schlief. Eine gesunde Neugierde ließ mich mein Ohr oft an die Holztür pressen... Diese nette, liebe Frau da nebenan, meine Schwägerin Gerda, beobachtete ich tagsüber sehr genau, denn sie war schwanger. In meinem ersten Notizkalender von 1946 vermerkte ich einmal – den Stand meiner Beobachtungen wiedergebend – »ein bisschen« und meinte damit das ungewöhnliche leichte Hervortreten ihres Bäuchleins. Leider war es dann, als es so weit war, eine Totgeburt. Das arme kleine, ungeborene Bübchen hatte sich mit seiner Nabelschnur verhaspelt. Aber bald kam wieder ein Söhnchen und Erna brachte knapp ein halbes Jahr später eine Tochter zur Welt.

Also wurde es ziemlich lustig. Noch lustiger, denn wir waren nun zu neunt! Das Kindergeschrei war natürlich von jetzt an vorprogrammiert. Die Umstände, unter denen ich fortan zu Hause arbeiten musste, waren für mich ungewohnt. Zwar war ich mit den Hausaufgaben für die Schule immer schnell fertig, aber das Geigeüben wurde zeitweise zur Qual. Da die Küche als einziger Raum beheizt wurde, war sie eben auch das Zentrum unserer Wohnung. Fast alles spielte sich in der circa acht Quadratmeter kleinen Küche ab. Da standen die beiden Kinderwagen, während der gleichmäßige Takt von Mutters Nähmaschine meine Geigenübungen begleitete. Spielte ich Geige, schrie der eine Säugling aus Leibeskräften, hörte ich genervt auf, dann fing der andere an zu brüllen, oder beide schrien im Duett. Und dazu stets das rasselnde Geknatter der Nähmaschine. Manchmal sang meine Mutter zu allem Überfluss auch noch dazu, überzeugt, ihr Gesang würde die Kinder beruhigen. Von wegen!

Wenn gegen Abend die Männer nach Hause kamen, hatte man feststellen können: *Rien ne va plus*. Ihre langen Beine suchten die letzten freien Flächen auf dem Boden und Mutter musste wie ein Storch, oft schimpfend, über sie hinwegstelzen. Spätestens jetzt hörte ich mit meinem Gekratze auf, denn meine Gönner hatten dafür kein Verständnis. Die beiden Kleinen wurden im einigermaßen temperierten Mittelzimmer, im Alkoven, versorgt und Mutter deckte in der Zwischenzeit in der Küche den Tisch fürs Abendbrot. Mein Vater und Harry, mein Schwager, waren kräftige Zigarettenraucher. Mein Vater paffte auch hin und wieder eine Zigarre oder er stopfte sich eine Pfeife. Der Rauch vermischte sich nun unvorteilhaft mit den Küchendüften, aber das störte die beiden Plotzer in keiner Weise.

Die Aktivitäten, organisiert für die deutsche Jugend, die entweder von höherer Seite angeordnet oder spontan durch die GIs ins Leben gerufen wurden – dann natürlich mit Genehmigung ihrer vorgesetzten Stellen –, waren eine andere Facette der Hilfe vonseiten der Besatzer und sehr zahlreich. Später wurde noch das »Amerikahaus« gegründet, das für die gesamte Heidelberger Bevölkerung offen stand, um ihr die amerikanische Wesensart, die Sprache, Kultur und die vielen anderen Interessengebiete zugänglich zu machen. Uns Jungen brachten die Soldaten sehr bald ihr Nationalspiel bei, das *Baseball*, zunächst auf dem Universitätsplatz. Dieses Spiel ist ein in Nordamerika entwickelter Sport für zwei Mannschaften mit je neun Spielern und hat seine Wurzeln im deutschen Schlagballspiel und im englischen Kricket. Bald waren uns die Begriffe dieses Spieles wie *Batter*, *Pitcher*, *Catcher*, *Basemen* et cetera geläufig, obgleich wir *Baseball*, was die Regeln betraf, nur in einfacherer, verkürzter Form austragen konnten. Als wir dann dieses Spiel etwas näher kennengelernt hatten, wurden wir in einem großen Armeelastwagen zum von den Amerikanern benutzten Sportplatz in Bammental an der Elsenz kutschiert, und das jede Woche einmal. Unsere Freude und unsere Ausgelassenheit auf der offenen Ladefläche dieser olivgrünbraunen Brummer waren für uns etwas Beglückendes. Wenn es wieder heimwärts ging, sahen wir bereits voller Vorfreude dem nächsten Treffen entgegen.

Im Sommer 1947 fuhren unsere Freunde – als solche haben wir sie mittlerweile betrachtet – uns Jungschärler von der evangelischen Kirchengemeinde Heiliggeist I und II gleich mit mehreren Armeelastwagen in ein Zeltlager nach Neckarzimmern, wo wir eine herrliche Zeit verbrachten: mit Spielen, Wanderungen und Ausflügen, unter anderem nach Neckargerach, einem kleinen am Neckar gelegenen Ort, den wir wegen der vielen im Krieg zerstörten und notdürftig mit Blechen abgedeckten Dächer respektlos in »Neckarblechdach« umtauften.

Sehr bald waren nach Kriegsende mit dem Beginn der evangelischen Jugendarbeit die Jungscharen geradezu aus dem Erdboden gesprossen. Auf meine Jungschargruppe werde ich gleich zurückkommen und einiges über sie berichten. Es war ebenfalls in Neckarzimmern, wo wir einige Jahre später, nun dem Jungscharalter entwachsen und im Burschenkreis neu gruppiert, auf einer Freizeit eine gleichzeitig anwesende Mädchengruppe eines Nachts in Horrorstimmung versetzten. Wir hatten die Idee, so eine Art Heinzelmännchen zu spielen. Die Leiterin der Mädchen mussten wir natürlich in unseren Plan einweihen. Als alle

Mädchen schliefen, sammelte sie die ordentlich vor den Betten ihrer Schützlinge stehenden Schuhe ein und übergab sie uns zum Putzen. Kurz vor Mitternacht stiegen wir bei hellem Mondlicht mit Hilfe einer langen Holzleiter still und heimlich auf das Dach der Holzbaracke, in der die Mädchen schliefen, und warteten die Geisterstunde ab. Entfernt hörten wir endlich eine Turmuhr zwölf schlagen. Während alle wie wild auf dem Holzdach herumzutrampeln begannen, ließen einige von uns das vorbereitete Seil mit daran befestigten leeren Blechdosen in den Schornstein hinabsausen und verstärkten damit den Lärm nicht unerheblich durch das Heraufziehen und wieder Hinunterpurzelnlassen dieser Vorrichtung. Knallfrösche und andere Kracher fanden ebenfalls den Weg in den Kamin, sodass der Raum unten nicht nur von einem Höllenlärm erfüllt war, sondern auch noch Blitze gespenstig um den Ofen herum zuckten. Auf ein verabredetes Zeichen hin wurden wir oben auf dem Dach mucksmäuschenstill und stiegen kurze Zeit danach, ebenso geräuschlos wie wir gekommen waren, wieder die Leiter hinunter. Die von uns auf Hochglanz gewienerten Schuhe standen dann am nächsten Morgen vor den Betten unserer nächtlich auserkorenen Opfer.

Nach unserem Zeltlager in Neckarzimmern hatten wir in den Sommerferien des folgenden Jahres ein noch größeres aufgeschlagen, dieses Mal in Eppingen, wiederum mit amerikanischen Zelten, jedoch nicht mit kleinen Zweimannzelten, sondern – wie 1949 am Bodensee vor der Insel Mainau – mit sieben großen Mannschaftszelten, in denen man aufrecht stehen konnte und die mit je 18 Jungen belegt waren. In beiden Fällen waren unsere Chauffeure wieder die amerikanischen Soldaten mit ihren Lastern. In der Mitte dieser Zelte hielt ein kräftiger Mast das Zeltdach und ringsherum in diesen »Ferienwohnungen« mit quadratischem Grundriss standen unsere Feldbetten, jedes mit einer Wolldecke versehen, die nach dem Morgenappell stets säuberlich gefaltet und zusammen mit den persönlichen Dingen aufgeräumt werden musste.

Wurden beim Inspizieren der Zelte Schlampereien entdeckt, so folgten Strafen, wie zum Beispiel Holzsammeln für das Lagerfeuer. Die Drohung, dass der Donnerbalken gereinigt werden müsste, weckte in uns allen Schauder und ließ uns bereitwillig und sorgsam die getroffenen Anordnungen befolgen. Überhaupt war Ordnung eine der Disziplinen, auf die größter Wert gelegt wurde. Der Tagesablauf war genau geplant, ließ uns aber für unsere persönliche Entfaltung noch viel freie Zeit. Das Küchenzelt, in der gleichen Größe wie die anderen Zelte, stand weiter unten auf freiem Feld, direkt am Hang zu dem Waldstück, an dem geschützt von der Sonne unser großes Lager hufeisenförmig lag. Wir hatten in der Nähe sogar den Luxus eines Freibades, das aber nicht von uns allen frequentiert wurde. Das Wasser war grünlich-trübe, auf der Oberfläche schwamm so allerlei herum und wenn wir ins Wasser sprangen, scheuchten wir große fette Kröten auf, die fluchtartig unseren Fängen zu entweichen versuchten.

Das Küchenzelt sowie das Wohnzelt der Köchinnen daneben mussten beide von uns allnächtlich bewacht werden. Alle von uns rissen sich zunächst um die jeweils zwei Stunden dauernde Nachtwache, aber alle waren auch froh, wenn sie von den nachfolgenden beiden Wächtern abgelöst wurden. Bewaffnet waren wir mit Prügeln, die wir uns im Wald besorgt hatten, oder mit Stecken, die vorne gefährlich angespitzt waren, und scharfen, hellhörigen Ohren, die alles wahrnahmen, was die Nacht uns so an Geräuschen bot. Ein auffliegender Vogel erschreckte uns genauso wie ein Rascheln im Laub. Das Herz rutschte uns vor Angst immer in die Tasche unserer kurzen Hosen, wo wir dann manchmal auch unsere Taschenmesser umklammerten. Potenzielle Angreifer waren ja ständig zu erwarten, denn sonst hätten wir keine Nachtwache zu schieben brauchen. Mit unserer Petroleumfunzel entfernten wir uns nie weit vom Zeltmittelpunkt und der Rückweg durch die dunkle Nacht, durch das kleine Stück Wald – ohne Lampe, die wir ja der Ablösung zurücklassen mussten – war die letzte Etappe unserer gefährlichen nächtlichen Einsätze. Als wir diese glücklich, leicht fröstelnd hinter uns gebracht hatten, krochen wir durch die Plane ins Zelt und schliefen bis zum nächsten Morgen, bis uns der Jugendleiter mit einem schrillen Trillerpfiff befahl aufzustehen. Nach kurzer Zeit durchschnitt der laute Pfeifenton nochmals die meist kühle morgendliche Waldesluft, was das Zeichen zum Frühsport bedeutete. Die Zelttüren öffneten sich und mit »Zicke-zacke-zicke-zacke-heu-heu-heu« strömten wir Jungen im Gänsemarsch aus den Zelten. Nach kurzen gymnastischen Übungen und nach dem Waschen ging es dann hinunter zum Küchenzelt, vor dem die Holztische und Holzbänke für unsere Mahlzeiten im Freien aufgestellt waren. Diese Mahlzeiten waren sehr einfach, aber satt wurden wir allemal. Und reichlich waren sie auch, sonst hätten wir wohl kaum an einen Jungen den Spitznamen »Knödelfresser« vergeben können, der bei einer Mahlzeit 32 Knödel geschafft hatte!

Aufregung beim Essen gab es nur einmal, als nämlich eine Mahlzeit stark nach Petroleum schmeckte und von den meisten von uns zurückgewiesen wurde. Strenge Untersuchungen ergaben, dass die Wache in der Nacht zuvor den Deckel des großen Kessels aus purer Neugierde angehoben und, um zu erspähen, was es am nächsten Tag zu essen geben würde, mit der Petroleumlampe in den Kessel geleuchtet hatte. Dabei war aus Versehen etwas Petroleum hineingetropft.

»Sturmvögel«

Die *German Youth Activity* (GYA) war eine weitere von den Amerikanern für die deutsche Jugend ins Leben gerufene Institution. Viele von uns Jugendlichen waren im GYA, einer Art Club, von dem man einen Mitgliedsausweis ausgestellt bekam. Ich selbst habe mich erst später zur Mitgliedschaft überreden lassen, um ein Zweimannzelt ausleihen und mit einem meiner Freunde, Hermann Burkardt, eine Radtour ins Rheinland unternehmen zu können, die uns bis Burscheid im Bergischen Land, circa 22 Kilometer nordöstlich von Köln, führte. Von der Rückfahrt dieser Tour ist mir das Zelten in der Nähe von Worms an einem toten Rheinarm in böser Erinnerung geblieben. Die Schnaken (Mücken) quälten uns derart, dass wir zweimal gezwungen waren, unser Zelt wieder abzubauen, um weiter im Innern, weg von diesem feuchten Teufelsgebiet, zu übernachten. Am ganzen Körper zählte ich 92 Stiche, davon über 20 im Kopfbereich!

Die Jungschar, der ich als Gründungsmitglied angehörte, war eine der ersten, ich meine sogar die erste überhaupt in unserer Gemeinde, die nach dem Krieg gegründet wurde. »Sturmvögel« nannten wir uns. Die ersten fünf Jungen, die alle einen Vogelnamen trugen, waren der Pelikan, die Schwarzamsel, der Buntspecht, der Zaunkönig und ich, die Möwe. Dann kam unter anderem noch der Zeisig dazu. Es war reiner Zufall, dass ich später ein Fahrrad besaß mit dem Firmennamen *Möwe*. Es war ein altes Vehikel, das mein Schwager Harry aus Einzelteilen vom Fahrradfriedhof zusammengebaut und mir zur Konfirmation »geschenkt« hatte – für 80 Mark, die meine Eltern ihm zahlten. Immerhin war es mein erstes eigenes Fahrrad. Besonders stolz war ich auf die ungewöhnlich dicken Speichen und den kräftigen Rahmen, die das Rad extrem schwer machten. Durch die Zusatzgeräte, die ich daran montierte, wurde das Gewicht nochmals um einiges erhöht. Ich baute nämlich eine dritte Bremse daran, eine hintere Felgenbremse, eine größere Satteltasche, voll gefüllt mit allerlei nötigem und auch bestimmt unnötigem Kram, einen Speichenkilometerzähler, eine umgebaute Lampe mit zusätzlichem Batteriebetrieb, als Standlicht benutzbar, schaltbar auch als Fern- und Abblendlicht, und einen auf abenteuerliche Weise zusammengebauten Suchscheinwerfer auf der linken Seite des Lenkers. Der Kauf einer Dreigangschaltung, mein ewiger Traum, wurde mir von meinen Eltern leider nicht genehmigt. Sie war einfach zu teuer. Diese Jungscharstunden, von denen ich keine versäumte, was durch die Stempel auf der Rückseite meines Ausweises belegt ist, waren für mich immer beglückende Erlebnisse. Es wurde gespielt, vorgelesen, gesungen (Letzteres war nicht so das Richtige für mich) und selbstverständlich war – was uns ja von anderen, nicht-kirchlichen Gruppen unterscheiden sollte – auch eine kurze Bibelarbeit samt Gebet Teil des Programms. Besonders hervorgetan hatte ich mich beim Aufschlagen der vom Jungscharleiter angegebenen Bibelstellen im Neuen Testament, was wir als eine Art von Wettbewerb ansahen. Hierin war ich einfach spitze. Hatte ich die Stelle gefunden, musste ich sie sodann vorlesen. Als Preis bekam ich einmal eine Bibel geschenkt, ein anderes Mal ein Neues Testament in englischer Sprache.

Im Garten unseres Gemeindehauses in der Plöck 66, dessen unterer Teil sehr klein war, vielleicht 15 mal 10 Meter, in der Mitte mit feinem Kies belegt, spielten wir häufig und gerne Völkerball, ein schon in damaliger Zeit beliebtes Ballspiel. Aber unsere Art, es zu spielen, hatte eine ganz besondere Note. In Ermangelung eines großen Balles spielten wir nur mit einem Tennisball, der schwer zu sehen war, wenn wir ihn schnell auf einen nahe stehenden Gegner ballerten. Das hatte anfangs meist einen sofortigen Abschuss zur Folge, mit der Zeit erfuhr unser Reaktionsvermögen aber eine solche Steigerung, dass wir den oft scharfen Bällen ausweichen oder sie sogar fangen konnten. Hin und wieder, wenn es allzu laut wurde, gemahnte uns der berühmte Universitätsprofessor Karl Jaspers, der in der ersten Etage des Gemeindehauses wohnte, zur Ruhe.

Unser erster Jungscharleiter war ein Theologiestudent namens Wacker, der etwas zurückhaltend, aber voller guter Ideen war. So wollte er für unsere Gruppe, die »Sturmvögel«, auf dem Schloss den kleinen äußeren Bogen unterhalb der Scheffelterrasse, jenen mit dem Höhleneingang, für uns mieten, ihn als Gruppenraum einrichten und mit einem Bretterverschlag und einer abschließbaren Tür versehen. Dies war zwar eine romantische Vorstellung, aber natürlich nicht realisierbar. Andere sehr beliebte Jungscharleiter waren zum Beispiel Gerhard Langguth, ebenfalls Student der Theologie und Willi Bechle, der ältere von den beiden Bäckersöhnen in der Kettengasse. Doch unschlagbar in der Beliebtheitsskala, vor allem was Persönlichkeit und Charisma anbelangt, war unser Herr Sponagel, Diakon und Herbergsvater der Marienhütte, der zu unserem großen Leidwesen nicht jede Jungscharstunde selbst halten konnte. Aber wenn er kam, dann schlugen ihm jedes Mal Wellen der Zuneigung entgegen, die Ausdruck unserer innigsten Empfindungen waren.

Die Marienhütte, ein Haus der evangelischen Kirchengemeinde, diente nicht nur als Stätte der Begegnung, sondern durfte auch zum Beispiel von den Jungscharen als Spielplatz genutzt werden. Das weitflächige, vorwiegend hügelige Gelände, zum größten Teil aus Wiesen bestehend, war ein idealer Austragungsort für Spiele auch größeren Ausmaßes. So konnten zum Beispiel zwei Parteien, jeweils mit zahlreichen Jungen aufgestellt, »Räuber und Schütze« spielen – anderswo wird es »Räuber und Gendarm« genannt –, ein Spiel, das sich wegen der großen Ausdehnung des Geländes sehr lange hinziehen konnte. Einmal war ich einer der Räuber, den die Schützen allerdings nicht finden konnten, weil mein Versteck so raffiniert ausgesucht war. Ich hatte mich mit unzähligen Schrammen und blutigen Kratzern in eine dichte Brombeerhecke hineingewühlt, die von allen Schützen, die mehrmals bei der Durchsuchung des Geländes daran vorbeikamen, natürlich gemieden wurde. Sie gaben letzten Endes auf und riefen nach mir, mussten aber noch eine Weile warten, bis ich zum Vorschein kam, da ich lange brauchte, um mich alleine aus diesem dornigen Gestrüpp zu befreien. Auch Gemeindefeste fanden auf dem Gelände der Marienhütte statt.

Im Sommer gab es Kinderverschickungen, die von Heidelberger Organisationen arrangiert wurden, um Kindern aus der Stadt, die vorwiegend aus ärmlichen Verhältnissen kamen, dort oben tagsüber eine allseits gesunde Atmosphäre angedeihen zu lassen, mit Verköstigung und Mittagsschlaf.

Aufs Gymnasium

Es war nun die Zeit gekommen, dass ich von der Volksschule in der Sandgasse zum Gymnasium in der Kettengasse überwechselte. Der Wechsel war überfällig, denn ich besuchte die Volksschule bereits seit fünf Jahren, ein ganzes Jahr länger als die meisten anderen Mitschüler, soweit sie ebenfalls auf eine höhere Schule gingen. Der Schulwechsel hatte sich bei mir verzögert, weil meine Eltern das Schulgeld von damals jährlich 200 Mark schwerlich aufbringen konnten. Doch aufgrund meiner guten Schulzeugnisse (zusammen mit dem Klassenkameraden Gassert war ich der Beste in der Klasse) waren meine Eltern überzeugt worden, dass ich auf das Gymnasium gehörte. Da sich mein Bruder Walter, der sehr früh nach Beendigung des Krieges nach Hause zurückgekehrt war (gefangen genommen wurde er nie, da er sich durch sämtliche Kontrollen auf dem Weg aus Norddeutschland bis Heidelberg hindurchgemogelt hatte), zur Zahlung der 200 Mark bereit erklärte, war mein neuer Schulweg endgültig vorgezeichnet. Mit seiner Großzügigkeit geizte Walter nie, obwohl er zunächst keine gescheite Arbeit fand. Zuerst nahm er den Posten eines Hilfsarbeiters an und schippte Schutt aus den Türmen der Alten Brücke. Er kam dann bald zur Stadtverwaltung, wo er zuletzt bei der Lohnverrechnungsstelle landete. Er lernte weiter Englisch aus amerikanischen Zeitungen, trug autodidaktisch sehr viel zu seiner Bildung bei, zum Beispiel in Geographie, Geschichte und Politik. Später lernte er auch noch etwas Französisch, nachdem er Fortbildungskurse für eine anspruchsvollere Arbeit in der Verwaltung mit Erfolg durchlaufen hatte. Das Gymnasium in der Kettengasse, 1835 als Höhere Bürgerschule gegründet, wurde 1884 zur Realschule erhoben. Die amtliche Umwandlung zur Oberrealschule erfolgte 1896. Von 1927 an führte die Anstalt die Bezeichnung »Oberrealschule mit Realgymnasium«. Im Jahre 1937 erhielt diese Schule zum ersten Mal einen Namen: Sie wurde nach dem Professor und Nobelpreisträger (1905) für Experimentalphysik, dem Geheimrat Dr. Philipp Lenard (1862 bis 1947) benannt. In ihrer wechselvollen Geschichte erhielt sie dann 1945 den Namen »Helmholtzschule« und 1946 zusätzlich die Bezeichnung »Realgymnasium«. Bei dieser Schulbezeichnung angekommen, wurde ich 1946 nach einer Aufnahmeprüfung hier angenommen. Es war im Grunde ein Gymnasium, wenngleich erst 1953 vom Land eine verwaltungsmäßige Vereinheitlichung vorgenommen wurde und alle Vollanstalten nun Gymnasium und alle Nicht-Vollanstalten Progymnasium hießen. Meine Schule war ein naturwissenschaftlich und neusprachlich ausgerichtetes Gymnasium, bei meinem Eintritt mit den Schwerpunkten Mathematik, Physik, Chemie und den Fremdsprachen Englisch, Latein und Französisch. Insgesamt wurden wir in 13 Fächern unterrichtet.

Nach dem Übergang von der Volksschule zum Gymnasium intensivierten sich nun die zahllosen Dummheiten, Streiche und alle interessanten Erlebnisse in meiner Kindheit. Diese Kindheit und die sich anschließende Jugendzeit, also der Übergang einer Lebensphase in die andere, der fließend, zeitlich nicht so genau zu fixieren ist, möchte ich als fantastisch bezeichnen. Meine Kindheit verlief trotz der durch den Krieg bedingten widrigen äußeren Umstände in wohlgeordneten Bahnen, friedlich, bei einem Übermaß an unvergesslichen Begebenheiten und stets von der großen Liebe meiner Eltern getragen. Ich hatte eine lange Reifezeit, wurde zwar immer etwas schlauer, habe aber nie ganz die in meinem Kopf herumschwirrenden Dummheiten ausmerzen können. Ich hatte auch gar nicht die Absicht dazu, denn das Kind im

Manne ist doch etwas Schönes, was ich oft bei Älteren beobachten konnte. Es zeigt Beweglichkeit im Geist, den Willen, Neues aufzunehmen und vor allem die Fähigkeit, Humor, der sogar bis zu den verschiedenen Formen von Albernheit gehen kann, zusammen mit dem Ernst des Lebens in immer lockerer Atmosphäre darzubieten.

Geprägt wurde die Gymnasialzeit vor allem durch fünf große Erlebensbereiche. Da waren zum einen Spiele jeglicher Art, zu denen ich auch das Erfinden, Basteln und Ausführen der erdachten Streiche zählen möchte. Hinzu kamen die Beschäftigung mit der Musik im Konservatorium, dem Musizieren in der Öffentlichkeit, bei Hauskonzerten et cetera. Die intensive (Mit-)Arbeit bei den Tätigkeiten meines Vaters während seiner langen Krankheit bis zu seinem Tod und danach auch bei denen meiner Mutter, nämlich im Kirchendienerdienst bei den Aufgaben in der Heiliggeistkirche und im Gemeindehaus Plöck 66, nahm einen weiteren großen Raum ein. Und nicht zuletzt mein ganz privates Leben, das natürlich mit allen aufgezählten Bereichen stark verwoben war und altersbedingt noch nicht als etwas gänzlich Separiertes, Verselbstständigtes angesehen werden konnte. Da die Bereiche auch untereinander stark verflochten waren, können meine weiteren Erzählungen nicht streng chronologisch erfolgen, sondern werden sprunghaft erscheinen, was sie bestimmt auch dürfen.

Einmal im Gymnasium aufgenommen, war also ein jährliches Schulgeld von 200 Mark fällig. Für meinen Vater war das damals fast ein Monatslohn. Ich musste mich also ganz gewaltig anstrengen, um durch beste Zeugnisnoten die Entscheidung der Schulbehörde vielleicht zu erleichtern, mir eine Freistelle zukommen zu lassen. In den folgenden Jahren gelang es mir recht gut, wenn auch eine Drei in einem Fach meinen Vater stets stark verstimmte, sein heftiges Schimpfen bei mir aber nur auf Unverständnis stieß. Nun ja, immerhin wurden meine Anstrengungen bei Versetzungen zweimal im Zeugnis mit einem Lob und am Ende der Quarta sogar mit einem Preis belohnt. Dann wurde das zu zahlende Schulgeld stufenweise abgebaut und zunächst für alle Schüler auf die Hälfte herabgesetzt. Schließlich fiel es wenig später ganz weg, auch wurde die Lernmittelfreiheit eingeführt. Ein Freibrief für mich, von jetzt an weniger arbeiten zu müssen? Natürlich nicht! Doch die Vielfalt meiner Nebentätigkeiten außerhalb des Schulbetriebes war im Laufe der Jahre so groß geworden, dass es mir immer schwerer fiel, den schulischen Belangen weiterhin voll gerecht zu werden, zumal auch die Anforderungen immer höher wurden. Das Erlernen der englischen Sprache ab der Sexta empfand ich als Vergnügen, Latein ab der Quarta anfangs auch noch und Französisch von der Obertertia an fiel mir ebenfalls nicht schwer. Ich hatte später sogar noch den Mut, Spanisch als fakultatives Fach zu wählen, es aber bald darauf wieder aufgegeben, weil das Spanische und das Latein zu viele Ähnlichkeiten aufwiesen, was bei Lateinarbeiten und erst recht im Abitur selbst mir möglicherweise zum Nachteil gereicht hätte.

Meine allererste Fremdsprache war jedoch Deutsch. Es hat eine große Ähnlichkeit mit dem Heidelbergerischen, das ich in meinem Elternhaus von klein auf sprach und das ich in der Volksschule nicht zu Gunsten des Hochdeutschen abgelegt hatte. Auch mit meinen Freunden »babbelte« ich natürlich im Heidelberger Dialekt. Dass das Heidelbergerische eine eigene Sprache ist, möchte ich anhand von einigen Beispielen demonstrieren:

Die Konjugation von »sein« verläuft so:

isch bin	mir sin
du bisch	ihr seid
er, sie, es is	sie sinn

Und von »haben« verläuft so:

isch habb	mir hawwe
du hosch	ihr habbt
er, sie, es hott	sie hawwe

Und was ist zum Beispiel »ä Raachsail«? Phonetisch verglichen klingt es wie »Raachseil«. Das irritiert den Fremden, weil er annehmen muss, es handle sich um ein Seil, zumal der unbestimmte Artikel »ä« auf ein sächliches Hauptwort hinzuweisen scheint. Weit gefehlt! »Ä« steht sowohl für den femininen als auch für den neutralen unbestimmten Artikel. Beispiele: »ä Fraa«, »ä Haus«, im Gegensatz zu dem maskulinen »än« – »än Moann«. Also, was ist denn nun »ä Raachsail«? Ganz einfach: eine Rauchsäule.

Von meiner Mutter wurde ich sehr lange Zeit verwöhnt. Morgens, gegen halb acht, brachte sie mir auf einem Tablett immer das Frühstück ans Bett. Wahnsinn, nicht wahr? Nachdem ich jahrelang, meist noch vor dem Frühstück die »Losungen« der Herrnhuter Brüdergemeinde machte – was für mich sozusagen die tägliche geistliche Nahrung bedeutete –, stand ich auf und wusch mich, schon halb angezogen, in der Küche über dem Wasserstein. Um acht Uhr war ich in der Schule in der Kettengasse, die nur einen Katzensprung von unserem Haus entfernt war. Das altehrwürdige Gebäude hatten die Jesuiten mit der Grundsteinlegung im Jahre 1703 als Kollegiengebäude auf dem Gelände des ehemaligen kurfürstlichen Herrenhofes errichtet. Der Schulkomplex selbst bestand aus dem sehr langen mehrstöckigen Hauptgebäude entlang der Kettengasse, dessen rechtes Ende wir den »Schlauch« nannten, des Weiteren aus dem »Spritzenhaus«, einem alten, schon seit vielen Jahren als baufällig deklarierten, separat stehenden kleinen Haus auf der anderen Hofseite, in dem rechts unten die Feuerwehr untergebracht war (ein Feuerwehrauto). Es enthielt nur wenige Klassenräume, die noch mit Kanonenöfen ausgestattet waren, welche im Winter eine fast unerträgliche Hitze erzeugen konnten. Dann war daneben noch das Toilettenhäuschen mit Blick auf das Frauengefängnis, oder, man kann auch sagen, das Frauengefängnis mit Blick auf unser Toilettenhäuschen. Die weitere Umrahmung des Schulhofes bildete rechts vom »Spritzenhaus« die etwas zurückgesetzt stehende Jesuitenkirche und im rechten Winkel dazu nördlich ein weiteres altes, zur Kirche gehörendes großes Haus. Fast alle diese Gebäude wurden aus herrlich leuchtendem roten Sandstein errichtet.

Gleich zu Beginn meiner Gymnasialzeit hatte ich mir noch vor der ersten Unterrichtsstunde vom Lehrer Mutschler auf dem Schulhof eine Ohrfeige eingehandelt. Warum, das weiß ich nicht mehr. Später schätzte ich diesen Lehrer, den wir zweimal als Klassenlehrer hatten und der uns auch zum Abitur führte, wegen seines guten Deutsch- und Englischunterrichts sehr. Von kleiner Statur, scheute er sich aber nicht, auch einem Oberprimaner, einem langen Lulatsch, noch eine zu scheuern. Seine Spezialität als Linkshänder war die heimtückische Art und Weise, mit der er seine Watschen austeilte: Er holte mit seinem rechten Arm weit aus, woraufhin sein Opfer instinktiv mit dem Kopf zur anderen Seite hin auswich – und just in diesem Augenblick verhalf der blitzschnell, aber mit der linken Hand ausgeführte Schlag dem entgegenkommenden Kopf zu einem überdurchschnittlich starken Erlebnis.

Käserles, Natzen und die Mädchen

Nach den Hausaufgaben und den täglichen Geigenübungen war natürlich das Spielen mit meinen Freunden an der Reihe. Doch wenn ein Freund etwa zu früh gekommen war, schickte ihn meine Mutter wieder weg, mit den Worten: »Der Helmut muss erscht noch übe. Kumm in äner Stund widder!« Bei den Hausarbeiten konnte ich ja schon mal schwindeln und sie früher beenden, aber eine Stunde war eben eine Stunde und meine Mutter ließ sich in solchen Fällen auf keine Diskussion ein.

Zwar war unser beliebtestes Spielareal das Schloss, mit Abstand gefolgt vom Riesenstein und auch vom Heiligen Berg auf der anderen Neckarseite (dort drüben ließen wir einmal einen übergroßen Stein, der alles niedermähte, von hoch oben steil abwärts den Hang hinuntersausen, bis er außer Hörweite gerollt war und... letztlich abgebremst wurde?), doch blieb der Universitätsplatz noch für längere Zeit der wichtigste Treffpunkt und Austragungsort für alle möglichen, meist frei erfundenen Spiele. Hoch im Kurs stand bei uns das Spiel »Käserles«. Auf eine größere flache Steinplatte, die wir herangeschleppt hatten, legte ein Mitspieler seinen Stein. Es war meistens ein schwerer Pflasterstein. Die anderen Spielteilnehmer mussten nun mit ihren Steinen, einer nach dem anderen, versuchen, den Stein auf der Platte durch einen Wurf aus ungefähr fünf Metern Entfernung wegzufegen. Gelang dies, gab es ein »Gaggag« und der Spieler durfte nochmals einen Wurf ausführen. Wer den Endstand von – sagen wir einmal – fünf »Gaggags« erreicht hatte, war ausgeschieden. Aber der Stein auf der Platte wurde von seinem Besitzer verteidigt! Das war nicht ganz ungefährlich, denn der stand seitlich neben, ein wenig hinter der Platte und versuchte den anfliegenden Stein mit einer möglichst großen Steinplatte abzuwehren, ihn abzuschmettern. Gelang ihm dies, dann kam der Stein des Werfers auf die Platte und dieser musste nun seinen Stein verteidigen. Ein Werfer durfte auch täuschen, indem er zum Beispiel so tat, als wollte er seinen Stein werfen, damit der Verteidiger seine Verteidigungsplatte vielleicht zu früh loswarf. War die Täuschung gelungen, dann konnte der Werfer, wenn er geübt war, nun leicht den Stein von der Platte fegen und blieb weiterhin an der Reihe. Sieger war, wer am Ende alle Steine heruntergeworfen hatte. Gar nicht so selten war das Spiel aber abrupt zu Ende, weil ein Verteidiger bei ungenügender – ungeschickter – Verteidigung, einen heranfliegenden Pflasterstein auf seinen Fuß bekam oder am Bein getroffen wurde und daraufhin blutend und heulend von dannen zog.

Die Not, die in der Nachkriegszeit unter der Bevölkerung herrschte und sie zu Tauschgeschäften jeglicher Art zwang, war auch auf uns Kinder übergegangen und hatte uns das »Verschachern« und »Fuggern« nahegebracht. Alles nur Denkbare wurde getauscht, sofern es uns tauschenswert erschien. Das ging manchmal sogar so weit, dass man um einen »Zecker« bat, was ein Stück Brot oder ein Apfelbutzen sein konnte, und dafür etwas anderes anbot.

Unheimlich gerne spielten wir »Natzen«. Es war ein Geschicklichkeitsspiel mit Zehnpfennigstücken, den alten aus der NS-Zeit bis zur Währungsreform noch gültigen, aber ziemlich wertlosen Münzen. »Natzen« konnte man mit einer beliebigen Anzahl von Mitspielern.

Und das ging so: An eine weit entfernte Wand – wir spielten meist gegen eine Wand der Neuen Universität – warf jeder seine Münze möglichst nahe heran. Der reinste Knüller war der zwar seltene, aber nicht unmögliche Wurf, bei dem das Geldstück stehend an der Wand ankam und, im ungünstigsten Fall, von einer nachfolgenden Münze getroffen, wieder flach auf den Boden zurückpurzelte. Der vorläufig erste Sieger war derjenige, dessen Münze die geringste Distanz zur Wand aufwies. Nun durfte dieser alle geworfenen Münzen aufsammeln, musste sie bei geöffneter flacher Hand auf den äußersten Spitzen seiner Finger aufgetürmt hinlegen, sie dann hochwerfen und wieder, nach einer blitzschnellen Handdrehung, nun mit dem Handrücken auffangen. Die Münzen, die dabei heruntergefallen waren, auch diejenigen, die bei der folgenden Handbewegung noch zu Boden fielen, durfte der zweite Sieger aufsammeln und auf die gleiche Weise wie sein Vorgänger versuchen, sie zu gewinnen. Der hatte nämlich die Münzen, die ja noch auf seinem Handrücken lagen, nochmals hochgeworfen und versuchte, sie mit einer Schnappbewegung zu fangen. Theoretisch gesehen konnte eigentlich sogar noch der Letzte, waren die vorausgegangenen Spieler zu ungeschickt, alle Münzen gewinnen.

Eines Tages erwarteten wir Jungen eine große Sensation, als ein Mann mittleren Alters davon sprach, dass Nylonwäsche beim Fotografieren nicht abgebildet würde. Am folgenden Tag wollte er auf dem Uniplatz solche Aufnahmen von jungen Frauen machen und sie uns dann zeigen, um damit zu beweisen, dass solche Kleidung wirklich vollkommen durchsichtig bliebe. Wir waren zum vereinbarten Zeitpunkt natürlich alle erschienen, aber unser »Freund« ließ uns, die wir mit sichtbar knisternder Erwartung gekommen waren, einfach sitzen. Vielleicht hatte er Zweifel an seinen Behauptungen bekommen. Oder hatte er mit seiner Kontaktaufnahme mit uns Jungen gar etwas ganz anderes im Schilde geführt? Wir waren jedenfalls bitter enttäuscht, denn wo konnte man zu jener Zeit schon mal eine nackte Frau zu Gesicht bekommen?

Und doch war dies kurze Zeit später möglich! In Magazinen, so hießen nach dem Krieg die Druckerzeugnisse mit erotischem Inhalt, die höchstens unter der Hand zu bekommen waren, konnte man in dieser Hinsicht schon einmal seine ersten neugierigen Regungen mit interessierten Blicken befriedigen. Aber diese gerne betrachteten Abbildungen waren in der Hand Jugendlicher sehr gefährlich! Der Sohn eines Organisten wurde in der Schule beim Unterricht dabei ertappt, als er in seiner Klasse solch einen »Bestseller« kursieren ließ. Entweder flog er von der Schule oder seine Eltern ließen ihn freiwillig versetzen, nämlich in ein Internat in Freiburg im Breisgau. Ob sich seine Eltern bei so großer Entfernung eine bessere Kontrolle über ihr »unmögliches Söhnchen« erhofften? Oder war es nur der Versuch, diese »Schande«, die sie auf ihrer Familie lasten sahen, durch diese offensichtliche Bestrafung zu eliminieren? Wenn manchmal unter uns Freunden Langeweile aufkam, dann kletterten wir auf die Lindenbäume, die in Zweierreihen auf dem Universitätsplatz standen. Jeder von uns hatte seinen Baum und in den Stamm seine Initialen eingeritzt. So saßen wir dann genießerisch, affengleich dort oben, schauten in die Gegend, knabberten irgendetwas, wenn wir in unseren Hosentaschen gerade etwas fanden, und hatten das großartige Gefühl, im wahrsten Sinne des Wortes, die Menschen von oben herab betrachten zu können, ihnen baumhoch überlegen zu sein. Hin und wieder wurden wir von so komischen Zeitgenossen gestört, die glaubten, uns aus unerklärlichem Anlass beschimpfen und von den Bäumen herunterjagen zu müssen. Da war dann, aus unserem lethargieähnlichen Zustand geweckt, der Augenblick gekommen, dass wir uns zu neuem Unfug formierten. So gründete ich zum Beispiel eine Fahrradbande, der ungefähr zehn Freunde angehörten. Als Aufnahmeprüfung dachte ich mir drei Übungen aus, mit verschiedenen Schwierigkeitsgraden, die auf dem Fahrrad zu absolvieren waren. Die leichteste Übung bestand darin, in einem engen Quadrat von ungefähr drei mal drei Metern, aus Pflastersteinen in den Uniplatz eingelassen, dreimal einen Kreis zu fahren, das Ganze ohne abzusteigen. Das war in der Tat ein kleines Kunststück. Ein noch größeres war das Aufsteigen auf das Fahrrad. Mit dem linken Fuß auf dem linken Pedal galt es, das rechte Bein, wie auch sonst, gekonnt hinten rüberzuschwingen, um auf den Sattel zu gelangen. Das Besondere aber daran war, dass die ganze Prozedur nur mit einer Hand ausgeführt werden durfte, natürlich mit der rechten an der rechten Seite der Lenkstange. (Das Ganze mit links hätte wegen des Gleichgewichtsverlustes ja nicht klappen können.)

Waren diese beiden Prüfungen bestanden, dann kam als letzte der Voraussetzungen für die Aufnahme in die Bande die Krönung: der Sattelsprung. Mit beiden Händen am Lenker, sein Fahrrad neben sich herschiebend, musste man bei genügendem Tempo, also ohne Benutzung eines der Pedale, in den Sattel springen. Bei einem solchen Sprung verlor ich einmal beinahe das Gleichgewicht, weil der Sattel durch die Wucht des Aufpralles mit einem Krachen unter mir wegbrach. Das Ziel unserer Bande war ein ganz simples: Mädchen und Frauen, die auf dem Fahrrad in unserer Nähe vorbeifuhren, zum Absteigen zu zwingen.

Hatten wir ein Opfer ausgemacht, so löste ich mich aus der an einem Baum lehnenden Clique, die bereits im Sattel saß. Einer nach dem anderen folgte mir langsam und so radelten wir auf unser Opfer zu. Während alle anderen es dicht umzingelten, waren zwei von uns auserkoren, keilförmig, also einer von links, der andere von rechts, unser Opfer zangenartig derart zu bedrängen, dass es abbremsen musste und letzten Endes zum Absteigen gezwungen wurde. Unser Ziel war somit erreicht. Selbstverständlich hatte keiner von uns mit seinen Füßen den Boden berühren oder gar absteigen dürfen. Das hätte empfindliche Strafen nach sich gezogen. Das Schimpfen der Frauen noch in den Ohren, kehrten wir siegreich zum Ausgangspunkt unseres gelungenen Unternehmens zurück und hielten Ausschau für unseren nächsten Einsatz.

Auch wenn der Erfolg meist schnell eintrat, so hatten wir mit Giesela, der Metzgerstochter, die unserem Haus gegenüber wohnte, schon mal Schwierigkeiten. Sie war unheimlich flink und sich dessen bewusst, denn es schien ihr Spaß zu machen, uns zu reizen und herauszufordern. Wir konnten jedoch, aber nur wenige von uns, mit ihrem Tempo Schritt halten. Einmal erwischten wir sie erst oben an der Peterskirche, einige hundert Meter von unserer Basis entfernt. Die Zurückgebliebenen freuten sich dann ebenso wie wir, die wir uns ganz schön abstrampeln mussten.

Übung macht den Meister

Es war wieder Sommer geworden und an der Zeit, dass ich endlich das Schwimmen erlernte. Meine ersten Versuche diesbezüglich machte ich mit meinen Freunden in der auf der Neuenheimer Seite gelegenen Einbuchtung des Ufers, die man die »Wasserschachtel« nannte, gleich neben der Brücke. Es war für mich nicht gänzlich ungefährlich so ohne jegliche Schwimmhilfe, da ich ja weit genug in den Fluss hineingehen musste, um auch die notwendigen Beinbewegungen ausführen zu können. Zunächst versuchte ich es mit nur einem Bein, das andere ließ ich sicherheitshalber auf dem Boden mitschleifen, damit ich nicht, ohne es zu bemerken, in zu tiefe Stellen geriet. Das Wasser reichte mir bei diesen Versuchen ohnehin schon bis zum Hals. Allmählich jedoch bemerkte ich, dass es mir immer leichter fiel, meine Beine zu koordinieren. Also konnte ich von nun an schwimmen!

Mein Vater hatte davor gewarnt, mich in der Gegend des *Haarlass*es, ein Gebiet, das er aus seiner Jugend genau kannte, zu weit in den Fluss hineinzuwagen, da es plötzlich steil bergab ginge. Für einen Schwimmanfänger wie mich unter Umständen eine tödliche Falle. Aber ich passte gut auf; ich konnte ja schon ungefähr drei Meter weit schwimmen, also anderthalb Meter hin und anderthalb Meter wieder zurück. Im Wasser stehend, erinnerte ich mich an die Warnung meines Vaters, spürte auch ganz deutlich den plötzlich abfallenden Felsen, auf dem ich stand. Mit schnellen (viel zu schnellen) Armbewegungen schwamm ich nun raus, anderthalb Meter weit, wie ich meinte, und kehrte sogleich wieder zurück. In der Annahme, wieder Grund unter meinen Füßen zu haben, stellte ich meine Schwimmbewegungen ein und... versank im Wasser. In Panik zappelte ich, wild um mich schlagend, halb auf dem kiesigen Grund gehend und mich mit den Füßen nach oben stoßend, in Richtung Land weiter, schluckte immer wieder Wasser, bis ich mit meinen Knien an den Felsen stieß, auf dem ich eigentlich sofort hätte landen sollen. Ein kurzes Auftauchen erlaubte es mir, ein wenig Luft zu schnappen. Zuerst halb kriechend, dann aufrecht, hatte ich endlich das rettende Ufer erreicht. Ich hustete verkrampft und spuckte keuchend das unnötige Wasser aus, war nahe daran mich zu übergeben. Meine Freunde fanden das alles toll und schienen sich über mein Gebaren lustig zu machen. Ich hätte sie am liebsten alle in den Neckar geworfen, um sie an meinen Gefühlen so richtig teilhaben zu lassen, denn viel besser als ich konnte zur damaligen Zeit auch keiner von ihnen schwimmen. Ich fand es wirklich gar nicht lustig und hatte genug für diesen Tag. Zudem blutete ich heftig am rechten großen Zeh, wie ich erst nachträglich feststellte, sodass ich mich gleich auf den Heimweg machte. Ich hatte mich wohl an einer Glasscherbe geschnitten. Auf dem knapp zwei Kilometer langen Weg nach Hause hinterließ ich humpelnd eine Blutspur, weil die vornehme Dame einer Villa, bei der ich geklingelt hatte, mir entsetzt kreischend die Tür vor der Nase zuschlug, noch ehe ich sie um ein bisschen Verbandszeug bitten konnte. Zu Hause angekommen, sah meine Mutter die blutende Schnittwunde, wurde, wie schon bekannt in solchen Fällen, blass und konnte zum Glück meine Schwägerin Gerda herberufen, die mit aufheiternden Worten ganz ruhig meinen blutverschmierten Zeh reinigte und ihn danach verband.

Übung macht den Meister. So konnte ich bald auch etwas besser schwimmen und meine erste Neckarüberquerung wagen. Natürlich war es mir noch nicht möglich, eine solche lange Strecke ohne Unterbrechung zurückzulegen. Aber ich hatte in Erfahrung gebracht und mich auch vergewissert, dass die Bögen der Alten Brücke auf Stützpfeilern standen, deren Fundamente ein wenig breiter waren als diese selbst – zwar vom Wasser bedeckt, aber ausreichend, um darauf stehen und sich ausruhen zu können. Es klappte! Und so überquerte ich den Neckar, indem ich von Pfeiler zu Pfeiler schwamm. Auf der anderen Seite angekommen, rannte ich ganz glücklich über die Brücke zurück, um meine Klamotten zu holen, die ich auf der Neckarwiese abgelegt hatte. Etwas später, des Schwimmens nun schon recht fähig, gerieten einer meiner Freunde und ich jedoch in Schwierigkeiten und bekamen es ganz schön mit der Angst zu tun. Wir stürzten uns nämlich eines Tages bei Niedrigwasser (man konnte am erweiterten, ziemlich ausgetrockneten Ufer viele schwarze Muscheln auf dem Flussboden finden) in die Fluten, nicht ahnend, dass das Wasser in der Mitte der übrig gebliebenen Schifffahrtsrinne mit großer Geschwindigkeit dahinschoss. Wir wurden einige hundert Meter flussabwärts getrieben und konnten uns nur mit großer Mühe ans Ufer heranarbeiten.

Beim Baden im Neckar war es uns ein erlebnisreiches Vergnügen, Lastkähne, die damals oft noch von Schleppern gezogen wurden, anzuschwimmen, uns seitlich an sie zu klammern, uns hinaufzuziehen und ein Stückchen des Weges mitnehmen zu lassen. Nicht immer hatte der Schiffsführer dies geduldet, mein Vater hatte es mir sowieso verboten. Er warnte mich vor der Schiffsschraube, in die man leicht hineingeraten und als »Hackklein« wieder herausgespült werden konnte.

Und trotzdem arbeitete ich mich einmal mühsam – das musste man als »wascheschter Neckarschlämer« doch mal tun – auf den schmalen Laufsteg, der um den Schlepper herumführte, hinauf. Das Fahrwasser zog mit ziemlicher Gewalt an meinem Körper; endlich konnte ich mich auch mit den Beinen vollends hochziehen, derart, dass ich nun ganz flach auf dem Bauch lag. Aber, oh Schreck! Der Laufsteg war frisch geteert und von der Sonne aufgeweicht worden. Verbrannt hatte ich mich dabei zum Glück nicht, denn der Teer wurde ja stets von den überschwappenden Wellen gekühlt. Aber klebrig schwarz war ich und stinkend von oben bis unten.

Wieder am Ufer, versuchte ich mit Sand meine ursprüngliche Körperfarbe wiederzuerlangen. Jedoch, durch das lange Scheuern auf der Haut, wurde diese nun krebsrot. Zu Hause hätte ich ja zur Not noch von Sonnenbrand erzählen können, aber es gelang mir, ins Bett zu gehen, ohne mich zeigen zu müssen.

Einige andere Erlebnisse am Neckar waren dagegen fürchterlich. Immer wieder geschah es, dass bei der Herrenmühle, die zwischen der Jakobsgasse und dem Karlstor stand, kleine Kinder ertranken. Die alte Mühle, schon vor rund 600 Jahren urkundlich erwähnt, brannte 1972 ab und nach der Beseitigung der festungsartigen Trümmer entstand dort ein Konglomerat von modernen Wohneinheiten. Die Abwasser der alten Mühle quirlten zunächst in ein kleines offenes Becken neben der Bundesstraße 37 und flossen sodann unter ihr durch in den Neckar. Weil auf der einen Seite eine nur unbefestigte Böschung das Becken abgrenzte, oben ohne irgendeine Absperrung wie zum Beispiel ein Geländer, wurde dies vielen Kindern zum Verhängnis. Waren sie nämlich erst einmal die Böschung hinuntergefallen, wurden sie sogleich von den Strudeln erfasst und durch die Unterführung in den Fluss hinausgespült. Eine Rettung kam meines Wissens immer zu spät. Die Taucher der herbeigerufenen Feuerwehr und auch gute Schwimmer aus der unmittelbaren Umgebung dieses Schauplatzes, die sich trauten mitzutauchen, fanden diese unglückseligen Opfer nicht mehr an der Stelle, an der man sie vermutete.

Einmal ging ein Aufschrei durch die Reihen der aufgeregten Zuschauer, als ein Taucher ein undefinierbares Bündel in die Höhe hielt, was sich aber nur als ein durchnässter, mit irgendetwas gefüllter Sack herausstellte. Die Leichen der Kinder fand man stets in der Nähe der vom Stauwehr unter Wasser herführenden schmalen Sandbank, die ungefähr in der Mitte des Neckars verlief. Sie sollen angeblich durch die laufenden Schiffsschrauben vorbeifahrender Schlepper und Schaufelraddampfer dort hinausgetrieben worden sein.

»Sie beiße nätt«

Mit meinen Freunden bastelte ich so ziemlich alles, was uns in den Sinn kam. In der Augustinergasse hatten wir uns in einer Fensternische des Kolpinghauses eine Schuhmacherwerkstatt eingerichtet. Klaus, dessen Vater nebenan eine solche Werkstatt besaß, versorgte uns mit den nötigen Materialien: Lederabfälle, Faden, Nadeln und Werkzeuge. Und schon hatten wir ein Paar Schuhe gefertigt, en miniature, das versteht sich. Diese stellten wir dann in unserer Werkstatt gut sichtbar aus, aber wohl kaum in der Hoffnung, dass sich ein Käufer finden würde.

Wir stellten aus Holz oder aus dicker Baumrinde kleine einfache Schiffe her, mit Nägeln und Faden deuteten wir die Reling an und bespannten die Masten mit Segeln. Der große Augenblick kam, wenn wir sie zu Hause in einer Waschschüssel schwimmen ließen, erst noch etwas unsicher, ob sie sich überhaupt über Wasser halten würden, dann aber zufrieden mit ihrer Seetüchtigkeit.

Es war unser ganz großer Traum, so eine Art Seifenkistenauto zu bauen. Die Rennen mit diesen ulkigen Gefährten waren ja schon bekannt. Im Hinterhof von Klaus' Wohnung, gleich hinter der Werkstatt seines Vaters, fanden wir unter viel altem Gerümpel tatsächlich vier Räder eines vermutlich ausgedienten Karrens, die uns bestens geeignet schienen. Die Konstruktion misslang aber, das heißt wir konnten mit dem Bau gar nicht beginnen. Es fehlten uns nämlich nicht nur die Bretter für das Chassis, sondern auch alle anderen Teile, vor allem die Achsen. Resigniert ließen wir ab von unserem Plan, fanden aber schnell eine Alternative. Wir wollten vor der Abschlusstür zur Straße hin einen Geldbeutel auf das Trottoir legen, an dem ein dünner Faden, fast unsichtbar, befestigt war. Mit diesem gedachten wir jemanden hereinzulegen. Der ungefähr drei Meter lange Faden führte unter der Abschlusstür hindurch zu demjenigen, der dahinter auf der Lauer lag und den Geldbeutel just in dem Augenblick, wie von Geisterhand bewegt, schnell wegziehen sollte, sobald sich jemand danach bückte. Da kam auch schon jemand! Ein Pfiff von dem, der Schmiere stand, und der Geldbeutel huschte unter der zugreifenden Hand weg ins Haus. Der dünne Faden wäre ja eigentlich bei näherem Hinschauen zu sehen gewesen. Ich meinerseits hätte zuerst einen Fuß auf den Faden gesetzt und mich erst dann gebückt. Die Beute wäre mit Sicherheit mein gewesen!

Beim Spielen auf dem Universitätsplatz sprach mich eines Tages der an der Uni tätige Musikwissenschaftler Dr. Hermelink an, der mich vom Universitätsorchester her kannte, in dem ich am letzten Pult der zweiten Geigen bereits mitspielen durfte. Ich hatte gerade einmal ungefähr drei Jahre Geigenunterricht erhalten, als ich – ziemlich eingeschüchtert – unter diesen musikbegeisterten Studenten ein wenig das Orchesterspiel erlernen durfte. Hermelink leitete manchmal dieses Orchester, zunächst noch neben Professor Poppen, seinem Chef, dessen Nachfolger er später werden sollte. Auch unter Poppen durfte ich mitspielen. Bei seinen Konzerten imponierten mir am meisten die Plakate, die das Programm ankündigten und auf denen unten in dicken Lettern »Leitung: Universitätsmusikdirektor Professor Dr. Hermann Meinhard Poppen« stand. Ich hatte jedoch recht bald die Lust am Orchesterspiel verloren; das war (noch) nichts für mich. Später, als etwas älterer Pennäler, kam ich dann allerdings wieder dazu und hatte viel Freude an meinen Aufgaben als Erster Konzertmeister. Hermelink sprach mich also auf dem Universitätsplatz an und fragte mich, ob ich ihm beim Orgelstimmen behilflich sein könnte. Die Peterskirche diente nach dem Brand 1945 und nach der erfolgten Instandsetzung (wieder) als Universitätskirche, in der Hermelink die Orgel spielte.

Es war für mich eine langweilige Beschäftigung, so auf der Bank des Orgeltisches zu sitzen, immer einen Finger auf eine Taste eines Manuals zu halten, das Quietschen oder Brummen der verschieden hohen Töne hören zu müssen, das beim Herauf- und Herunterschleifen der Tonhöhe und der Bearbeitung der Pfeifen nicht zu vermeiden war. Hin und wieder sollte ich die Orgeltischbank verlassen, um den Blasebalg wieder zu füllen, der für die bescheidene Luftzufuhr sorgte, die zum Stimmen der einzelnen Pfeifen notwendig war, und noch mit den Füßen bedient werden musste. Endlich, wenn eine Orgelpfeife nach Hermelinks Meinung gestimmt war, kam aus dem Pfeifenraum, in dem er herumstieg, das »Weiter«, die Aufforderung, mit meinem Finger die nächste Taste herunterzudrücken. Wenn ich nicht einschlief, dann begann die ganze Prozedur von Neuem einen halben Ton höher oder tiefer und ich durfte alles wieder von vorne erleben.

Mein Freund Klaus und ich hatten, jeder in seiner Wohnung, ein Spielpostamt eingerichtet. Ich hatte es bei mir oben, draußen auf dem Hausgang aufgestellt. In kleinen selbstgebastelten Regalen lagen die roten Überweisungsformulare, die blauen Zahlkarten, Postkarten, Kuverts, Briefmarken, kurz gesagt alles, was auch bei einem richtigen Postamt vorhanden war, nur en miniature. Unseren gemeinsamen Freund Joachim hatten wir zum Briefträger ernannt, dessen Aufgabe es war, unsere Briefe, die zum Teil auch als Eilbriefe gekennzeichnet waren, hin und her zu tragen. So flitzte er von der einen zu der anderen Wohnung, mehrmals täglich, bis er es eines Tages leid war. Er beklagte sich bei seiner Mama, die ihm riet, er möge uns mitteilen, dass er doch auch einmal an ihn adressierte Briefe bekommen möchte. Klaus und ich waren entsetzt über diesen Vorschlag. Schließlich besaß Joachim selbst doch gar kein Postamt bei sich zu Hause. Und wer sollte dann den Briefträger spielen? Etwa Klaus oder ich? Noch am selben Tag wurden unsere beiden Postämter geschlossen und am nächsten Tag aufgelöst.

Tante Minna, eine Schwester meines Vaters, immer kränkelnd, war einmal während der Öffnungszeit meines Postamtes die Treppe heraufgekommen. Sie war gelernte Näherin, aber seit langer Zeit arbeitslos. Meine Mutter steckte ihr immer etwas zu, was sie dankbar annahm. Beim Weggehen kam sie bestimmt mindestens fünfmal die Treppe wieder heraufgestiegen, meinte, sie habe vergessen, etwas zu sagen. »Also, dann – auf Wiedersehen!«, waren ihre Worte und dieses Wiedersehen geschah dann ungefähr fünfmal unmittelbar hintereinander. Sie war wirklich ein armer Tropf! In der Bergheimerstraße 90, nicht weit vom Schlachthof, lebte sie in einem Zimmerchen hoch oben unter dem Dach eines Mehrfamilienhauses. Sie war ein sehr zierliches Persönchen, ich kannte sie eigentlich nur krank. Als sie dann auch noch bettlägerig wurde, schickte mich meine Mutter oft zu ihr raus, um ihr etwas zu essen zu bringen. Mit dem Henkelmann, dieser praktischen Vorrichtung, bei der in mehreren aufeinandergestellten Töpfen getrennt ganze Menüs transportiert werden konnten und den man wie eine Milchkanne an einem Henkel trug, wurde ich zu Fuß auf den langen Weg zu ihr geschickt. Für Straßenbahnfahrten bekam ich kein Geld. Einmal brachte ich ihr einen neuen Gasstrumpf mit, denn wie bei uns gab es auch in ihrem Zimmer noch die Gasbeleuchtung. Solche milchig aussehenden »Strümpfe« aus festem Gewebe mussten nach einer gewissen Brenndauer ersetzt werden, wenn sie nicht mehr die gewünschte Leuchtkraft hergaben.

Auf der Fensterbank in ihrem Zimmer lag in einer Pappschachtel eine Vielzahl von Medikamenten. Wenn man Tante Minna fragte, ob sie diese denn alle einnehmen müsse, dann antwortete sie:»Nä, nätt alle. Awwa isch nemm sie trotzdem alle eu; gegen irgendebbes sinn sie bestimmt gut.« Einmal zeigte sie uns entrüstet eine Dose mit Puder, die sie mit irgendeiner Geschenksendung erhalten hatte. »Guck emol, was do druff steht: *After Shaving Powder*! Den Puder brauch isch doch nätt; isch hab' doch nix an moinem Hinnere!« Ihre letzte Lebenszeit verbrachte sie im Altersheim in Leutershausen an der Bergstraße. Ich besuchte sie auch dort einmal, radelte mit meinem Fahrrad dort hin und war entsetzt über die unmenschlichen Zustände, die sich mir darboten. Ich weiß nicht mehr genau, wie viele alte und uralte Frauen da in diesem Saal zusammenleben mussten. Es waren 15 bis 20 Betten, die links und rechts des breiten Mittelganges standen und alle belegt waren. Der Gestank nach altem Urin, gemischt mit anderen undefinierbaren Gerüchen, war kaum zu ertragen. Hier lag also meine arme Tante Minna und wartete auf ihren Tod.

Zurück von Tante Minna, holte ich Joachim wie versprochen zum Angeln ab. Angeln im Neckar war natürlich verboten, höchstens denen erlaubt, die einen Angelschein besaßen. Die Polizei achtete sehr genau auf die Einhaltung dieser Verordnung. Da Joachims Vater Polizist war, hätte er es nicht gewagt, mit mir und einer Angel durch die Straßen zu ziehen. Doch ein richtiges Angelgerät konnten wir sowieso nicht unser Eigen nennen. Ich hatte nur einen Stock, mehr eine dünne Gerte, Angelschnur trug ich auf einem Karton aufgewickelt in einer Hosentasche, musste nur darauf achten, dass der echte Angelhaken sich nicht im Stoff meiner Hose verfing. Den selbstgebastelten Schwimmer würde ich erst später zusammenmontieren. So zogen wir, beide barfüßig, nun ganz unauffällig durch die Straßen der Altstadt in Richtung Stauwehr. Joachim trug eine leere Büchse, in der wir die gefangenen Fische zu transportieren gedachten. Unmittelbar vor dem Stauwehr, direkt vor der Herrenmühle, standen immer noch die Angler von damals, die ich mit meinem Vater als kleines Kind des Öfteren beobachtet hatte. »Sie beiße nätt, sie beiße nätt, un wenn sie beiße, doann krigsch sie nätt!«, hatte ich noch genau in den Ohren, die Worte, mit denen die Angler manchmal geärgert wurden. Hier zu angeln war für uns natürlich nicht möglich, weshalb wir auf die andere Neckarseite zogen, um dort unser Glück zu versuchen. Direkt am Wehr, wo die Wasser, wilde Strudel bildend, laut gurgelnd, aufgewühlt und gischtschäumend, sich dann aber langsam ruhiger ihren Weg flussabwärts suchten, da standen wir auf einer kleinen Mauer, vergewisserten uns noch, dass keine Polizei in der Nähe war und bauten die Angel zusammen. Von den wenigen Kanu- und Paddelbootfahrern, die hinter uns ihre Fahrzeuge auf einem kleinen, auf Schienen laufenden Untersatz über die Bootsschleppe zogen, ließen wir uns nicht stören.

Als Köder hatten wir Brot, einige Würmer und Blutklumpen vom Schlachthof mitgebracht. Letztere sollten für die Fische eine besondere Delikatesse sein. Da diese Klumpen nicht am Haken zu befestigen waren, warf Joachim schon mal einige von ihnen ins Wasser, damit die Fische angelockt würden, aber wir sahen keine. Ich wurde fast ein wenig neidisch auf andere Buben, die in der Nähe der Heuscheuer, am Geländer des Bürgersteigs, spielend einen Fisch nach dem anderen herauszogen, und das mit einer noch primitiveren Angel als der unseren. An ihrer Schnur war nur eine aufgebogene Sicherheitsnadel befestigt. Ohne Köder! Sie brauchten diese Schnur nur hin- und her zu schwenken und schon hatten sie wieder einen Fisch aufgespießt.

Aber – diese Angelei war die reinste Schweinerei! Diese Buben angelten nämlich vor einem dicken Abwasserrohr, das seine gesamte Pracht, lauter Fäkalien, in den Neckar spie. In dieser gelbbräunlichen Brühe, die sich erst so nach und nach mit dem Flusswasser vermischte und nach genügender Verdünnung schließlich unsichtbar wurde, da tummelten sich unzählige kleine Sumen, schienen sich an dem reichlich vorhandenen Futter zu erfreuen und nicht genug davon zu bekommen. Nein, dann lieber unsere Blutklumpen. Das war doch eine saubere Sache. Lieber warten und warten, bis vielleicht mal ein Fisch uns den Gefallen erwies und anbiss. Das tat aber keiner. Resigniert wollten wir schon unsere Sachen zusammenpacken und wieder gehen, da bewegte sich der Kiel doch sehr verdächtig und mit einem Ruck an der Schnur hatte ich einen Fisch am Haken. Unsere Enttäuschung war trotzdem groß, denn der Fisch war sehr klein, so um die fünf Zentimeter lang.

Ich beschloss, ihn mit nach Hause zu nehmen und ihn in der Pfanne zu braten. Joachim lachte mich daraufhin aus, worüber ich mich ärgerte, was mich aber in meinem Beschluss nur bestärkte, den Fisch auf jeden Fall zu braten. Joachim wollte auch noch dabei sein! Nun gut, wenn es sein Wunsch war. Aber abgeben würde ich ihm nichts davon. Ich stellte unsere große kupferne Bratpfanne auf eine Flamme des Gasherdes, legte den Fisch in etwas erhitztes Öl und gab Pfeffer und Salz darauf. Es dauerte nicht lange und ich konnte ihn wenden. Kurz danach war er fertig. Jetzt wollte Joachim auch etwas von dem Fisch versuchen. »Nein!« Erst mich auslachen und jetzt auch noch etwas von dem Fisch abhaben wollen? Nochmals ein klares »Nein!« Doch Joachim bettelte weiter und so ließ ich mich erweichen und bot ihm den Kopf und den kleinen Schwanz an. Das wollte er nun wieder nicht und lehnte ab. Ich versuchte ihn davon zu überzeugen, dass der Kopf und der Schwanz genauso gebraten und gewürzt seien und infolgedessen ebenso gut schmecken würden. Als er wiederholt ablehnte, aß ich daraufhin meinen Fisch alleine auf, mit sichtlichem Vergnügen.

Planen, Basteln, Konstruieren und Bauen waren eine bestimmte Zeit lang unsere Hauptbeschäftigungen. Aus Backsteinen, die einmal in großen Mengen auf dem Universitätsplatz gelagert waren, bauten wir uns sogleich eine Burg, indem wir diese Steine übereinanderschichteten, so hoch wie unsere Arme gerade reichten, plus einen Sockel für unsere Füße aus nochmals circa 20 Steinen, um noch höher hinauf zu kommen. Das Ganze war aber eine ziemlich wackelige Angelegenheit, einsturzgefährdet, weshalb wir unsere Burg auch bald wieder aufgaben. Interessant war es sowieso nur in der Bauphase, ein Aufenthalt darin reizte uns nicht.

Ein spannenderer Zeitvertreib waren Stinkbomben. In einer Schublade unserer alten Kommode aus Großelternzeiten lagen eine Menge Filmnegative, die sich im Laufe der Zeit angesammelt hatten. Da wir die entwickelten Bilder in einer anderen Schublade aufbewahrten, waren die Negative, auf denen man ohnehin nichts Richtiges erkennen konnte, eigentlich, wie ich glaubte, überflüssig. Ich wusste, wie man aus ihnen herrliche Stinkbomben bauen konnte. Es waren in Wirklichkeit Rauchbomben, die entsetzlich stanken. Die aus Zelluloid bestehenden Negative waren leicht entzündlich und daher bestens geeignet. Ich rollte sie ganz eng zusammen und umwickelte sie mehrfach mit zurechtgeschnittenem Zeitungspapier, verschloss die beiden Enden sehr sorgfältig und befestigte eine Schnur oder einen dünnen Draht an diesem Gebilde, je nachdem, ob ich es aufzuhängen oder in der Hand zu führen gedachte. Nun zündete ich mit einem Streichholz ein Ende an, war aber auf der Hut, weil nach kurzer Zeit eine zischende Stichflamme zu erwarten war. Ich musste, sollte das eingewickelte

Zelluloid nicht einfach verbrennen, die Flamme ausblasen. Im Innern schwelte es nämlich weiter und weißer Rauch entwich jetzt anstelle der Stichflamme. Herrlich! Mit solchen Dingern in der Hand rannten wir die Straße auf und ab. Wir räucherten so manches Treppenhaus damit aus, auch den Eingangsbereich des Musikwissenschaftlichen Institutes der Universität. Durch das Schlüsselloch guckten wir unser Werk an, konnten jedoch nicht allzu viel erkennen – was uns ja recht war –, nur die umnebelte elektrische Lampe, die von der Decke herabhing. Solche Meisterstücke wagten wir natürlich nur nach Einbruch der Dunkelheit auszuführen.

Hin und wieder gab es bei unseren kindlichen Unternehmungen auch Zwischenfälle, wie sie so von uns nicht vorgesehen waren. Es war nicht in meinem Sinn, Eier aus Vogelnestern zu stehlen. Und doch hatte ich einmal, trotz des strengen Verbotes meines Vaters, ein Spatzenei aus einem Nest geholt und es sorgfältig in meiner Hosentasche verstaut. Zu Hause angekommen, bemerkte ich etwas Klebriges an meinem rechten Oberschenkel und wusste sofort, dass das Ei zersprungen war. Außerdem roch es sehr faul von unten herauf. Ich fragte mich zunächst, wie eine Vogelmutter ein faules Ei legen konnte, kam aber dann zu dem wohl richtigen Schluss, dass das arme Ei schon längere Zeit ohne die elterliche Fürsorge im Nest gelegen haben musste. Zum Glück gab es im Hof eine Wasserstelle über einem kleinen alten gusseisernen Waschbecken, wo ich meine stinkende Hosentasche, so gut ich es konnte, auswusch. Oben, in der Wohnung angekommen, war wenigstens der verräterische unangenehme Geruch verschwunden, wenngleich ich aber noch darauf achten musste, dass niemand die nasse Stelle an meiner Hose zu Gesicht bekam.

Auf etwas zu zielen und dann zu treffen – darin war ich ein Ass. Ob beim Baseballspielen, wo ich mit dem Ball auf schnell laufende Mitspieler zielte, ob beim Steinewerfen auf ein anvisiertes Ziel, beim Schießen mit der Schleuder, ja, selbst beim Spucken auf einen bestimmten Gegenstand am Boden – solche Treffsicherheit stärkte sehr mein allgemeines Selbstwertgefühl.

Aber es ging auch so manches Mal etwas schief. So zum Beispiel mit meiner selbstgebastelten Schleuder. Die Gabel hatte ich mir nach dem Holzholen mit meinem Vater im Wald mit dem Beil zurechtgehackt, eine schöne, stabile Gabel aus Buchenholz. Mit Schnur, zwei schmalen Gummistreifen, aus einem alten Autoschlauch herausgeschnitten, und einem Stück Leder zum Laden der Munition (Steine und selbst gegossene Bleikugeln) baute ich mir mein Schießzeug zusammen. Eine Ersatzschnur wickelte ich vorsorglich gleich um den Schaft. Hatte man das Gummi weit zurückgespannt, musste man höllisch darauf achten, dass der Schuss nicht nach hinten losging. Hielt man die Gabelöffnung nämlich nicht genau zum Leder hin, war sie also leicht verdreht, dann schlug das Geschoss an das linke oder rechte Gabelstück und konnte einem so beim Zurückprallen mitten ins Gesicht fliegen. Auf dem Universitätsplatz zielte ich einmal mit meiner Schleuder – so behauptete ich jedenfalls später – auf die Beine eines Mädchens. Aber anstatt ihres Schreies hörte ich das Klirren einer Fensterscheibe im Parterre der Alten Universität. Ich drehte mich um, tat völlig unbeteiligt, versteckte unauffällig die Schleuder in meiner Hosentasche, ging fast übertrieben langsam meines Weges, rannte aber dann, sobald ich die Hausecke zum Marsiliusplatz erreicht hatte, wie ein geölter Blitz davon. Ach ja! Das mit der zersprungenen Fensterscheibe, das konnte ich eigentlich nicht gewesen sein, denn ich hatte ja auf die Beine des Mädchens gezielt...

Am geöffneten Hausgangfenster unserer Wohnung, das den Blick in Richtung Norden zum Heiligenberg freigab, staunte ich oft über die Reichweite der kleinen schweren Kugeln, die ich in großer Zahl mit meiner Schleuder über die Dächer schoss. Auch da klirrte es einmal in der Nachbarschaft. Dummerweise hatte mein Vater von irgendjemandem erfahren, was ich da angestellt hatte. Er nahm mir schimpfend meine Schleuder ab – alles Bitten und Betteln unter Tränen konnte ihn nicht erweichen – und warf sie in den Mülleimer, aus dem ich sie am nächsten Tag wieder herausfischte. So blieb sie mir zum Glück erhalten, vielleicht später einmal nicht nur für meine Kinder, sondern sogar für deren Kinder. Eine Schleuder vom Vater, Großvater oder gar vom Urgroßvater – was würde ich darum geben, eine solche Kostbarkeit mein Eigen nennen zu können!

»Helmut, geh mol nunner«

Bei einem Besuch meines Freundes, des Nicht-Heidelbergers, mit dem ich mich in diesem Buch anfangs unterhalten und ja eine Wette abgeschlossen hatte, bat er darum, den fertiggestellten Teil meines Manuskriptes schon einmal lesen zu dürfen. »Ich habe es bis hierher gelesen«, sagte er später. »Ich muss sagen: Das hast du bis jetzt ganz interessant und sogar spannend geschrieben. Woher hast du eigentlich diese schriftstellerische Begabung?« – »Ich? Schriftstellerische Begabung? Dass ich nicht lache! Die habe ich doch gar nicht.« – »Richtig. Ich wollte nur lieber dich das sagen lassen. Vom Schriftstellerischen her betrachtet ist nämlich das, was du bislang geschrieben hast, im Grunde genommen ein Flop!« – »Da hast du vollkommen recht«, stimmte ich ihm bei. »Das sehe ich auch so. Wirst du trotzdem weiterlesen? Ja? Gut! So einfache Gemüter wie du lesen so etwas ja auch sehr gerne.« – »Du Schmeichler! Das tue ich doch nur dir zuliebe.« – »Das freut mich. Außerdem wüsstest du letztlich gar nicht, dass ein ›wascheschter Neckarschlämer‹ wirklich etwas Besonderes ist. Und ich müsste dann womöglich noch den Champagner bezahlen.«

Die nun folgende Zeit ist in meinem Leben jetzt wirklich, wie schon einmal angedeutet, intensivst mit Dingen ausgefüllt, die sich inhaltlich laufend abwechseln. Jetzt bin ich »so mitten drin«: Jugendstreiche, Schule, musikalische Tätigkeiten, Mitarbeit im kirchlichen Dienst und zu Hause. »Helmut, geh mol nunner und hol Holz un Briketts ruff!« Oder: »Du musch noch nuff, des Gemeindehaus uffschließe!« Das waren noch Aufgaben der harmloseren Art. Über das, was sonst noch alles von mir verlangt wurde, berichte ich zu einem späteren Zeitpunkt. Trotz des befehlsähnlichen Tonfalles erwartete man von mir, dass alle Wünsche prompt ausgeführt wurden. Da war es oft lästig, ja nervend, meine Geigenübungen oder meine Konzentration, zum Beispiel auf eine mathematische Aufgabe, unterbrechen zu müssen.

Mein »Vadder« hatte seinen Beruf als Schlosser bei der *Fuchs Waggonfabrik* in Kirchheim aufgegeben und durch die Vermittlung von Pfarrer Riecker seinen Kirchendienerdienst offiziell am ersten August 1945 zunächst in der vom Brand arg mitgenommenen Peterskirche und dann zeitweise in der Providenzkirche angetreten. Unterdessen gingen die Renovierungsarbeiten in der Heiliggeistkirche, seiner eigentlichen, zukünftigen Wirkungsstätte, schleppend, aber doch regelmäßig voran. Es musste hier vieles getan werden. Da standen im Innern Gerüste bis unter die Deckengewölbe, 17 Meter hoch, um die Renovierungsarbeiten an Wänden und Decken vornehmen zu können. Ich ließ es mir natürlich nicht entgehen, auf ihnen herumzuklettern. Zerbrochene Fensterscheiben mussten ersetzt, Sandsteinbodenplatten verlegt werden, nachdem eine aufwendige Fußbodenheizung installiert worden war, betrieben von der neuen Kohleheizungsanlage unter der Sakristei. Es wurde eine neue Orgel mit circa 70 Registern geliefert, die nach den Vorstellungen des damaligen Organisten, Helmut Tramnitz, in der nördlichen, hoch oben liegenden Chornische eingebaut wurde. Die Tastatur ließ Tramnitz nach historischen Vorbildern farblich umgekehrt gestalten: vorne die schwarzen und zurückgesetzt die weißen Tasten.

Nach der Einweihung des zuerst fertiggestellten Chores blieb dagegen das Langhaus eine Baustelle, durch eine Bretterwand noch eine ganze Zeit lang abgeteilt.

Meine Schwester Erna und ich als temperamentvolles Baby, 1935.

Ob ich mal wieder ausgebüchst war? Vor der Neuen Universität.

Einer meiner liebsten Spielplätze – der Rasen hinter der Neuen Universität, 1939.

Meine Eltern mit meinen Brüdern Walter und Emil, etwa 1924.

Meine Mutter am Küchenherd – im
Hintergrund das berüchtigte Ofenrohr.

Mein Vater – bereits schwer an
Lungentuberkulose erkrankt.

Mein Vater (vorne links) als Kanonier im Ersten Weltkrieg.

Blick aus unserem Küchenfenster über die verwinkelten Altstadthäuser hinweg, von unserer Wohnung in der Hauptstraße aus gesehen.

Die Neue Synagoge in der Großen Mantelgasse nach der Reichspogromnacht, 1938.

Ich als »kläner Knoddl«, etwa 1940.

An der Neuenheimer Landstraße, 1941.

Meine Schwester und ich mit unseren Eltern, 1942.

Auf der Scheffelterrasse, 1947.

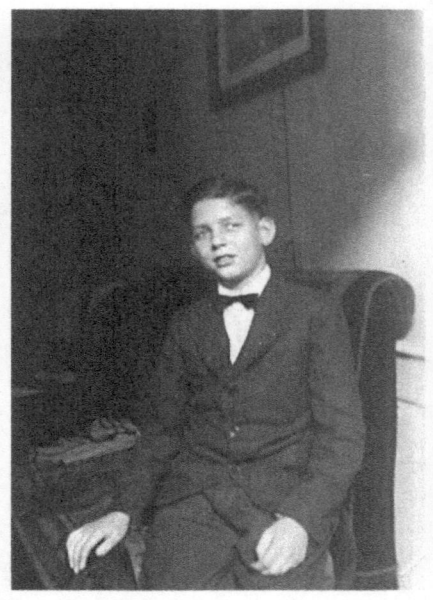

Wir drei dicken Freunde: Joachim (vorne), Klaus und ich auf der Scheffelterrasse.

Bei meiner Konfirmation 1949, mit »leppdepp'schem« Gesichtsausdruck.

22.1.49	Aufsatz.
	Die Beobachtung bei meinen Fröschen.
	An einem heißen Sommertag ging ich
	an einen Teich, um mir zwei Frösche zu
	holen. Ich hatte einen Stock, an dessen
Gr.	oberem Ende ein Draht befestigt war, um
	den ich ein Säckchen gespannt hatte. Zuerst
	sah ich keinen Frosch; aber dann be-
	merkte ich eine ganze Reihe, die im Grü-
	nen, nahe am Wasser, sich sonnten. Ich
	schlich mich vorsichtig an sie heran.
	Sie hatten wohl meinen Schatten bemerkt,

Mein Aufsatz, der Dank meines Frosches die Note Eins erhielt.

Mein Konfirmandenzug vom Pfarrhaus zur Kirche; direkt hinter dem Pfarrer mein Vater mit Zylinder.

Mit der Jungschar auf der Insel Mainau, 1949.

Mein Jungscharausweis aus dem Jahre 1947.

Ein »wascheschter Osterhas'« – wären da nicht die Schuhe gewesen.

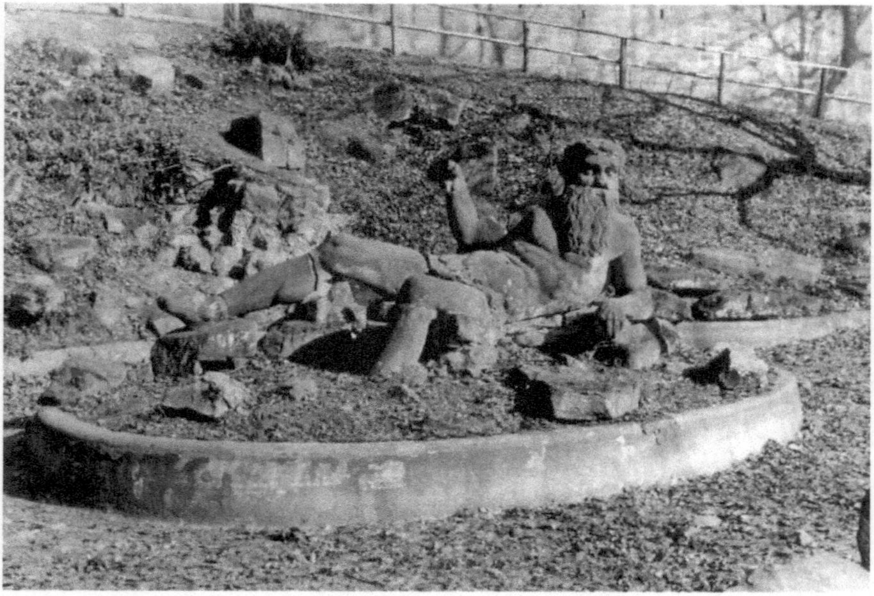

Der »Vater Rhein«, »Christoffel« für uns, in einer Ansicht aus den 1940er Jahren.

Blick auf die Alte Brücke und das Schloss – Schauplatz zahlreicher Abenteuer.

Rückseite des gesprengten Karlsturmes am Schloss.

Unser Chemie- und Biologielehrer, den wir »Boxer« oder »Wambo« nannten.

Probe im Freien vor der Marienhütte.

Konzert in der Alten Aula...

... und danach beim gemütlichen Zusammensein.

Auf Radtour in Norddeutschland, 1952.

Nach der Nacht auf dem Heuwagen.

Müde – oder bereits wach?

Sylvesterfeier, eigentlich mit Pulloverzwang, 1955; ich hinten rechts.

Sylvester 1955 – ich mittendrin.

Neujahrsgedanken

zum 40. Jubiläumsjahr der DLRG 1953

Wer auf sein Seelenheil bedacht,
Wem sein Gewissen erst erwacht,
Wenn Heimatsliebe an ihn facht,
Der wendet sich zur Wasserwacht,
Wo opferwillig Dienst er macht,
Frohlockend hoch das Herz ihm lacht,
Beglückt wie von der Schöpfung Pracht,
Hat eine Rettung er vollbracht,
Besiegt des Wellentodes Macht,
Der bisher hielt hier schlimme Pacht
Voll mörderischer Niedertracht,
Doch nun getan in Bann und Acht
Denkt, wenn in der Neujahrsnacht
Barbarisch Feuerwerk zerkracht!

Walter Mang, Heidelberg
DLRG-Mitbegründer 1912/13

Neujahrsgedanken unseres lieben Freundes Walter Mang.

Klassenausflug 1954 – ich ganz rechts in Lederhosen.

Die »Schisstreppe« an der Heiliggeistkirche am Fischmarkt.

Klassenausflug, 1952.

In unserem Klassenzimmer im *Collegium Academicum* mit »Koartsche«, unserem Französischlehrer.

Die Abitur-Abschlussfeier in der Stadthalle, 1955.

Abiturfahrt nach Ludwigsburg.

Im »Seppl« am Abend nach dem mündlichen Abitur.

Überreichung der Abiturzeugnisse – links der Schuldirektor.

Gruppenbild mit Lehrern und der Prüfungskommisssion.

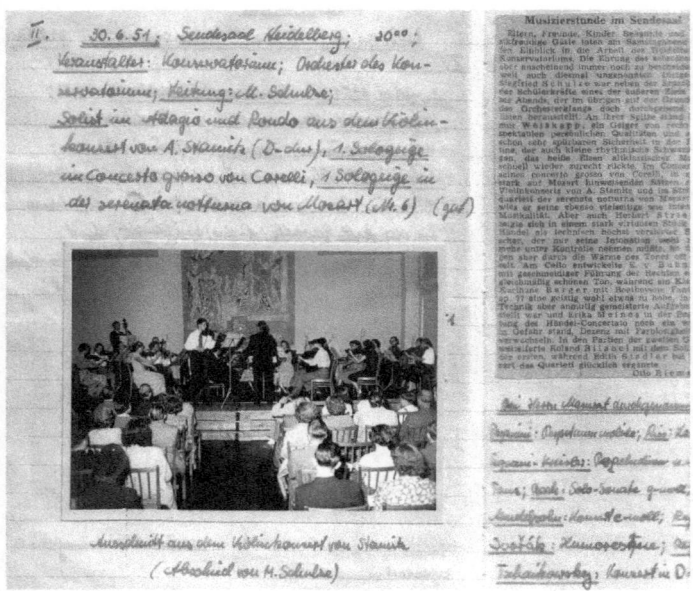

Ausschnitt aus meinem *Musik*-Buch.

Der Bettler und die Geige – auf Konzertreise in Italien.

Das *Cave 54* in der Krämergasse, in das wir fast nie Einlass erhielten.

Der Herkulesbrunnen auf dem Marktplatz. Fast hätten wir hier eine Eiskunstlauffläche erschaffen.

Polonaise beim Abiball.

Führe ich die Dame oder sie mich?

Die Souvenirbude an der Heiliggeistkirche, in die Gunther und ich »eingebrochen« sind.

Ruth und ich bei einer Partie auf dem Neckar, die uns »um die Welt« reisen ließ.

»Käserles«-Spiel in Hainbrunn mit meinem Freund Hermann.

Vorbereitung in Hainbrunn auf die
Meisterklasse in Köln.

»Easy Rider« in meiner Kölner Zeit.

Mit der Barockbratsche als Mitglied des *Barytontrios*, 1987.

Menschliche Knochenreste, die wahllos hier verstreut herumlagen, wurden eingesammelt und hinter dem neu geschaffenen Altar in den Karner, das unterirdische Beinhaus, gelegt. Er war nicht begehbar, sondern wurde später nur durch eine schwere Sandsteinplatte abgedeckt.

Da lagen sie also, auf Holzregalen übereinander geschichtet, zum Teil nummeriert, die einzelnen Knochen vieler Kurfürsten, deren Grablegungen von den Franzosen im 17. Jahrhundert geplündert und zerstört worden waren. Bevor an einer Tür an der Nordseite der Kirche ein sicheres Schloss angebracht wurde, hatten vermutlich Jugendliche diese einfache Holztür aufgebrochen, waren ins Innere der Kirche geschlichen und hatten sich an der neu gestalteten Abdeckplatte über dem Ossarium zu schaffen gemacht. Sie hatten versucht, die schwere quadratische Steinplatte herauszuheben und beschädigten sie dabei an den Rändern. Glücklicherweise war ihnen kein Erfolg beschieden. Wer weiß, was danach mit den sterblichen Überresten geschehen wäre? Pfarrer Kehr von der Heiliggeistgemeinde II hatte eines Tages ein Paket erhalten, wegen dessen Inhalt er bestimmt erschrak, zumindest in Erstaunen versetzt wurde. Schön verpackt hatte ihm ein Arbeiter einen menschlichen Totenschädel anonym zukommen lassen, mit der Bitte, er möge seinen Fund, den er sich in der Baustelle im Langhaus der Kirche unrechtmäßig angeeignet hatte, doch zu den anderen sterblichen Überresten legen; ihn quäle sein Gewissen.

Das Samstagabendläuten erledigte meistens ich. Vor allem in der dunklen Jahreszeit kam ich mir mit meiner Sturmlaterne sehr wichtig vor. Ich suchte mir jeweils einen meiner Freunde aus, der mich begleiten durfte, was dieser dann als große Auszeichnung betrachtete. Dabei war es gar nichts Besonderes, denn wir brauchten nicht den Turm zu besteigen, da es ein elektrisches Läutwerk gab, das auf der Westempore zu bedienen war. Aber spannend war es doch!

Hinter der wieder zugesperrten Eingangstür der Kirche entzündete ich meine Petroleumfunzel, ging eine steinerne Wendeltreppe in dem von außen angebauten kleinen Türmchen hinauf zur Empore. Hier oben bedurfte es dann einer gewissen Akrobatik, um über die schweren, offen liegenden Balken springend zur Schalttafel zu gelangen. Es war eine Tafel aus weißem Kunststein, auf der die drei schwarzen Schalthebel für die drei Glocken mit der darüber jeweils dazugehörenden optischen Anzeige angebracht waren. (Die vierte Glocke musste vorerst noch im Turm hoch oben von Hand geläutet werden.) Dahinter baumelten lose die Kabel der Starkstromleitungen herum, alles in allem ein gefährliches Provisorium! In meiner kindlichen Unüberlegtheit fasste ich sogar einmal – ganz, ganz kurz – einen blanken Kabelanschluss hinter der Schalttafel an. Ich wollte feststellen, »ob man da etwas merkt«. Zum Glück hatte ich nichts gemerkt. Entweder hatte ich den Nullleiter oder bei ausgeschaltetem Läutwerk die unterbrochene Phase am richtigen Ende berührt.

Neben den drei Schalthebeln befand sich noch ein vierter, das war der Hauptschalter für die Stromversorgung der gesamten Kirche, wie ich später einmal erschrocken feststellen musste. Zum Vaterunserläuten stiefelte ich ebenfalls immer hier hinten herum und drückte eines Abends, während eine Andacht vorne im Chor zu Ende ging, den Hauptschalter auf »Aus«, wie ich es immer nach dem Läuten zu tun pflegte. Ich konnte noch beobachten, dass es hinter den Ritzen der nicht hermetisch abgesperrten Bretterwand zum Chor etwas dunkler wurde, hatte aber nicht die Absicht – vielleicht mangelte es mir auch an Mut –, den Schalter wieder auf »Ein« zu stellen. Zu Hause erzählte dann mein Vater, was geschehen war: dass es, während der Abendsegen gespendet wurde, plötzlich dunkel geworden sei. Mit Kerzen, die er schnell aus der Sakristei herbeigeholt hatte, sei er im Chorraum umher gerannt, um den Gottesdienstbesuchern den Weg zur Ausgangstür ein wenig zu erhellen und sicherer zu machen. Still und aufmerksam hörte ich zu, musste ihm dann aber doch mein Missgeschick beichten, denn schließlich wusste er ja genau, dass ich die Glocken »gelitten« hatte und nur ich den Hauptschalter bedient haben konnte.

Das Glockenläuten in der Peterskirche war früher dagegen mit größerer Anstrengung verbunden. Eine Treppe führte zur Orgelempore, dann ging es durch eine kleine Tür neben dem Orgelraum die Stiege zum Turm hinauf bis zu der Stelle, wo ein dickes Seil durch eine Öffnung aus der Zwischendecke herunterbaumelte und auf dem Boden einige Schleifen bildete. Mit meinen zehn Jahren bedurfte es schon eines gewaltigen Kraftaufwandes, die schwere Glocke zum Schwingen oder gar zum Läuten zu bringen. Mein Vater brachte die einzige Glocke erst einmal dazu, ihren Wohlklang zu verbreiten, sodann durfte ich weiter vorsichtig an dem Strick ziehen. Vorsichtig deshalb, weil das große Gewicht der Glocke mich Dreikäsehoch, hätte ich mich am Strick festhalten wollen, ohne ihn in der »entspannten Phase« loszulassen, locker hochgezogen und an die hölzerne Decke geschleudert hätte. Ein Junge soll hier einmal auf diese Weise tödlich verunglückt sein.

Bei Gottesdiensten wurde das Zeichen zum Vaterunserläuten dort oben im Turm durch eine von meinem Vater installierte einfache Vorrichtung gegeben: Neben der Tür im Orgelraum zog man an einer Schnur und bewegte ein kleines Glöckchen, das man im Glockenraum aufmerksam im Blick behalten musste. Eines Tages war das Glöckchen mit dem hellen dünnen Ton verschwunden. Ich fing deshalb beinahe an zu weinen, denn es war unser Glöckchen, das das Christkind an Heiligabend immer läutete, bevor wir ins Zimmer treten durften.

Es gab bei uns viele weitere Spielchen, wie die winterlichen Schneeballschlachten auf dem Universitätsplatz, wo wir ein ganzes Arsenal von Schneebällen pyramidenförmig auftürmten, um damit die Studentinnen zu bewerfen. Oder das Schneeburgbauen im relativ großen Innenhof der Bäckerei in der Unteren Straße, die der Vater meines Freundes Hermann betrieb. Hier hatten wir einmal eine Behausung, ähnlich der der Eskimos gebaut, nur mit viel weniger Geschick. Als wir nämlich den Schlussstein oben aufsetzen wollten, krachten wir mitsamt großer Schneemassen nach unten auf den harten Asphaltboden. In der Backstube nebenan hoffte ich immer darauf, doch einmal den Teig- oder den Sahnetopf ausschlecken zu dürfen. Aber Hermann, aller Süßigkeiten schon längst mehr als überdrüssig geworden, schien nie auf die Idee zu kommen, meinen unausgesprochenen Wunsch zu erfüllen. Verständlich! Sein Geschmack war mehr auf Fleischliches gerichtet.

Irgendwann war die Zeit gekommen, in der wir kleinen Jungen glaubten, uns – klammheimlich, das versteht sich – dem Rauchen zuwenden zu müssen. An echte Tabakwaren kamen wir nicht heran, es sei denn, wir wären unter die Kippensammler gegangen. Das waren meist Männer, die die nur wenig angerauchten, aber auch die fast gänzlich aufgerauchten amerikanischen Zigaretten auf der Straße auflasen und mit Hilfe ihrer Zigarettendrehmaschinen, oder auch frei aus der Hand, den herausgebröselten Tabak zu neuen Zigaretten werden ließen. Nein! Wir hatten eine hygienischere, gesündere Methode, wie wir glaubten, um uns den Genuss des Rauchens anzugewöhnen. Wir konnten unsere Absicht zu rauchen sogar noch mit einer schönen Beschäftigung verbinden, indem wir Pfeifen selbst herstellten. Aus möglichst großen Rosskastanien höhlten wir den Pfeifenkopf aus und steckten in ihn ein vom Mark befreites Holunderrohr. Nun füllten wir die Pfeife mit trockenem Laub, steckten sie an und pafften so vor uns hin. Als es einem meiner Freunde übel wurde, erinnerten wir uns an die oft aufgestellte Behauptung der Erwachsenen, das Rauchen sei schädlich. Wir einigten uns auf eine andere Pfeifenfüllung: Pfefferminze. Das war eine Heilpflanze und konnte uns unmöglich schaden. Aber dieses Kraut war für uns auch nicht die ultima ratio. Wir stiegen auf Zigarillos um: Von der lianenähnlichen, baumhohen Pflanze, an einem verlassenen Weg unterhalb des Schlosshotels, schnitten wir kurze Stücke ab und versuchten, diese zu rauchen. Der Rauch des Süßholzes aus der Drogerie schmeckte allerdings besser!

Damals dachten wir uns überhaupt nichts dabei, wenn wir den schrecklichen Namen für diese Pflanze gebrauchten: »Juddestrick« – ein Wort, das ich heute kaum noch auszusprechen wage und noch rot vor tiefer Scham werden kann. Desgleichen gab es das verletzende, diffamierende Wort »Juddefärz«. Das waren kleine, miteinander verbundene ungefährliche Knallkörper, die eher ein verpuffendes Geräusch als einen Knall erzeugten. Man kaufte sie neben anderem Feuerwerk in der Unteren Straße kurz vor dem Jahreswechsel in dem Geschäft des Feuerwerkers Kesselbach und lachte höchstens über den zweiten Teil des zusammengesetzten Wortes. Ich erwähne diese beiden hässlichen Wörter einzig aus dem Grund, um den unmöglichen Sprachgebrauch solcher Wörter in der damaligen Zeit in bestimmter Hinsicht etwas zu beleuchten.

Doch auch diese Rauchversuche endeten kläglich. Wir versuchten es ein letztes Mal mit einer richtigen Zigarette, die ich irgendwo aufgegabelt hatte. Wir waren, wie meistens, zu dritt und stiegen zielstrebig und voller Ungeduld, dem zu erwartenden spannenden Ereignis entgegenfiebernd, den Burgweg hoch, wo wir oben hinter einem uns schützenden Holzzaun endlich diesen weißen Glimmstängel anzuzünden versuchten. Leider ging dabei das Streichholz, das ich mitgebracht hatte, aus. Enttäuscht verschoben wir dieses Unternehmen auf ein anderes Mal, bei dem ich dann vorsorglich gleich noch ein zweites, ein Ersatzstreichholz, mitnahm. Überflüssigerweise, denn wir wurden dauernd von Passanten gestört und konnten deshalb unser Vorhaben wieder nicht ausführen. Doch das dritte Mal klappte es!

»Was konnsch du denn sehe?«

Die meiste freie Zeit, also nachmittags nach den Hausarbeiten und dem Geigeüben, verbrachte ich mit Freunden auf dem Schloss, wo uns kaum ein Winkel verborgen blieb. Wir kannten es weit besser als die eigene Westentasche. Es war zur Zeit meiner Kindheit noch eher möglich, viele Entdeckungen zu machen, weil noch nicht alles, was Kinder so interessieren konnte, abgeschottet und unzugänglich gemacht worden war. Zweifellos haben unsere waghalsigen Unternehmungen die Liste der Sicherheitsvorkehrungen für auf und in den Ruinen herumkraxelnde Neugierige verlängert.

An der zugesperrten Eingangstür zu den Kasematten war zu jener Zeit noch kein zusätzlicher Eisenstab dicht über dem Boden angebracht. Wir konnten uns daher unter dem Eisengitter trotz der sperrigen nach unten verlaufenden Eisenstäbe hindurchzwängen. Wir wagten uns drinnen allerdings nicht weit in die seitlichen dunklen Gänge hinein. Diese erste Hürde hinter uns, trauten wir uns nun auch, auf der anderen Seite, am frei gesprengten Turm hinaufzuklettern und, oben angelangt, uns unter dem Gitter wieder nach draußen zu quetschen. Da hing ich halb oben an der Außenseite des hohen Turmrestes, hatte mit viel Mühe und unter Gefahr diese Stelle erreicht, wusste jetzt aber weder weiter hinauf noch wieder nach unten zu klettern. Ich geriet in echte Panik. Jetzt hieß es aber, absolute Ruhe zu bewahren. Mit nach oben gestreckten Armen fand ich Halt. Ich musste mit einem Fuß einen höher liegenden, herausspringenden Stein oder eine Nische als Standfläche ertasten, um das Gleichgewicht nicht zu verlieren, meinen Körper zudem ganz dicht ans Gemäuer pressen. Nach unten schauen durfte ich nicht, weil jede nicht unbedingt notwendige Bewegung meinen Absturz bedeutet hätte. Ich sehe mich noch heute da hängen, zwischen Himmel und Erde, voller Angst. Irgendwie schaffte ich es dann doch, riet aber meinen wartenden Freunden, die glaubten, mir dauernd gute Ratschläge erteilen zu müssen, dringend ab, meinem Beispiel zu folgen.

Eher harmlos war das Überwinden der hohen Mauer auf der Verlängerung des Burgweges zum Schloss hinauf. Eine Lampe bot uns zwischendurch Halt, bevor wir uns auf dem Bauch liegend vollends hocharbeiten konnten. Der spätere Abstieg war hier aber nicht ganz ungefährlich. Doch dass wir uns zunächst durchs Gestrüpp den Weg zur Ruine des Dicken Turmes erkämpfen konnten, das betrachteten wir als eine echte Pionierleistung! Das war uns die Mühe und Gefahr wert. So saßen wir dann, oben angekommen, auf Steinen in dem offenen, zur Stadt hinaus klaffenden Turm, die von Vegetation überwucherte andere, abgesprengte Hälfte zu unseren Füßen, immer ängstlich um uns schauend, ob wir nicht etwa entdeckt worden waren. Aber hierher zu uns gab es keinen anderen Zugang als den von uns gewählten! Wir erklärten diese Stelle im Turm stolz und feierlich zu unserer »Burg Numero Drei«.

»Burg Eins und Zwei« waren dagegen für uns von geringerem Interesse. Dies waren zum einen die Einbuchtung des rechten kleinen Stützbogens unter der Scheffelterrasse, in deren Hintergrund sich eine Höhle befand, in die wir noch einsteigen werden. Zum anderen gab es ein leicht zu erkletterndes Steinkonglomerat am Achteckigen Turm, dem Glockenturm, hinter dem sich eine Art Wehrgang befand. Erreichen konnten wir diese Stelle am schnellsten vom Schlosshof aus durch den langen dunklen, früher noch offenen Gang, der zwischen den beiden zum Apothekenmuseum im Ottheinrichsbau hinaufführenden Treppen lag und wenig einladend wirkte. Erreichbar war sie auch von außen herum, von einem weiter entfernten Ausgangspunkt. Für den Fall einer auftretenden Gefahr hatten wir in der Nähe eine besonders schnelle Abkürzung erkundet: Wir kletterten ein ganz kurzes Stück eine hohe Mauer hinunter, sprangen auf das am unteren Teil der Mauer aufgeschüttete Erdreich, das uns einen geradezu sanften Aufprall garantierte und rutschten schnellstens auf dem Hosenboden weiter. Schon waren wir außerhalb des eigentlichen Schlossbezirkes, ziemlich nahe an dem uns vertrauten Burgweg, der nach unten zum Kornmarkt führte.

Ganz links der bereits erwähnten Stützbögen unter der Scheffelterrasse kletterten wir manchmal auf der Suche nach Feuersalamandern den steilen Berg hinauf. Sie schienen nur hier anzutreffen zu sein und waren so zahlreich, dass wir diese Stelle den »Feuersalamanderberg« nannten. Die schwarzgelb gemusterten Tierchen sind zwar schön anzusehen, besitzen aber auf ihrer Hautoberfläche sehr giftige Alkaloide. Diese bis zu 25 Zentimeter langen Salamander können in Gefangenschaft 50 Jahre alt werden. Wir wussten von ihrer Giftigkeit und fassten sie deshalb nicht mit unseren Händen an. Höchstens drehten wir sie mit einem Stock um, woraufhin sie aufgeschreckt das Weite suchten. Wir gingen dann weiter auf Unkenjagd, einer Gattung der Froschlurche, die ebenfalls über die Haut ein giftiges Sekret absondert. Die Gelb- und Rotbauchunken tobten in dem kleinen Gewässer im Hortus Palatinus herum, in dem »Vater Rhein« – wir nannten ihn »Christoffel« – auf seiner steinernen Insel geruhsam-lüstern in die Gegend schaute. Höchstens kniehoch stand hier das trübe, grünlich schimmernde Wasser. Doch an einer am Rande liegenden Stelle war, für meine Augen nicht sichtbar, ein Schacht. Und in diesen plumpste ich hinein! Pudelnass, von oben bis unten, konnte ich mich alleine herausretten. Oh je! In diesem Zustand durfte ich mich unmöglich zu Hause sehen lassen. Aber mich jetzt vollkommen zu entkleiden, das schien mir auch nicht angebracht zu sein. So splitternackt herumlaufen? Nein! Also entledigte ich mich als erstes meines Hemdes, wrang es aus und zog es wenig später wieder an, dann meine Hosen. Ich entwässerte sie ebenfalls und legte sie zum Trocknen auf die Wiese, zupfte dabei krampfhaft mein zu kurzes Hemdchen vorne und hinten immer wieder nach unten, um zwei meiner Körperstellen zu verbergen, die einen Blickfang für vorübergehende Schlossbesucher hätten bieten können.

Um hinein-, hinauf- oder hinunterzuklettern, dafür gab es auf dem Schloss viele Gelegenheiten. Unserer Fantasie waren nur wenige Grenzen gesetzt. Da war einmal der Apothekenturm an der Ostseite der Schlossanlage, an dessen südlicher Seite wir eine halb zugeschüttete Fensteröffnung entdeckten. Schnell hatten wir so viel vom Erdreich zur Seite geschafft, dass wir einigermaßen bequem durch diese dicken Mauern hindurchschlüpfen konnten. In dem runden Raum, den wir vorfanden, betrachteten wir neugierig das gesamte Inventar. Da stand doch tatsächlich auch ein »Holländer« herum, ein Kinderfahrzeug, wie ich es mir immer gewünscht hatte. Das war ein Einsitzer mit vier Rädern, auf dem man sich ähnlich wie auf einer Draisine – nur nicht durch Auf- und Abbewegen, sondern durch Heranziehen und Wegstoßen eines in der Mitte des Buges angebrachten Hebels – mit zwei Handgriffen fortbewegen konnte. Wir rasten übermütig und uns abwechselnd im Kreis herum, bis wir plötzlich durch Geräusche und Männerstimmen aufgeschreckt wurden. Im Eiltempo versuchten wir zu fliehen. Durch unser Gedränge an dem für uns einzigen Durchschlupf war natürlich sofort alles verstopft. Doch letztlich schafften wir es, auch der Letzte, den mittlerweile eingetroffenen und nach unseren Beinen schnappenden Männern gerade noch zu entweichen.

Anders war es bei dem oben, seitlich am Ende der Kasematten stehenden Steinhaus, das bunkerähnlich aussah. Wir nannten es »Pulverhaus«, weil früher angeblich Schießpulver in ihm gelagert worden war; die außergewöhnliche Stärke der Mauern und das ebenfalls vollständig mit Steinen gemauerte Dach ließen eine solche Vermutung durchaus zu. In diesem Haus waren in Abständen auf gleicher Höhe einige horizontale Schächte im heruntergezogenen Dach eingebaut, die nach innen führten – vielleicht, um bei möglichen unvorhergesehenen Explosionen die entstandenen Druckwellen nach außen entweichen zu lassen? Die Schächte waren von verschiedener Größe, doch nur der linke war geeignet, um einzudringen. Ich kletterte die kleine senkrechte Wand empor und krabbelte bis zu dieser Einlassung schräg hinauf. Bei nach vorne gestreckten Armen war der Schacht in der Breite und Höhe durch meinen Körper vollständig ausgefüllt. In fast völliger Dunkelheit kam ich durch Robben und ruckartige Vorwärtsbewegungen nur stückchenweise, also sehr langsam voran. Mit meinen draußen wartenden Freunden stand ich in ständigem Sprechkontakt. Endlich war ich durch diese überdurchschnittlich dicke Steinmasse hindurchgedrungen. Meine Arme baumelten und meine Augen blickten in die Tiefe. »Was konnsch du denn sehe?«, hörte ich von draußen fragen. »Waffe? Oder was?« – »Alde Stroßeladerne un Gerümbel!«, brüllte ich zurück. »Wemma do mol nunner wolle, dann misse ma rickwärtz reirutsche un uns an äm Seil nunner losse!« Ich legte den Rückwärtsgang ein und erschien nach einer gewissen Zeit wieder draußen bei meinen Freunden. Etwas essen hätte ich im Schacht nicht dürfen, weder auf dem Hin- noch auf dem Rückweg. Die Öffnung war nämlich so eng, dass ich in ihr stecken geblieben wäre.

Lotti, das kleine schwarze Hündchen meines Freundes Klaus – wir kennen es bereits von früher, als er es mir auf der Straße beim Kopulieren vorführte –, war die stetige Begleiterin bei unseren Streifzügen durch das Schloss, sehr verständig, folgsam und einfach clever. Wir benutzten sie beim Spielen auch als Meldehund und für Nachrichten, die wir ihr, eingerollt in einem Döschen, um den Hals hängten. Das ging leider immer nur in eine Richtung. Da Lotti nur auf ihr Herrchen hörte, war somit die Richtung festgelegt. Also klemmte ich sie mir unter den Arm und entfernte mich nicht weiter als in Rufweite. Einmal kletterte ich ziemlich umständlich auf das Dach des »Pulverhauses«, schrieb und verstaute eine Nachricht im Döschen und als Klaus seine Lotti rief, ließ ich die Meldegängerin los. Die rutschte engagiert das Dach hinunter, sprang das letzte Stück auf den Rasen und rannte schnurstracks zu Klaus.

Die schwierigste Unternehmung war wohl das Auskundschaften des tief unten liegenden Schlossgrabens mit einem für uns geheimnisvollen offenen Eingang an der Südwestseite. Wohin mochte er wohl führen? Es war uns nur zu Ohren gekommen, dass da unten in diesem dunklen Gang einmal ein Mord geschehen sei und das Skelett des Ermordeten dort noch herumliege. Das wollten wir durch eigene Nachforschungen nun bestätigt wissen. Aber wie sollten wir diesen gefährlichen Abstieg bewältigen? Und zudem unbeobachtet bleiben vor den Blicken der vielen Leute? Wir standen auf der ehemaligen Zugbrücke am Haupteingang zum Schlosshof und überlegten hin und her, bis wir glaubten, eine Möglichkeit gefunden zu haben. Wenn wir von dem seitlich abwärts führenden Weg aus auf das eine schmale Gemäuer stiegen, das unter uns lag, könnten wir vielleicht den Weg gefunden haben. Wir setzten diese Idee sofort in die Tat um. Auf der ziemlich unebenen und schmalen Mauer entlangbalancierend, kamen wir an einen Baum, an dem wir uns an den Ästen und mit Hilfe der ledernen Hundeleine ein Stück hinablassen konnten. Den Hund warfen wir hinterher. Ganz unten angekommen – Lotti war schon da, etwas verdutzt –, gingen wir den mit Geröll angehäuften Abhang weiter hinunter, unter einem der Bögen der beiden Galerien und unter der Brücke hindurch, immer die Büsche als Deckung nehmend, bis wir dann endlich auf der Sohle des Grabens standen. Jetzt atmeten wir erst einmal kräftig durch, denn dieser Abstieg war alles andere als leicht gewesen.

An dem Gefängnisturm mit dem sehr treffenden Namen »Seltenleer« vorbei, steuerten wir direkt auf den Eingang zu, in dem »unser« Skelett liegen sollte. Vorsichtig stocherten wir in den am Eingang liegenden Steinen herum, die im sonst gut zugänglichen Gang nicht hinderlich gewesen wären. Wir fanden keine Knochen und das war für uns die ideale erlösende Ausrede: Wir brauchten uns nicht weiter in den dunklen Gang hineinzuwagen. Denn wir hatten doch ein ziemlich mulmiges Gefühl, ja eigentlich Angst. Keiner hatte so richtig den Mut, trotz Taschenlampen tiefer in das Dunkel einzudringen. Außerdem: Der Mörder hätte ja auch noch da sein können.

Wenn wir Freunde so herumstrolchten, entging unseren scharfen geübten Adleraugen nichts. Wir fanden alles Mögliche und Unmögliche auf unseren Streifzügen durch die Altstadt. Eines Tages stießen wir auf einen Gegenstand, der in Form und Größe einem Verbandspäckchen ähnelte. Angst, dass es sich noch um einen vom Krieg herrührenden Sprengsatz handeln könnte, hatten wir nicht. Neugierig auf den Inhalt öffneten wir unseren Fund. Zum Vorschein kam eine kleine Tube mit einem Beipackzettel. Leider war alles auf Englisch beschrieben, aber anhand der Zeichnungen auf der Gebrauchsanweisung sind wir schnell dahintergekommen, um was es sich hier handelte. Um etwas ganz Besonderes! Die erste Abbildung zeigte einen stark behaarten, die letzte einen unbehaarten Penis. Dieser medizinische Ausdruck war uns damals natürlich noch nicht geläufig, die Bezeichnung »Glied« oder »Zipfele« war uns allerdings dagegen zu schwach, wir nannten in unserer Sprache diesen Gegenstand ausdrucksstark »Bibl«. Damit war die Sache klar: Es handelte sich um eine Enthaarungscreme für ein besonderes Körperteil beim Mann. Was sollten oder was konnten wir nun damit anfangen? Gar nichts! Also nahmen wir dieses Päckchen mit aufs Schloss und vergruben es sorgfältig links am kleinsten Stützbogen unter der Scheffelterrasse, ohne eine Spur zu hinterlassen. Am nächsten Tag erfuhr ich von einem meiner Freunde, dass er diese Geschichte zu Hause seinen Eltern erzählt hatte. Was? Mir schoss das Blut in den Kopf und ich errötete bei der Vorstellung, was er wohl diesen heiklen Gegenstand betreffend da alles erzählt haben mochte. Sein Vater, so fuhr er fort, hätte so etwas gut gebrauchen können, wie er aus dem Gespräch herausgehört habe. Als wir noch am selben Tag an unserem »Grab« vorbeischauten, stellten wir fest, dass es zerstört war, ausgeraubt. Wir fragten uns tief betroffen, wer wohl dieser Grabräuber gewesen sein konnte?

Schutzengel

Was war denn hier los? In der Hauptstraße, eine Menschenansammlung von Schaulustigen um eine im Straßengraben liegende Person. Ein Unfall? Nein! Ich kannte den sehr großen schlaksigen Mann, alt, so um die 30. Schon öfter hatte ich ihn gesehen, wenn er schwerfällig, seiner massiven Figur wegen, und ungelenk durch die Straßen ging. Er war Epileptiker. Da ich ihn schon mehrmals so hilflos, zuckend, mit Schaum vor dem Mund auf der Straße liegen sah, hatte ich mich erkundigt, was man denn bei einem solchen Anfall tun könnte. Die Herumstehenden unternahmen nämlich gar nichts, manche lachten sogar und schienen es komisch zu finden, wie dieser arme Kerl krampfte, Grimassen zog und um sich schlug. Ich nahm meinen ganzen Mut zusammen und kniete mich neben ihn, hielt – so sollte man in einem solchen Fall angeblich helfen – seinen verkrampften Daumen ein wenig weggespreizt von der Hand und versuchte den armen Kerl zu beruhigen. Später sollte ich in meiner Schule noch öfter Zeuge solcher Anfälle bei einem Klassenkameraden werden, der plötzlich umfiel, mit allen sichtbaren Anzeichen dieser Krankheit.

Eine solche Ader, mich für Hilflose einzusetzen, hatte ich schon früh in mir entdeckt. Meine Eltern waren mir da sicherlich gute Vorbilder gewesen, vor allem meine Mutter. Sie steckte hier und da Notleidenden, zum Beispiel der Frau eines meiner Cousins, der ein Säufer war, immer wieder mal Geld zu, obwohl sie selbst jeden Pfennig erst dreimal umdrehen musste. Einen geistig behinderten Jungen aus der Nachbarschaft, etwas jünger als ich, führte ich oft an der Hand spazieren, was für seine Mutter zu Hause eine spürbare Entlastung bedeutete. Sein größerer Bruder schämte sich nämlich, sich mit ihm alleine auf der Straße zu zeigen. Frische Luft, so meinte ich, täte ihm gut. Unterhalten konnte ich mich nicht mit ihm. Obgleich er vieles verstand, wusste ich hingegen seine gelallten gutturalen Worte meistens nicht für mich zu übersetzen. Allzu gerne hätte ich auf solchen Spaziergängen auch das kleine Hündchen, eine Promenadenmischung ganz besonderer Art, von unserer Nachbarin, einer alleinstehenden älteren Dame, mitgenommen. Sie hieß Sawitzkaia, war früher Tänzerin und aus Russland emigriert. Sie war sehr wortkarg und erschien mir viel zu streng, liebte aber ihren vierbeinigen Lebenspartner über alle Maßen, ließ ihn von mir wohl deshalb niemals ausführen.

Nun ja! Ich hatte wieder einen Frosch zu Hause, den ich mir in einem Wasserloch auf dem Bergfriedhof gefangen hatte. Der zweite war von dem größeren wohl misshandelt worden, denn er trieb eines

Tages, mit dem Bauch nach oben, tot im Wasser herum. So ein Frosch war doch auch ein nettes Tierchen, bei dem ich mich als Tierfreund erweisen konnte. Zwar war mein Wasserfrosch weniger zum Schmusen geeignet als ein Hündchen, eine Katze oder ein Kaninchen, aber ich verstand mich gut darauf, ihn zu seiner Zufriedenheit zärtlich zu pflegen und zu füttern. Den ganzen Tag rannte ich herum, fing Spinnen, Würmer und jede Menge Fliegen. Hier habe ich manchmal durch wiederholtes Öffnen und blitzschnelles Zuschnappen meiner Hand bis zu fünf Fliegen hintereinander fangen können. Ich achtete dabei darauf, meine Beute von vorne zu erwischen; kam ich nämlich von hinten an eine Fliege heran, gelang ihr oft die Flucht. Morgens, noch im Bett, wenn ich ihm meine Zuneigung erweisen wollte, holte ich ihn aus dem Terrarium, ließ ihn »abspritzen« (ich hielt ihn an seiner Hüfte mit zwei Fingern fest, worauf er einen langen Strahl nach hinten hinaus abgab) und dann auf meinem Federbett herumhüpfen. Er schien diese vorübergehende Freiheit immer voll genossen zu haben. In der Schule verhalf er mir bei einem Aufsatz zu der Note Eins! Zuvor hatte ich gerade eine Fünf in einem Grammatiktest geschrieben. So kam ich, indirekt durch seine Hilfe, immerhin auf die Durchschnittsnote Drei.

In der kälteren Jahreszeit, so ungefähr ab Oktober, war er besonders pflegeleicht. Ich packte ihn nämlich unter ein dickes Moospolster, das bis zum oberen Rand seiner Behausung reichte. Nachdem ich ihn zuvor nochmals kräftig gefüttert hatte, überließ ich ihn auf dem Speicher seinem Winterschlaf, der bis in den Frühling hinein dauerte. Siebenmal hat er einen solchen Schlaf überstanden, der achte war dann sein letzter.

Ich war sehr traurig und überlegte, wie ich ihm seine letzte Ruhestätte würdevoll, in angemessener Weise gestalten könnte. Ich holte in der Küche eine Schüssel, füllte sie mit feinem Sand und begrub ihn darunter. Sein Fleisch würde mit der Zeit vergehen – das war mir klar –, aber seine zu Lebzeiten schöne Gestalt würde man noch an seinem Skelett erkennen können. Als meine Mutter nach längerer Zeit ihre vermisste Schüssel fand und sie nichtsahnend vom Blechdach hereinholte, war sie wohl angeekelt von dem, was sie in ihr vorfand und kippte alles kurzum in den Mülleimer. Ich hatte mir den Umgang mit meinem toten Frosch eigentlich etwas pietätvoller vorgestellt.

Zutiefst erschrocken waren wir alle, als mein Vater eines Tages mit verbundenem Kopf nach Hause kam. Was war geschehen? Er hatte sich als Beifahrer bei einem Autounfall den Kopf verletzt. Anschnallgurte gab es damals noch keine. Auch das nicht splitternde Sicherheitsglas war in Automobilen noch nicht eingebaut. Mein Vater war beim Unfall gegen die Windschutzscheibe geprallt und hatte sich dabei sein edles Haupt, fast kunstvoll, mit spitzen Glassplittern bestücken lassen. Im Krankenhaus hatte man in der Ambulanz angefangen, ihm die zahllosen Splitter zu entfernen, wir daheim pulten den Rest aus seinem blutverschmierten Kopf heraus. Drei weitere Fastunfälle hätten ihn sein Leben kosten können, aber er hatte zum Glück jeweils die ihm wohlwollenden Schutzengel zur richtigen Stunde um sich. An einem Sturmtag, an dem der Wind, wäre er sichtbar gewesen, vermutlich horizontal durch die Gegend fegte, ging mein Vater quer über den Universitätsplatz. Als er die Häuserzeile der Grabengasse erreicht hatte, kam eine ganze Dachgaube herunter und schlug direkt neben ihm auf den Bürgersteig. Vielleicht war es diejenige Gaube, in der sich einmal ein Hornissennest befand, bis es durch die herbeigerufene Feuerwehr entfernt wurde. Dessen Bewohner hatten das Gebälk möglicherweise bereits angeknabbert und zum Einsturz vorbereitet. Schwere Verletzungen, wenn nicht gar den Tod, hätte mein Vater auch an zwei Gefahrenstellen in der Heiliggeistkirche erleiden können. Die Renovierungs- und Bauarbeiten waren dort im Langhaus in vollem Gange. Vorne, über dem ehemaligen Kreuzaltar, also dort, wo sich im Sterngewölbe der Kranz der acht musizierenden Engel mit mittelalterlichen Instrumenten (um 1440/50) befindet, war in der Mitte eine runde Deckenöffnung noch nicht verschlossen worden. Die Arbeiter hatten hier einen Flaschenzug installiert und an dieser Stelle, herunter aus 15 Metern Höhe, flog ein schwerer Eisenhaken haarscharf am Kopf meines Vaters vorbei. Und auf der Wendeltreppe zur Nordempore lauerte der Tod ein weiteres Mal. Mein Vater wollte die Holztür, durch die man die Empore betreten konnte, zuziehen. Ein Türschloss war nicht vorhanden, sondern nur ein dünner Draht, der durch das Schlüsselloch geführt war. Er zog heftig daran, der Draht riss und er stürzte rücklings die enge steinerne Wendeltreppe hinunter. Ein Genickbruch war da eigentlich vorprogrammiert, hätten die Schutzengel meines Vaters ihn nicht ganz schnell so gedreht, dass er sich an der Mittelsäule der Treppe mit seiner Schulter hatte auffangen können.

»Dann spielen wir nicht!«

Da wir uns gerade gedanklich in der Heiliggeistkirche befinden, bietet es sich an, über meine zunächst allgemeinen, zu einem späteren Zeitpunkt dann auch wichtigeren Aufgaben in unserer Kirchengemeinde zu berichten.

Unser bisheriger Kantor Helmut Tramnitz ging nach Hamburg an die St. Petrikirche und sein Nachfolger in der Heiliggeistkirche kam: Bruno Penzien. Unter der Orgelbegleitung des Ersteren hatte ich mich bei einem Violinstück im Dreihalbetakt, oben auf der Orgelempore, anlässlich einer Trauung einmal unsäglich blamiert. Dieser verdammte Dreihalbetakt! Viertel, Halbe und Ganze! Diese Noten verwirrten mich total. Im Viervierteltakt gibt es natürlich auch viertel, halbe und ganze Noten, in einem Takt auch einmal eine punktierte Halbe. Aber dann folgt nur noch eine Viertel, man zählt also: eins, zwei, drei, vier. Doch – wie in meinem Stück, eine punktierte Halbe – wie geht es da weiter? In demselben Takt dann noch eine unpunktierte Halbe, dazwischen noch eine Viertel. Ja verdammt! Man muss da ja auf sechs zählen, Geübtere zählen sogar nur auf drei. Während dieser meiner Überlegungen war alles durcheinandergeraten. Tramnitz versuchte mich einzuholen, war dann aber schon wieder voraus, weil ich zu lange auf einer Note verweilt war. Wir kamen nicht mehr zusammen. Doch letztlich endete das Stück überraschenderweise in einem Wohlklang. Nun ja, mit der Tonika kann man nicht viel falsch machen. Die Hochzeitsgesellschaft unten bedankte sich überschwänglich und war begeistert von meinem schönen Ton.

Bruno Penzien, der nimmermüde Kantor, der sich sehr bald durch seine exzellenten Aufführungen kirchenmusikalischer Werke hervortat, entdeckte in mir einen vielseitigen willigen Helfer bei der Verwirklichung seiner musikalischen Ambitionen. Nicht nur, dass ich als Erster Geiger und später als Konzertmeister mitwirken durfte – den Aufbau eines Dreihalbetaktes hatte ich mir vorsorglich nochmals genau zu Gemüte geführt –, ich stand für ihn vor Konzerten auch an der Abendkasse und verkaufte Programme, für 50 Pfennige das Stück. »Das Programm berechtigt zum Eintritt!«, so sollte ich sagen. Dieser kleine Schwindel wurde von den Konzertbesuchern immer ohne Murren akzeptiert. Auf den Plakaten stand nämlich: »Eintritt frei«. Bis auf einen Studenten, der sich mit mir anlegte und darauf bestand, umsonst eingelassen zu werden. Das sei rechtlich nicht zulässig, so meinte er, diesen Konzertbesuch vom Kauf eines Programmes abhängig zu machen. Es war wahrscheinlich ein Jurastudent.

Aber auch beim Aushängen der Plakate in den Geschäften der Altstadt war ich ihm stets behilflich. Zu den Pfarrämtern der verschiedenen Stadtteile Heidelbergs, in die Weststadt, nach Neuenheim, Handschuhsheim, Rohrbach, Kirchheim, ja selbst nach Wieblingen radelte ich, um seine Konzerte kundzutun und Musikinteressierte zu einem Besuch anzuregen. Die noch weiter weg liegenden Stadtteile wurden durch den Verteiler im Gemeindeamt versorgt. Als Lohn für alle diese Dienste bekam ich dann von Penzien diskret zwei Mark in die Hand gedrückt, worüber ich mich jedes Mal sehr freute. Diese zwei Mark durfte ich ganz behalten. Verdiente ich dagegen mit meinem Violinspiel, etwa bei Trauungen, 5 Mark, so musste ich drei Fünftel davon zu Hause abliefern. Mit den 1,50 Mark Taschengeld, die ich später als herangereifter Jüngling, noch mit 17 Jahren, von meinen Eltern erhielt, wurden diese drei Fünftel aber nicht verrechnet.

Herr und Frau Penzien – sie besaß einen leuchtenden Sopran von wirklich professioneller Qualität – standen sehr gut mit unserer Familie. Die Wertschätzung war gegenseitig. Unsere Familie genoss wegen ihrer stetigen Hilfsbereitschaft hohes Ansehen bei Penziens und Penziens waren bei uns wegen ihrer Bescheidenheit und Freundlichkeit sehr gerne gesehen. Von der Qualität seiner Konzerte mit Orgel, Chor und Orchester verstanden meine Eltern nichts, erahnten sie aber sicherlich, allein schon durch den immer größeren Besucherandrang bei seinen Veranstaltungen.

Penzien war anfangs in permanenter Geldnot. Vor allem vor seinen Konzerten fehlte es ihm an dem Geld, das er für die Honorarzahlungen benötigte, was ihn sichtlich nervös machte. Er lief in unserer kleinen Küche – ein unruhiger Geist, der er war – ununterbrochen auf und ab und nervte damit meine Mutter. Freundlich von ihr zur Ruhe gemahnt, hielt er es nur kurze Zeit aus und begann von Neuem, auf- und abzuschreiten. Gerne liehen ihm meine Eltern manchmal bis zu 200 Mark, damit er überhaupt die Orchestermusiker und Solisten bezahlen konnte. Weil diese oftmals längere Zeit auf ihr Honorar warten mussten, verlangten einmal bei einem Konzert zwei Trompeter die Auszahlung ihres Honorars vor Beginn der Aufführung. Penzien hatte aber nicht genügend Geld, das sollte erst aus der Abendkasse hereingeholt werden. »Dann spielen wir nicht!«, war die brüske und erpresserische Reaktion der beiden Trompeter. Doch Penzien, nicht auf den Mund gefallen, erwiderte geistesgegenwärtig und zudem sehr diplomatisch: »Gut, dann teile ich Ihren Entschluss dem Publikum mit.« Das wiederum konnten sich die beiden Musiker nicht leisten. Das Konzert hatte einen pünktlichen Beginn und das Honorar konnte Penzien nach Beendigung des Konzertes auszahlen.

Helmut Weißkapp

»Sie kriegen wir auch noch klein!«

Ich glaube, es ist an der Zeit, mich wieder dem Gymnasium zuzuwenden, mit all meinen Eindrücken, Erlebnissen und Streichen. Schön war es für mich, dass sich kurz nach dem Krieg manche Lehrer bei der Erwähnung meines Namens noch meines Bruders Emil erinnerten. Wohl aufgrund seiner hervorragenden schulischen Leistungen, wahrscheinlich aber war ihnen noch mehr der begabte Geiger in Erinnerung geblieben. Diese Lehrer waren unter anderen mein Mathematiklehrer Kratochvil, mein Religionslehrer Kayser, weiterhin die Lehrer Fischer, Dorn und Blattner. Den Letzteren, die »Blattlaus«, hatte ich noch viele Jahre als Turnlehrer. Er wurde uralt, schien aber äußerlich nicht gealtert zu sein, was wohl daran lag, dass er – betrachte ich ein Foto aus dem Abiturjahr meines Bruders Emil 1938 – damals schon so alt aussah wie Jahrzehnte später.

Die Schulspeisung von der *Hoover-Stiftung* brachte in der ersten Zeit nach dem Krieg vielen Schülern mit einer warmen Mahlzeit eine spürbare Hilfe. »Negerschlamm« nannten wir den mit Kakao vermischten Haferflockenbrei, von dem jeder Schüler in der großen Pause einen Schlag in sein Kochgeschirr bekam. Während ich zu Hause den Tellerrand rundherum stets mit den Hülsen der Haferflockensuppe hübsch verzierte, blieb mir in der großen Pause nicht genügend Zeit. Es bot sich auch keine Gelegenheit, das Gleiche zu tun. Hermann, mein Freund, der bis zur Quarta das Gymnasium besuchte, gab mir meist seine Portion ab, die ich gleich verschlang, oder auch hin und wieder mit nach Hause nahm. Er war ja, wie schon erwähnt, des Süßen mehr als überdrüssig. Es mangelte ihm zu Hause überhaupt nicht an Nahrung – sein Vater besaß ja eine Bäckerei.

Nach dem Kriege waren in unserem Schulgebäude in der Kettengasse eine Zeitlang zwei Schulen untergebracht: unsere nach dem großen Naturforscher Hermann von Helmholtz und die andere nach dem ebenso berühmten Chemiker Bunsen benannt, die beide in Heidelberg viele Jahre gelebt und gelehrt hatten. Der Unterricht fand vormittags und nachmittags in wöchentlichem Wechsel statt.

Apropos Kochgeschirr: Wir wussten es geschickt umzufunktionieren zu einer Art Folterinstrument, gerichtet gegen einen unserer Lehrer. Professor Sulger, unser Mathematiklehrer, stark sehbehindert, war unser Opfer. Ein Ass auf seinem Gebiet, was wir Zwölf- und Dreizehnjährige durchaus schon erkannt hatten und sogar zu schätzen wussten. Im Umgang mit uns war er jedoch eine schwache Person: nachgiebig und weich, allzu lieb, mit der wir glaubten, alles machen zu können. Eine Schwäche bei einem Lehrer festzustellen, das war unsere Stärke. Es war das Erste, falls sie vorhanden war, was wir auf der Stelle, und zwar mit einer gewissen Vorfreude auf den großen Spaß, jeweils registrierten. Nach einigen Testläufen war es dann so weit: es funktionierte. Er öffnete die Tür zum Klassenzimmer und der Löffel, der oben zwischen Türrahmen und Türblatt eingeklemmt worden war, fiel vor ihm herunter. Wir konnten uns unser Lachen natürlich nicht verkneifen und waren zugleich sehr gespannt, was jetzt passieren würde. Aber nichts passierte! Professor Sulger lächelte nur, ging mit keinem Wort auf diese Attacke ein und tastete sich mit unsicheren schlürfenden Schritten zu seinem Katheder, wo auf seinem Sitz ein mit Wasser getränkter Schwamm auf ihn wartete. Der Spaß mit dem Löffel war ihm offensichtlich nicht Wert genug, um Worte darüber zu verlieren. Das war auch wirklich nichts Besonderes. Wir hatten eine bessere Idee! Bei der nächsten Mathestunde versuchten wir das Gleiche nochmals, allerdings hatten wir an dem Löffel nun ein leeres Kochgeschirr befestigt, das ihm beim Öffnen der Tür laut scheppernd vor die Füße fiel. Erstaunlich, dass er auch diesen Fall – nun aber immerhin mit einem unmutigen Murmeln und Brummen – wieder zur Bedeutungslosigkeit herabsinken ließ, was uns ärgerte. Wir benötigten doch Genugtuung, zumindest die Beachtung unseres gelungenen Streiches. Ich hatte nun die Eingebung, die uns endlich die gewünschte Genugtuung verschaffen, aber gleichzeitig auch Mitleid mit unserem Professor erwecken sollte. Dazu füllten wir ein Gefäß mit Wasser und hängten es in einer ausgeklügelten Stellung wieder an den Löffel. Als unser lieber Professor gleich darauf pudelnass vor uns stand, da packte ihn doch die große Wut und er fing an, heftig zu toben. Eine deftige Strafarbeit für die ganze Klasse war die Folge.

In den ersten Jahren waren wir die verrufenste Klasse der ganzen Schule. Eines Tages mussten wir deshalb umziehen, und zwar unmittelbar neben das Zimmer der Direktion. Diese Verlegung hatte uns nur einen Vorteil verschafft: Wenn einer etwas anstellte und zum Direktor zitiert wurde, brauchte er nicht über andere Stockwerke und endlos lange Gänge zu ziehen. Er konnte, während er die Türklinke des Klassenzimmers losließ, fast gleichzeitig die des Vorzimmers vom Anstaltsleiter runterdrücken. Zwei Tage nach unserer Umquartierung war es bereits so weit. Einer unserer Kläuse, der, der später im Berufsleben Botschafter der Bundesrepublik in einem asiatischen Land werden sollte, musste im Zimmer nebenan zu unserem strengen Direktor, Herrn Herr, gehen. Was war geschehen? Klaus hatte auf dem Weg zur Schule eine fette tote Katze gefunden. Liebevoll hatte er sie in seinen

Armen bis in unser Klassenzimmer geschleppt. Nun war sie da! Doch was sollten wir mit diesem Kadaver anfangen? Keiner wusste so recht Bescheid. Die Zeit drängte, es hatte schon gebimmelt und gleich würde die erste Stunde mit dem Englischunterricht beginnen. Da hatte einer die glorreiche Idee, die Katze in den hölzernen Kasten, der als Papierbehälter diente, zu stecken. Da hing sie also, halb aufgerichtet, beide Vorderpfoten herausgestreckt, ihren Körper ein wenig verdreht und den rechteckigen Kastendeckel wie einen überdimensionalen Doktorhut auf ihrem Kopf. Sie war in dieser Stellung hübsch anzusehen, sofern man ihr nicht zu nahe kam und den gebrochenen Blick ihrer Augen entdecken musste. Fräulein Burchardt trat ins Zimmer. Wir standen auf, wie uns anerzogen worden war, und setzten uns nach der Begrüßung wieder. Sie stammte aus Ostpreußen, in welcher Gegend es als unanständig galt – wie sie uns einmal auf einer Klassenfahrt erzählte –, wenn ein Ehepaar nicht wenigstens 15 eigene Kinder zeugte. Sie spürte sofort, dass an diesem Morgen irgendetwas nicht ganz in Ordnung war. Sie schaute jeden einzelnen von uns prüfend an, zwischendurch durchwanderte ihr Blick unsicher den ganzen Klassenraum. Die Anspannung entlud sich bei dem einen oder anderen ein wenig durch Kichern, Grimassenschneiden oder einfach durch ein grinsendes Stieren auf den Papierkasten, in dem die tote Katze völlig entspannt auf eine Lösung der ungewöhnlichen Situation zu warten schien. Endlich deutete einer mit ausgestrecktem Zeigefinger, in so einer Art pumpender Bewegung, auf unser Spaßobjekt, in der Absicht, Fräulein Burchardts Blick genau auf diese Stelle zu lenken. Sie folgte der Richtung des Zeigefingers und war entsetzt. Abscheu und Ekel standen ihr ins Gesicht geschrieben. Wäre es im Biologieunterricht gewesen, so hätten wir uns noch mit dem Einfall herausreden können, diese Katze als Lehrobjekt vorzuführen: um herauszufinden, ob sie männlichen oder weiblichen Geschlechtes war. Vielleicht auch für eine Autopsie, zur Feststellung der genauen Todesursache. Aber ich fürchte, dass dies die Fähigkeiten des Biologielehrers überstiegen hätte. Im Englischen hingegen wussten wir schon, was »Katze« hieß. Wir hätten uns natürlich noch nach der Übersetzung der Wörter »Katzenstreu«, »Läufigkeit« oder »Katzenseiche« erkundigen können, hätten mit diesen Fragen aber wahrscheinlich nur eine große Verlegenheit bei unserer Lehrerin hervorgerufen. So gab es hier keine Ausrede, Klaus musste die beiden oben erwähnten Klinken drücken und wurde für diese Untat empfindlich bestraft.

Unsere Klasse war die reinste Rasselbande. Es verging kaum ein Tag, an dem sie nicht durch irgendeinen Zwischenfall unangenehm auffiel. Wir hatten einen ganz besonders Schlimmen dabei, einen sehr guten

Fußballer, aber mit wenig Hirn, der genauso wie viele andere die Schule sehr bald wieder verlassen musste, da er den hohen Anforderungen nicht gerecht zu werden vermochte. Von der ursprünglich sehr großen Zahl von Sextanern verblieben bis zum Abitur ganze sieben Schüler, die von der ersten Stunde an dabei waren. Auch in der folgenden Zeit gab es reichlich sonderbare Vorfälle zu verzeichnen. So brachte – wir nannten ihn »Bimbo« – eines Tages eine große Schachtel voller Maikäfer mit in die Klasse, denen er schon zu Hause Bindfäden um ihre Hälse geschlungen hatte. Die Fäden – er saß in einer Bank in der ersten Reihe – befestigte er mit kleinen Nägeln an der Vorderseite seiner Bank und ließ die zappelnden Tierchen daran herunterbaumeln. Auch er handelte sich mit diesem abartigen Verhalten eine saftige Strafe ein.

»Mein Name ist ›Groß‹!« Mit diesen Worten kam ein neuer Lehrer humpelnd und am Stock in unsere Klasse und schrieb seinen Namen übergroß an die Tafel. »Sie kriegen wir auch noch klein!«, tönte es irgendwoher aus der Klasse. Mit dieser freundlichen Bemerkung war von der ersten Stunde an das notwendige gute Klima zwischen uns Schülern und dem Neuen hergestellt. Erfreulicherweise handelte es sich nur um eine Vertretung in Latein, dem Fach, das vielen von uns Schwierigkeiten bereitete.

Bei Klassenarbeiten gab es zum Glück den *Schlauch*, ein kleines nützliches Büchlein, in dem die gebräuchlichsten lateinischen Texte in deutscher Übersetzung vorlagen. Manchmal war er ausgesprochen hilfreich, so auch bei einer Klausur, bei der ich zudem einer Reihe dankbarer Kameraden erlaubte, ihn mitzubenutzen. Im Fach Latein stand ich nicht besonders gut. Es wäre meinem Lehrer mit Sicherheit verdächtig vorgekommen, hätte ich eine fehlerlose Übersetzung abgeliefert. Also baute ich in weiser Voraussicht vorsätzlich einige Fehler ein, nach meiner Erfahrung ungefähr so viele an der Zahl, dass es für die Note Zwei reichen musste. Als diese Arbeit korrigiert zurückgegeben wurde, bemerkte ich sogleich beim Vorlesen der Noten, dass sie miserabel ausgefallen war. Mich konnte dies nicht erschüttern. Ich konnte gelassen bis zum Aufruf meines Namens warten, in der Gewissheit, eine gute Arbeit – eine Zwei, wenn nicht gar eine noch bessere Note – geschrieben zu haben. Da fiel mein Name, etwas lauter als bei den anderen, wie mir schien. »Fünf!« Ich erschrak. Pfeifedeckel! Sicherlich hatte ich mich verhört! Nein, dem war leider nicht so. So dumm, wie wir vielleicht annahmen, waren unsere alten abgebrühten Lehrer nun auch wieder nicht! Wenn nämlich viele von uns dasselbe im *Schlauch* gebrauchte Wort oder eine bestimmte Redewendung benutzt hatten und der da vorne sich zudem noch unsere Sitzordnung vor Augen hielt, dann wusste er, was geschehen war und konnte sogar genau bestimmen, bis wohin das Einzugsgebiet des benutzten Hilfsmittels gereicht hatte. Meine Lehrer waren in Ordnung. Ich liebte sie alle – mehr oder weniger. Im Laufe meiner Gymnasialzeit lernte ich natürlich eine große Anzahl von Vorbildern, Paukern, Lehrern und Menschen kennen, ausgerüstet mit Vorzügen und Nachteilen, positiven und negativen Eigenschaften, wie man sie in allen anderen Berufen ebenso findet. Um einige Namen von der Sexta an zu nennen: Da hatten wir zunächst einmal den Mutschler, sehr streng, aber ehrlich und stets bestrebt, uns Schüler fürs Leben zu bilden. Es gab Frau Schmitt, eine kleine ältere Lehrkraft, die sich bei ihrem Erscheinen immer ein Ständchen gefallen lassen musste:»Meine Mutter, schmiert die Butter, immer an der Wand lang, immer an der Wand lang...«, worüber sie sich maßlos ärgerte. Dann einen alten Pauker in Geschichte (sein Name ist mir entfallen), der mit gereizt hoher Stimme nervös seinen Unterricht gestaltete und es in einer Stunde auf sage und schreibe 134 Mal »Äh« brachte. In einer Stunde bat ich meinen Nachbarn, »Wullewuchs« (»Wulle«), auf Pauspapier mitzuschreiben, damit ich meine Zählung gewissenhaft und ohne allzu großen Stress ausführen konnte. Den blauen Durchschlag mit den Mitschriften gab er mir nach der Stunde. In Zukunft teilten wir oft so unsere Arbeit, damit einer frei war und sich anderen Aufgaben widmen konnte. Dann gab es Frau Becker, eine junge Lehrerin, in die ich ziemlich heftig verknallt war. (Wozu eigentlich eine solche gefühlsintensive Verausgabung?) Und die noch jüngere Referendarin, die wir aus leicht einzusehenden Gründen »Herzkirsch« nannten. Ein Oberprimaner soll mit ihr im Schullandheim in Horrenberg eine Affäre gehabt haben, um die ihn manche von uns, trotz unseres noch sehr jungen Alters, schon beneideten. Unsere Klassenlehrerin, Fräulein Burchardt, die mit uns in Horrenberg war, ärgerten wir eines Nachts damit, dass wir eine Unzahl von Leuchtkäfern, die wir zuvor gesammelt hatten, durch das Schlüsselloch ihrer Zimmertür bliesen. Es gab bei uns zwei Lehrer mit dem Namen Fuchs. Der Mathematiklehrer war wirklich einer, der andere war Pfarrer. Ebenso zwei mit dem Namen Krieger. Der lange Krieger, unser Deutschlehrer, von dem ich lernte, dass man Rätsel nicht mit »tz« schreibt, und der kleine Krieger, wieder ein Pfarrer (oder nur Religionslehrer), den einer aus der Parallelklasse vor dem Schulgottesdienst einmal fragte, ob die Predigt wieder vorgelesen würde. Der sehr geschätzte Geographie- und Geschichtslehrer Reiser war mir einmal aufgefallen, wie er auf dem Schulhof nach der großen Pause vor der Eingangstür drohte, mit seiner Beinprothese dazwischen zu hauen, wenn die Drängelei nicht aufhörte. Dr. Mampel in Mathe und Physik war viel zu kompetent für uns. Schrieb er eine Aufgabe an die Tafel, rechnete er im Kopf weiter, das Endergebnis konnten wir dann ablesen. Wie er zu diesem gekommen war, blieb für uns ein Rätsel und oft nicht nachvollziehbar. Aber er war hilfsbereit und richtete vor dem Abitur nachmittags für uns sogar Extrastunden ein. Wenn es in der Klasse zu laut war, hörten wir immer seine vorwurfsvollen Worte: »Hier geht's ja zu wie im Deutschen Bundestag!« Einen ziemlich entspannten Unterricht bot uns in Französisch der *Bonvivant* Friedrich. Er fütterte uns mit allerlei Interessantem: wie die französischen Frauen seien, wie sich die Frauen in Paris kleideten und schminkten, und, und, und. Wenn dann endlich der eigentliche Unterricht beginnen sollte, klingelte es und vorbei war die Französischstunde. Eine der kurzweiligsten überhaupt! Später bekamen wir im Chemie- und Biologieunterricht Herrn Professor Fahlbusch, der oft ziemlich grob mit uns umging. Er wurde wegen seines Aussehens von uns »Wambo« und wegen seiner Handgreiflichkeiten auch »Boxer« genannt. Schlagen durfte er ja nicht, also boxte er uns. So viel über einige unserer Lehrer und Lehrerinnen in der Kettengasse.

Wenn es in meinen Schulstunden nicht so kurzweilig zuging, wusste ich mich mit anderen Klassenkameraden der aufkommenden Langeweile durch alle möglichen Unterhaltungen zu entziehen. Wir schossen mit Gummis in der Klasse herum, mit dem Nachbarn wurden auf kariertem Papier »Schiffe versenkt« oder Schach gespielt, sogar über größere Distanzen hinweg, wobei wir auf die wohlwollende Mithilfe der Klassenkameraden für den Transport des Schachbrettes hin und her angewiesen waren. Den Windsorknoten für die Krawatte bekam ich im Physiksaal von Jörn Flasdieck mithilfe eines langen Papierstreifens beigebracht.

Ein schreckliches Erlebnis widerfuhr mir einmal in der großen Pause, als von vorne ein Dreiecklineal zu mir nach hinten geflogen kam. Es flog natürlich wieder zurück, und so einige Male im Zimmer umher. Mein letzter Wurf landete so unglücklich bei einem Kameraden, dass er laut aufschrie; ich hatte ihn ins Auge getroffen. Der behandelnde Arzt verband ihm das verletzte Auge und meinte, es sei alles gar nicht so dramatisch; alles sei wieder gut. Doch Tage später stellten sich Komplikationen ein und eine Operation war nicht mehr abzuwenden. Der Sehverlust war groß und zeitlebens nicht mehr rückgängig zu machen. Ein schlechtes Gewissen ist bei mir zurückgeblieben. Es wurden daraufhin große Untersuchungen eingeleitet, um die Schuldfrage zu klären. Wegen möglicher Regressansprüche musste mein Vater sein

Monatseinkommen angeben. Er verdiente damals 270 Mark. Man kam zu dem Ergebnis, dass die Lehrerin, die im Augenblick des Unfalls am Pult gesessen hatte, es an ihrer Aufsichtspflicht hatte fehlen lassen. Sie hätte uns alle in die Pause schicken müssen, anstatt uns im Klassenzimmer zu lassen.

»Des Nescht misse ma ausräuchere!«

Auf dem Schloss war mal wieder ein »Großunternehmen« fällig. Nach langer Planung hatte ich endlich meine Freunde ausgesucht, sodass wir unseren ausgeheckten Plan in die Tat umsetzen konnten. Es ging um die Erforschung der Stelle, die uns schon zweimal in diesem Buch begegnet ist: des rechten kleinen Bogens unter der Scheffelterrasse, dieses Mal mit dem speziellen Interesse für die geheimnisumwitterte Höhle im linken hinteren Ende. Von anderen Freunden wurden wir gewarnt: Diese Höhle führe bis hinaus zur Teufelskanzel, dem damaligen Aussichtspunkt oberhalb der Schlierbacher Landstraße. Ungefähr auf halber Strecke, also nach circa 700 Metern, sei aber ein unterirdischer See, der die vollständige Erforschung der Höhle behindere, es sei denn, man würde hindurch waten oder gar schwimmend versuchen, ihn zu überwinden. Ob diese Beschreibung der Wahrheit entsprach? Unsere Fantasie bereicherte sie auf jeden Fall und ich konnte gespannt sein auf die Reaktion meiner Freunde. Die allgemeine Begeisterung war jedenfalls groß. Nur einen verließ der Mut. Er meinte: »Isch glaab, isch muss emol kacke!« Er verschwand und kehrte nicht wieder. (Er hatte wohl Schiss bekommen.) Es gab noch einen zweiten Freund, ausgerechnet der kleinste, der für diese Expedition geradezu prädestiniert gewesen wäre, weil er weniger mühevoll als die anderen ins Dunkel der niedrigen Höhle hätte eintauchen können. »Nä, isch bleib do drauße. Äner muss jo uffbasse un a die Faderoll halde!« Er meinte die Fadenrolle mit dem abzuwickelnden Bindfaden (Stärke zwölf), um die Länge der Höhle zu messen.

Ich, als der Anführer dieser wagemutigen Jungen, trug in meiner rechten Hand eine große Laterne, die Klaus Fabis mitgebracht hatte. Bestückt war sie mit einer dicken Kerze, die uns lange genug Licht spendete und auch als Warnutensil dienen konnte. Wäre die Kerze nämlich erloschen, dann – das wussten wir – wäre der Sauerstoff knapp geworden. Um mein linkes Handgelenk hatte ich den Anfang des schwarzen Bindfadens gelegt. Zuerst auf dem Bauch rutschend drangen wir sechs Jungen nun ins Ungewisse hinein. Bald hatte uns, bis auf den schwachen Schein der Laterne, die Dunkelheit umhüllt. Nach wenigen Minuten rief ich:»Ende! 'S geht nät mehr weida!« Doch die Enttäuschung aller war zu früh gekommen.»Nä! Do, uff der reschde Seit is än Durschbruch!« Wir rutschen einer nach dem anderen durch dieses quadratische Loch und befanden uns in einem schmalen parallelen Gang, in dem wir nun gebückt oder in der Hocke weiterwatscheln konnten. Dieser Gang war rundherum mit behauenen Sandsteinen gemauert. Er führte noch eine ganz schöne Strecke ins Innere, bis unser Weg vor uns dann total verschüttet war. Ende.»Äääh!«, schrie ich laut. »Ä Fledermaus!« Als ob das ein Signal höchster Gefahr gewesen wäre, kehrten alle um und flüchteten dem Ausgang zu. Tatsächlich hing vor meinen Augen an der Decke ein solches Fledertier. Schreiend fuhr ich herum und zerbrach dabei eine der vier Glasscheiben der Laterne, worüber ihr Eigentümer hernach sehr ungehalten reagierte.»Zweävärzisch Meter weit ward ihr drin«, berichtete am Ausgang der etwas Ängstliche voller Stolz. Der, der sich in der Rolle als Aufpasser und Rollenhalter unheimlich wichtig vorkam und davon überzeugt war, dass ohne ihn dieses Unternehmen gar nicht hätte stattfinden können.

In meiner Gymnasialzeit war es mir des Öfteren vergönnt – neben den Turnstunden, von denen ich sowieso nach Vorlage des ärztlichen Attestes befreit war –, auch so manch andere Unterrichtsstunde ganz offiziell schwänzen zu dürfen, dann nämlich, wenn ich im Schulorchester oder bei einer kammermusikalischen Besetzung gebraucht wurde. Eines Tages musste ich während des Schulunterrichts meine Geige von zu Hause holen. Ich schlenderte gemütlich die Kettengasse zurück in Richtung Schule. Da nahm meine sehr empfindliche Nase einen sehr eigenartigen Geruch wahr. Man konnte aber nicht behaupten, dass es schlecht roch. Doch wiederum konnte man auch nicht sagen, dass es gut roch. Die Fenster unseres Klassenzimmers, das im »Schlauch« zu ebener Erde lag, standen sperrangelweit offen. Der von mir jetzt eindeutig identifizierte Geruch – oder üble Gestank, muss man sagen, nämlich Schwefelwasserstoff – ließ mich Unheilvolles vermuten. In der Tat! Drei meiner Klassenkameraden hatten eine Stinkbombe losgelassen, deren Wirkung nachgerade fatal war. Meine früher selbstgebastelten aus Zelluloid waren da nichts dagegen. Ich selbst hatte diese verbesserte Rezeptur gerade vor wenigen Tagen zu Hause auf den Stufen, die zur Wohnung von Frau Schmidt hoch führten, mit großem Erfolg ausprobiert: Das schwer entzündbare, sehr feine Aluminiumpulver, vermischt mit Schwefelpulver, verschmolz urplötzlich mit einer äußerst heftigen, ungestümen Reaktion zu einem Klumpen von Aluminiumsulfat. Zurück blieb eine schwarze eingebrannte Stelle auf der Holzstufe. Diese zunächst schwach riechende Substanz entfaltete erst unter dem Zusatz von Wasser ihr volles »Aroma«. Außer unserem Klassenzimmer waren auch alle Räume im darüberliegenden Geschoss von dem penetranten Gestank verpestet und die Schüler wurden evakuiert. Unser damaliger Englischlehrer, Professor Ott, schrie mit seiner sanften Stimme: »Wer war das? Die gesamte Schule ist von der Polizei umstellt!« Diese Geschichte hatte kurz vor der Vergabe der Zeugnisse stattgefunden. Der Klassenlehrer, Herr Kalbe, appellierte an meine Klassenkameraden, die das inszeniert hatten, sie mögen sich bitte melden, oder alle – außer mir natürlich – würden mit einer saftigen Strafe belegt werden. Er versprach den Übeltätern, diesen Vorfall nicht mit einem Eintrag in ihren Zeugnissen zu erwähnen. Die drei meldeten sich daraufhin und er hielt sein Versprechen – fast! In ihren Zeugnissen stand nämlich hinter »Benehmen« die Note »Gut. Bis auf einen Fall.« Nun ja, damit konnte man leben.

Nebenbei bemerkt: Professor Ott, der gerne von seiner Begegnung und seinen Gesprächen mit Sven Hedin in der Wüste Gobi erzählte, galt als großer Stenograf. In seinem ehemaligen Verein hatte er es auf eine erstaunliche Anzahl von Silben gebracht. Wenn ich mich richtig erinnere, hat er auch das Wort »Kürzel« geschaffen. Ein Kürzel ist die Zusammenraffung, die Reduktion eines ganzen Satzteiles auf ein einziges Zeichen. So stammt zum Beispiel auch das Kürzel von ihm »Ich stehe auf dem Standpunkt«: Es ist eine Eins mit einem Punkt darunter.

Eines Morgens wurde ich in helle Aufruhr versetzt. In der Schule erhielt ich während einer Pause die Anfrage, ob ich am Abend desselben Tages für einen erkrankten Geiger einspringen könnte. Ein gewisser Rechtsanwalt Dr. Schiffer war auf der Suche nach einem Ersatz bei uns zu Hause erschienen. Auf dem Programm stünde das *Brandenburgische Konzert Nr. 5* von Johann Sebastian Bach. Ich wusste, dass dieses Konzert zur Begleitung der Solisten ein Orchester erforderte, aber ich sollte den Solopart übernehmen. Da ich keine Noten zum Üben erhalten hatte, musste ich mich mit dem Lesen des kleinen Notendrucks einer *Eulenburg*-Taschenpartitur behelfen; mein Musiklehrer, Dr. Rahner, hatte sie mir besorgt. Von der Musikunterrichtsstunde wurde ich befreit und zu Hause fing ich sogleich wie ein Berserker an zu üben. Es handelte sich, wie ich dann erfuhr, jedoch nur um einen Hausmusikabend bei Schiffers. Das Orchester bestand aus lauter Solisten, das heißt, jede Stimme war einfach besetzt. Die eigentlichen Solisten, die Flötistin Fräulein Schmidt-Eisener (»Pünktchen« genannt) und ich, standen angespannt zwischen dem Orchester und den geladenen Gästen, die sich in Sesseln und auf Stühlen in freudiger Erwartung des Konzertes bequem niedergelassen hatten. Dr. Schiffer saß für den Cembalopart an seinem Flügel. Es war ein recht gut gelungener Konzertabend. Mein Spiel war überzeugend und so war ich auf viele Jahre hinaus bei fast allen Hausmusikabenden bei Schiffers engagiert. Ein freundschaftliches Verhältnis hatte sich zudem zwischen dem Gastgeber mit seiner lieben, stets aufmerksamen Frau Barbara und mir angebahnt. Ausflüge, Wanderungen, zu Fuß und mit dem Fahrrad, Einkehr in Gaststätten: Dies alles bereicherte mein Leben, kostete mich aber zugleich auch große Opfer an Zeit.

Als ich noch nicht vom Turnunterricht befreit war, zog ich mit der Klasse einmal wöchentlich in die Turnhalle am Klingenteich. Der Rückweg verzögerte sich immer, je nachdem, ob eine folgende Unterrichtsstunde langweilig zu werden versprach oder ein Lehrer nicht gerade zu unseren Lieblingen zählte. Der saß dann wartend alleine im Klassenzimmer und erhielt nach unserer verspäteten Rückkehr von uns die obligatorische Ausrede, die Schranken des Eisenbahnüberganges seien geschlossen gewesen. Das stimmte auch. Unsere Eile war aber nie übertrieben, Hetze schadet. Im Gegenteil: Wir warteten darauf, bis die Schranken geschlossen wurden, weil wir den Zug vorbeifahren sehen und den Fahrgästen zuwinken wollten. Und wenn dann manchmal die Schranken geschlossen blieben, weil ein Gegenzug erst noch passieren musste, dann waren wir überglücklich und die nachfolgende Unterrichtsstunde zur Hälfte vorbei. Es war einfach schön, den die Anlage heraufschnaufenden Bummelzug zu beobachten, bis dann seine Lokomotive vor der Einfahrt in den Tunnel ein mehrmaliges schrilles Pfeifen von sich gab und in ihm verschwand, dicke Rauchwolken mit weißem Wasserdampf zurücklassend, die sich zum Teil zunächst vor dem Tunnel stauten, weil sie nicht sogleich alle mit in ihn hineingezogen werden konnten. Wenn dann das »schwarze Loch« allmählich wieder zum Vorschein kam, atmeten wir noch mit einigen tiefen Zügen den aphrodisierenden Geruch ein, der stets dem total geschwärzten Tunnel entströmte.

Im Laufe meiner Kindheit hatte ich es immer wieder mit kleinen Tierchen zu tun. Es waren nicht nur meine Frösche, Unken und Feuersalamander, es waren auch Läuse und Wespen. Beim Friseur *Werner* in der Augustinergasse saß ich brav auf einer kleinen Erhöhung, die auf den ledernen Frisiersessel gelegt worden war. Sonst hätte er sicherlich wegen der stets gebückten Haltung und der Rückenschmerzen frühzeitig in Rente gehen müssen. Ich beobachtete mich interessiert im Spiegel, wie mein zu langes Haar – Putzwolle, wie meine Mutter sich auszudrücken pflegte – zunächst mit Hilfe einer Handschneidemaschine, »Hundeschere« genannt, und dann noch mit einer normalen Schere wieder auf ein Normalmaß reduziert wurde. Der Friseur sagte nichts, musste aber sehr wohl bemerkt haben, wie eine Laus nach der anderen von meinem Kopf auf das weiße Tuch um meinen Oberkörper herunterpurzelte und alle verstört herumkrabbelnd allmählich die gesamte weiße Fläche bevölkerten. Ich schämte mich furchtbar, ließ dies aber nur durch meinen hochroten Kopf erkennen. Läuse zu haben galt als Schande. Aber alle hatten sie! Zu Hause angekommen, erzählte ich meiner Mutter sogleich von diesen lästigen Tierchen. «Die mache ma glei weg!« Ich befürchtete, dass sie nun mein edles Haupt mit Petroleum bearbeiten würde; das war damals so üblich, wenn auch nicht ganz ungefährlich. Nein, sie hatte eine bessere Methode, die genauso erfolgreich, aber nicht so unangenehm war. Ich zog mein Hemd aus, meine Mutter griff mit der einen Hand in eine größere Blechdose mit Schmierseife, die unter dem Wasserstein stand, und verteilte diese Schmiere einigermaßen gleichmäßig auf meinem über dem Wasserstein hängenden Kopf und fing an, mit beiden Händen kräftig die Kopfhaut zu massieren. Nach mehreren Spülungen mit warmem Wasser, die gleiche Prozedur nochmals. Dann sagte sie beruhigt und zufrieden:»So, jetzt sinn sie weg!«

Die sehr unangenehme, ja schmerzhafte Begegnung mit Wespen ereignete sich zu einem früheren Zeitpunkt. Mit Freunden hatte ich auf dem Karlsplatz an einem Baumstamm das Schlupfloch zu einem Wespennest entdeckt. Viele dieser gefürchteten Insekten schwirrten nervös vor dem Eingang zu ihrem Heim herum. »Des Nescht misse ma ausräuchere!« Aber wie? Natürlich am besten mit einer meiner selbstgebastelten Stinkbomben. Gesagt – getan! Das qualmende Vernichtungsobjekt steckten wir in das Loch des Baumes, hatten aber die Rechnung ohne die Wespen gemacht. Diese besaßen nämlich weiter oben einen zweiten Ausgang, einen Notausgang könnte man sagen, aus dem sie jetzt scharenweise und wütend ihren Übeltätern zu Leibe rückten. Gefunden hatten sie uns schnell, schneller als wir wegrennen konnten. Ich war barfuß und rannte die Hauptstraße entlang in Richtung Karlstor, wurde aber von diesen viel flinkeren Biestern im Nu eingeholt und zur Strafe gleich fünfmal gestochen. Das geschah mir eigentlich recht.

Zweimal habe ich es erlebt, dass der Neckar total zufror, zweimal auch, dass er besonders stark Hochwasser führte. Nachdem ein Lastwagen die Tragfähigkeit des Eises geprüft hatte, war das Betreten des zugefrorenen Flusses offiziell erlaubt, vielleicht auch nur nicht mehr verboten. Es war ein buntes Treiben auf dem Eis, ein gänzlich ungewohntes Gefühl, nun auch überall dort spazieren zu können, wo man

im Sommer höchstens mal herumschwimmen oder mit dem Paddel-
oder Ruderboot umherfahren konnte. Viele Schlittschuhläufer versuchten sich im Eiskunstlauf, was oft mit einem Bauchplatscher oder
einem Sturz auf den Allerwertesten endete. Auf unserem Speicher hatte ich ein Paar alte verrostete Schlittschuhe entdeckt, wohl aus der Zeit
des Dreißigjährigen Krieges, die mit Hilfe einer Kurbel an Stiefeln,
sogar an Halbschuhen befestigt werden konnten. So konnte auch ich
mein Glück auf dem Eis versuchen, strauchelte aber wie die meisten
Läufer. Am nächsten Tag wurde ich von einem wahnsinnigen Muskel-
kater gequält. Seine Verspätung zu Beginn des Unterrichts versuchte
ein Schüler einmal damit zu entschuldigen, er sei zur Abkürzung seines
Schulweges über das Eis gegangen, aber bei jedem Schritt nach vorne
ausgeglitten und zwei Schritte zurückgefallen. Wie er denn auf solche
Weise überhaupt in die Schule gekommen sei? Auch da war er mit einer
Antwort nicht verlegen: »Isch habb' misch umgedreht und bin dann
hier rickwärts oagekumme.«

Im Jahre 1947 gab es ein besonders schlimmes Hochwasser. Für die
vielen Bewohner in der Altstadt, die direkt am Neckar, aber auch für
diejenigen, die etwas weiter oben zur Hauptstraße hin wohnten, waren das aufregende Tage. Manche nicht unmittelbar Betroffene standen
diskutierend an den zum Fluss hinunterführenden Gassen und wurden
immer weiter nach oben zurückgedrängt, bis der Wasserstand seinen
Höhepunkt erreicht hatte. Nach einigen Tagen war das Wasser allmählich wieder in sein normales Bett zurückgekehrt und floss als schmut-
zige Brühe, zum Teil ungewöhnliche Gegenstände mit sich führend,
in seinem gewohnten Gang. Die Keller wie auch die Straßen, ja auch
zahlreiche Wohnungen im ersten Stock, waren nun voll mit Schlamm
und kleinerem Treibgut. Man ging daran, alles trockenzulegen und die
oftmals ein Stockwerk höher untergebrachten Möbel wieder in seine
Wohnung herunterzutragen. Um ein Haar wäre das Wasser sogar bei
uns in den Keller gedrückt worden, obwohl wir eigentlich weit genug
vom Neckar entfernt wohnten. Bei unserem Hausherrn jedoch, der
nur wenige Meter weiter unten wohnte, war das Grundwasser bis in
seinen Keller gedrungen. Unsere gesamte Familie war im Einsatz, um
die Kellerräume im Pfarrhaus in der Hirschstraße (so hieß die heu-
tige Heiliggeiststraße damals noch) auszuräumen. Pfarrer Heidland,
der spätere Landesbischof, und seine Frau erwähnten noch Jahrzehnte
nach dieser Hochwasserkatastrophe unsere tatkräftige Hilfe, was sie
damals mit einem schönen silbernen Tablett belohnten.

Nur wenige Jahre später mussten wir alle wieder mit anpacken,
dieses Mal bei der Familie meiner Schwester Erna, um ihr Hab und

Gut vor den schnell ansteigenden Fluten in Sicherheit zu bringen. Sie wohnte ganz unten in der Leyergasse, besonders nah am Neckar. Die Fenster ihrer Wohnung lagen so tief, dass man von der Gasse aus hätte einsteigen können. Ihre Wohnung stand letztlich vollständig unter Wasser. Auch hier brauchte es lange, bis die Wohnung austrocknete und damit wieder bezogen werden konnte.

Phoenix aus der Asche

»Selbstmörder« ist wohl eine nicht ganz korrekte Bezeichnung für jemanden, der sich selbst tötet. Ein Mord geschieht ja aus Mordlust, Habgier oder sonstigen niedrigen Beweggründen. Jemand, der sich selbst tötet, handelt bestimmt nicht aus einem solchen Motiv heraus. Sollte man diese Menschen also Selbsttöter nennen? Das klänge reichlich komisch, wäre aber zu dem gängigen Wort Selbsttötung der analoge Ausdruck. Doch in meiner Kindheit – und auch noch heute – sprach beziehungsweise spricht man eben von Selbstmördern. In der unmittelbaren Umgebung unseres Hauses gab es sie dreimal, wie ich mich erinnere.

Der erste Fall: Bei unserem Hausherrn lebte neben der Haushälterin Dedda noch eine einfache Hilfskraft mit Namen Albertine. Sie war klein, freundlich; ihr stetiges Lächeln kam nicht so sehr von ihrem schlichten Wesen, als mehr aus einer anderen Welt, aus der Welt geistiger Umnachtung. Kürzer gesagt: Sie war nicht ganz »normal«. Eines Tages – ich ging noch zur Volksschule – sprang sie aus einem Fenster, hoch über dem Hauseingang im Küchengässchen, in den Tod. Das kleine Gässchen wurde sofort an beiden Enden von der Polizei abgesperrt. Mein Blick fiel noch auf den am Boden liegenden Körper, notdürftig mit einem dunklen Tuch zugedeckt, bevor ich mich, erschüttert und innerlich ziemlich durcheinander, abwendete und auf den Schulweg machte. Die beiden anderen Selbstmorde geschahen gegenüber von uns, beide in demselben Haus. Zudem hatten die Bewohner noch den tragischen Unfall von Giselas Schwester zu beklagen, die in den Bergen tödlich verunglückte. Auf diesem Haus, so hätte man annehmen können, ruhte wohl ein Fluch. Der zweite Fall: Eine der beiden erwachsenen Töchter einer Witwe verschwand eines Tages spurlos. Man hatte zunächst ein Verbrechen nicht ausgeschlossen, aber auch einen Selbstmord ins Kalkül gezogen. Doch wo war die Leiche geblieben? Erst einige Jahre später kam dieser Fall zur Aufklärung, als Spaziergänger in der Hirschgasse, etwas oberhalb des bebauten Gebietes, auf einen Totenschädel stießen. Er war laut der angestellten Recherchen rechts den Hang heruntergekullert und im Straßengraben liegengeblieben, nachdem er sich, von alleine oder durch ein Tier, vom verwesten Körper abgelöst hatte. Unsere Nachbarin hatte sich dort oben, in nicht allzu frequentiertem Gelände, das Leben genommen. Den dritten Fall von Selbsttötung fand ich besonders erschütternd: Ich war gerade, von der Schule in der Kettengasse kommend, vor unserer Haustür angelangt, als ich erfuhr, was sich in der Metzgerei gegenüber zugetragen hatte. Ein Student war in den Laden gestürmt, war ohne Umschweife zu der Fleischertheke gerannt und hatte sich vor den Augen der Chefin gezielt das Metzgermesser in die Brust gestoßen. Er soll sofort tot gewesen sein. Es war wohl ein Medizinstudent.

Wenn wir schon bei solch schrecklichen Vorkommnissen sind, will ich auch noch ein weiteres erwähnen, das ich aus meiner Kindheit in Erinnerung behalten habe. Ein zwölfjähriger amerikanischer Junge erschoss einen Gangster. Jawohl, nicht umgekehrt. Sein Vater, Direktor einer amerikanischen Bank in Heidelberg, war daheim gezwungen worden, zu seiner Bank zu fahren, um den Tresor zu öffnen. Seine Frau und seinen Sohn wollte der Gangster als Geiseln nehmen. Dem Jungen, der vermutlich noch sein Lieblingsstofftier holen wollte, hatte der Räuber erlaubt, nochmals ins Schlafzimmer zu gehen. Er griff jedoch in die Nachttischschublade seines Vaters und holte einen Revolver heraus. Während der Fahrt durch die Mittermaierstraße tötete der Junge vom Rücksitz aus den vor ihm sitzenden Räuber mit einen Kopfschuss. Eine mutige Tat. Richtiges Handeln? Die einzige Möglichkeit? Hatte er womöglich noch schlimmeres Unheil verhütet?

In einen gefährlichen, aber zum Glück glimpflich verlaufenen Vorfall war ich selbst einmal verwickelt. Drei junge Männer waren bei der Metzgerei in der Kettengasse an der Ecke zur Merianstraße mit ihrem VW Käfer vorgefahren und boten Teppiche zum Verkauf an. Es war ein verdächtiges Trio mit ganz anderen Absichten. Ein junger, zufällig vorbeikommender oder herbeigerufener Polizist konnte noch die rechte Tür des flüchtenden VWs aufreißen und sich halb hineinwerfen. Die Tür blieb offen, denn seine beiden Beine hingen noch draußen. Der rabiate Fahrer steuerte den Wagen rechts auf das Trottoir und wollte – seine Absicht lag klar auf der Hand – den halb aus dem Auto heraushängenden Polizisten an der Wand abstreifen. Diesem gelang es aber zum Glück, ins Lenkrad zu greifen, den Wagen von der Wand wegzusteuern und ihn vor dem Eingang meiner Schule zum Stehen zu bringen. Der Zündschlüssel war abgebrochen und der Motor heulte im Vollgas noch lange auf. Ich hatte die ganze Zeit dieses aufregende Schauspiel beobachtet und rannte mit einem zu Hilfe eilenden Geschäftsmann dem Wagen nach. Es gab eine kurze Schlägerei, wobei mein Mithelfer, der mutiger und stärker war als ich, plötzlich mit von oben bis unten aufgerissener Hose dastand. Bei dem Kampf mit einem der Gauner tat ich mit dem Holzknauf meines Regenschirmes, eines Knirpses, mein mir Mögliches dazu, was danach im Polizeipräsidium auch im Protokoll festgehalten wurde. Der Polizist hatte sich den zweiten vorgenommen, während der dritte Kerl, am Gefängnis vorbei, über die Treppe nach oben flüchten konnte. Er wurde am nächsten Tag bei einer Kontrolle an der Autobahnauffahrt geschnappt.

Die beiden Gefassten mussten sich mit erhobenen Händen an eine Hauswand stellen, während der Polizist sie mit gezückter Pistole nach Waffen absuchte. Ich wollte eigentlich immer Kriminalpolizist werden und jetzt bot sich eine Gelegenheit, so etwas einmal auszuprobieren. Ich ging nach Hause, holte meine Gaspistole mit sechs Schuss (sechs Millimeter) im Magazin und stiefelte zum Schloss hinauf, wo ich den dritten Übeltäter vermutete. Erfolglos zurückgekehrt, ging ich noch zum Karlstorbahnhof und sah mich dort unter den wartenden Reisenden um, gewahrte auch bald einen jungen Mann mit einem frischen Verband an der Hand. Ich kehrte eilends zur Polizeiwache am Karlsplatz zurück und meldete aufgeregt meine Beobachtung. Einer der diensthabenden Beamten packte sein Gewehr und bat mich, im Polizeiwagen mitzufahren. In diesem Augenblick kam ich mir sehr ernst genommen vor und wähnte mich einen kleinen Schritt weiter auf meiner möglichen beruflichen Laufbahn. Nach der Überprüfung meines Verdächtigten, der sichtlich überrascht und erschrocken, aber nicht der Gesuchte war, bedankten sich die beiden Polizeibeamten bei mir und boten an, mich bis zur Wache zurückzubringen.

Auch bei Bränden war ich oft zur Stelle – obwohl ich nicht Feuerwehrmann werden wollte. Es war einfach das Interesse an ungewöhnlichen Ereignissen, das uns Jungen auf den Plan rief. Das schreckliche Erlebnis, den Synagogenbrand, den ersten Brand, den ich als Dreijähriger mit ansah, habe ich ja bereits kurz beschrieben. Ein anderer Brand war in gewisser Hinsicht ähnlich schrecklich, weil er ein Menschenleben kostete. Eines Tages brannte die Neue Universität. Das Feuer hatte sich schnell ausgebreitet, sodass das Schlimmste zu befürchten war. Studenten trugen eiligst Bücher aus dem Bibliotheksraum im seitlichen Anbau, der die Grabengasse hoch führt, um sie vor dem Zugriff der Flammen in Sicherheit zu bringen. Die eigentliche Universitätsbibliothek auf der anderen Seite der Grabengasse, heute mit einem Bestand von mehr als zwei Millionen Bänden und somit eine der größten in Deutschland, war zum Glück durch den Brand nicht unmittelbar gefährdet. Feuerwehren aus der näheren Umgebung, ja sogar aus Mannheim, waren zur Verstärkung ausgerückt, um die Feuersbrunst zu bekämpfen. Die Hitzeentwicklung war so stark, dass auf der linken Vorderseite der Universität, hinter der die Aula lag, große Risse im Mauerwerk entstanden. An der rechten Seite, zur Grabengasse hin, hing in einem der oberen Stockwerke ein lebloser Körper zum Fenster hinaus. Der Hausmeister der Neuen Universität, so hieß es, sei auf der Flucht vor den Flammen durch eine Rauchvergiftung ums Leben gekommen. Die Rettungsversuche durch die Feuerwehr, die eine lange Leiter zum Fenster hinauf ausgefahren hatte, blieben erfolglos – sie konnte ihn nur noch tot bergen. Es war schrecklich mit anzusehen, wie er, halb zugedeckt, die Leiter heruntergebracht wurde, ausgestreckt wie auf einem Schlitten. Seine amerikanischen Militärstiefel schauten unter den Tüchern hervor.

Der dritte spektakuläre Brand, den ich in meiner Heimatstadt erlebt habe, war auf der anderen Seite des Neckars, ganz in der Nähe des Stauwehrs, als das *Hotel Hirschgasse* in Flammen aufging. Das wiedererrichtete Hotel wird heute als historisches Mensurhaus angezeigt, weil sich dort der alte Paukboden der Studenten befand. Unzählige Mensuren wurden dort ausgetragen. Das Gebäude brannte lichterloh und das schon ziemlich lange, ehe die Feuerwehr eintraf, die zwar schnell war, aber mit ihren Löscharbeiten nicht gleich beginnen konnte. Sämtliche Löschleitungen waren zugefroren, Pumpen mussten eingesetzt werden, nachdem Schläuche bis zum Neckar hinunter ausgerollt worden waren, um dem Fluss das Löschwasser zu entnehmen. Ich beobachtete mit einem Freund von einem halbrunden Terrassenvorsprung einer Privatvilla aus dieses brennende Inferno, keine fünf Meter entfernt. Der gesamte Dachstuhl stand bereits in hellen Flammen. Gespenstisch war dieses Flammenmeer mit dem dunklen Nachthimmel darüber. Vor uns, fast greifbar nahe, bemühte sich ein Feuerwehrmann mit dem inzwischen angekommenen Wasser, die Spritze fest in seinen Händen, den wild tobenden Brand einzudämmen, aber es war nur ein Tropfen auf den heißen Stein. Er war auf eine Außenseite der Hausmauer gestiegen, stand hoch oben auf der Fußpfette, die die Sparren aufnahm. Die Dachziegel waren schon längst nach unten gestürzt und die Tatsache, dass er auf diesem Balken stand, wurde ihm zum Verhängnis. Der Dachstuhl krachte plötzlich in sich zusammen und riss auch die Fußpfette mit in die Tiefe. Vor unseren Augen verschwand der Helfer in dem lodernden Feuer. Ein Aufschrei des Entsetzens ging durch die Reihe der Zeugen, ohne dass auch nur einer von ihnen imstande gewesen wäre, helfend einzugreifen. Wir trauten unseren Augen nicht, als nach einer kurzen Weile der abgestürzte Feuerwehrmann nicht wie der Phönix aus der Asche, sondern aus der Tiefe des brennenden Hauses wieder in Erscheinung trat. Der durchtrainierte Mann hangelte sich an seinem Löschschlauch aus dieser Hölle heraus und schien unverletzt, denn er blieb weiterhin im Einsatz.

Jeannette und Ginette waren zwei süße kleine Französinnen, Zwillinge, in meinem Alter, also ungefähr elf oder zwölf Jahre alt. Aber es waren zwei Biester! Sie wohnten gegenüber, waren kurz nach dem Krieg hier einquartiert worden. Sie waren sehr sicher in ihrem Auftreten und wussten wohl, dass sie sich uns Deutschen gegenüber so allerlei erlauben konnten, ohne belangt zu werden. Sie gehörten ja zu den »Siegern«. Warum ich die beiden in einem Nachtrag erwähne? Viele Jahre später las ich in der *Rhein-Neckar-Zeitung*, die meine Eltern abonniert hatten (Kosten: 2,40 Mark pro Monat), dass sich eine Jeannette und eine Ginette mit ihrem Bruder vor dem Schwurgericht verantworten mussten, weil sie einen Mann mit einer Bierflasche erschlagen hatten. Die Verhandlung war öffentlich und ich hatte eigentlich vor, den Prozess im Gerichtssaal zu verfolgen, war ich doch überzeugt, dass es sich um jene Zwillinge handelte, die ehemals unsere Nachbarn waren. Aus irgendeinem Grund nahm ich die Gerichtstermine dann doch nicht wahr, obgleich ich immer mal einem Prozess im Gerichtssaal – hautnah – beiwohnen wollte.

»Mit dem Geigekaschde«

Rechts von unserem Haus, an der Ecke zum Küchengässchen, war das Kolonialwarengeschäft des Herrn Goebel und einige Häuser weiter links das Lebensmittelgeschäft des Herrn Jeckel. Kolonialwarengeschäft nannte man es wohl noch in Erinnerung an die Zeit, als das Deutsche Reich im Besitz von Kolonien war und alle möglichen Nahrungsmittel, Gewürze et cetera aus diesen exotischen Ländern importierte. In meiner Kindheit war es aber ein ganz normales Geschäft, in dem man Lebensmittel für den täglichen Gebrauch kaufen konnte, wenn auch wesentlich größer als das des Herrn Jeckel. Beide Besitzer standen stets weiß gekleidet wie Ärzte in ihrem Geschäft. Der Goebel, mittelgroß und dick, immer freundlich, mit einer Brille, die ihm dauernd auf seiner Nase herunterrutschte. Der Jeckel lang, dünn und durchsichtig. Im Wortschwall stand der Jeckel dem Goebel in nichts nach, er übertraf ihn vielleicht noch um einiges. Gemeinsam war ih-

nen ihre Herkunft: Beide waren »wascheschte« Nicht-Heidelberger.
Ihr Hochdeutsch hatte sie verraten. Bei Frau Jeckel war ich mir nicht
so ganz sicher, welcher Abstammung sie war. Sie stand ebenfalls im
Geschäft, erinnerte mich an eine überdimensionierte Schleiereule und
redete fast überhaupt nicht. Immer, wenn ich darauf achten wollte,
welchen Dialekt sie sprach, war ihr Reden schon wieder vorbei.

Ich war Schüler der Quinta, also ungefähr zwölf bis dreizehn Jahre
alt, als ich mir beim Jeckel einige Groschen verdienen durfte. Nach der
Überprüfung meiner Ehrlichkeit war ich als Aushilfskraft bei ihm gerne gesehen. Eines Tages hatte er nämlich eine größere Menge Bonbons
hinter der Verkaufstheke ausgebreitet und sie sicherlich vorher genau
gezählt. An ihnen musste ich häufig, nicht immer unter Beobachtung,
vorbeigehen. Als dies oft genug geschehen war und natürlich keine
Bonbons fehlten, erschien ich ihm ausreichend vertrauenswürdig, sodass er mich sogar zum Einzahlen von Bargeld in seiner Bank beauf-
tragte. Alle paar Tage fuhren Pferdegespanne durch die Straßen, die
damaligen Lieferfahrzeuge für Stangeneis. In dicke Jutesäcke gehüllt,
wurden diese Stangen in die Geschäfte getragen und dort, entweder
ganz oder in kleine Stücke zerstoßen, in Kühlschränke oder -truhen
gelegt. Im Hinterzimmer des Geschäftes mühte ich mich mit dem He-
rumschleppen von Kisten und Kartons ab und durfte auch die Regale
vorne im Laden mit Lebensmitteln auffüllen. Eines Tages – es war ja
noch die Notzeit kurz nach Kriegsende – hatte es eine Sonderzutei-
lung eines verpackten Lebensmittels gegeben. Es hatte sich schnell herumgesprochen und die Leute standen Schlange, um wenigstens ein
Paket zu ergattern. Ich holte die Pakete aus den Kartons und reichte
sie meinem Chef. Im Nu waren alle verkauft. Herr Jeckel verkündete
daraufhin: »Ausverkauft! Schluss! Es ist nichts mehr da!« – »Doch«,
meldete ich mich zu Wort. »In demm Katong is noch ä Paket!« Da fun-
kelte er mich wütend an und wiederholte: »Ausverkauft! Schluss!« Ich
verstand sofort und sagte laut: »Ja! Ausverkauft! 'S is nix mehr do!«
Das letzte Paket hatte der liebe Jeckel nämlich für mich vorgesehen.

Irgendwann wurde bekannt, dass der Jeckel verstorben sei. Wir
Jungen waren des Öfteren vor Ort, wenn ein schwarzer Sarg aus einem
Haus getragen und im Leichenauto verstaut wurde. (Obwohl wir auch
diesen Beruf, Bestatter, mit Sicherheit später nicht ausüben wollten.)
So waren wir auch hier erschienen. Außer einem leicht unheimlichen
Gefühl erfuhren wir im Allgemeinen bei solchen Gelegenheiten nichts.
Anders war es, als wir sahen, wie der Sarg mit Herrn Jeckel aus dem
Hause getragen wurde. Er konnte ja nicht besonders schwer gewesen
sein, aber die Sargträger waren betrunken, so erzählte man, und ließen

den Sarg auf die Straße fallen. Der Sargdeckel sprang hoch und der bleiche und steife tote Jeckel konnte durch diesen unvorhergesehenen Umstand nochmals einen letzten kurzen Blick auf das ihn umgebende Leben werfen, bevor der Deckel über ihm schnell wieder zuschlug und ihn endgültig in die ewige Dunkelheit verfrachtete.

Spielen und Basteln verdrängten auch weiterhin einen großen Teil der Aufgaben, die mir durch den Besuch des Gymnasiums auferlegt wurden. Doch hatte ich keine Schwierigkeiten, ein guter, in manchen Fächern sogar sehr guter Schüler zu bleiben. Das Geigenspiel dagegen sah ich schon früh als Verpflichtung an, da mogelte ich nicht. Ich wusste, wenn man einmal Solist werden wollte (das schwebte mir lange Zeit vor), war eine äußerst harte Arbeit unumgänglich. Es hatte sich in Heidelberg allmählich herumgesprochen, dass ich ein sehr guter Geiger war, was zur Folge hatte, dass ich überall um meine Mitwirkung gebeten wurde. Oft musste ich bei Hochzeiten in den Kirchen oder auch privat etwas vortragen. Ein Programm für private Auftritte war da oft schwerlich zu finden. Nicht nur, weil manche der selbsternannten Musikliebhaber auch schon einmal Chopin von mir hören wollten. Anspruchsvolle Solostücke für die Geige waren mir anfangs noch nicht geläufig, sodass mir nichts anderes übrig blieb, als auch einmal zum Beispiel eine schöne *Kreutzer-Etüde*, die mir besonders lag, vor erlauchter Hochzeitsgesellschaft vorzutragen. Fünf oder gar zehn Mark waren da schnell zu verdienen. Mein bestes Honorar erhielt ich einmal, allerdings schon wesentlich älter geworden, mit meinem Streichquartett bei einer Hochzeit in der Schlosskapelle: 20 Mark für jeden der Quartettkollegen!

Ich spielte nicht nur bei den eben erwähnten Gelegenheiten Geige, sondern auch bei Gottesdiensten, Messen, Weihnachtsfeiern, kurz überall dort, wo eine musikalische Umrahmung erwünscht war. Es gab in Heidelberg keinen Stadtteil und keine Kirche, die ich nicht besuchte. So vermerkte ich in einem späteren Notizbuch, nämlich 1952, bereits 75 Auftritte, die in den folgenden Jahren noch zunahmen.

Regelmäßig holte mich Herr Schmitt von der städtischen Bildstelle in der Theaterstraße zu seinen Aufführungen in die Kreuzkirche nach Wieblingen. Er übte dort die Funktion des Laienkantors aus, der viele Bach-Kantaten zur Aufführung gebracht hatte. So war ich nach einigen Proben auch wieder einmal zu einem Konzert um halb neun bestellt. Da es schon Abend geworden war, wollte mich meine Mutter nicht alleine mit der Straßenbahnlinie 5 zu dem entlegenen Stadtteil fahren lassen und begleitete mich deshalb. Doch als wir ankamen, lag die Kirche im Dunkeln und kein Mensch war zu sehen. Meine Überraschung war groß, als ich erfuhr, dass ich morgens um halb neun hätte

erscheinen sollen. Eine ungewohnte Zeit, denn vor einer Aufführung
hatte Herr Schmitt noch nie eine Einspielprobe eingeplant. Natürlich
war diese Uhrzeit abends ebenfalls ungewöhnlich für ein Konzert. Das
hätte ich mir eigentlich denken können! Meine erste Begegnung mit Universitätsmusikdirektor Prof. Dr.
Hermann Meinhard Poppen fand zu einer Zeit statt, als ich noch ein
kleiner Knirps war, zwar schon ein wenig erfahren im Orchesterspiel,
aber eigentlich noch nicht geeignet für die Stelle als Konzertmeister,
für die ich von ihm ins Kirchenmusikalische Institut in der Anlage bestellt worden war. Er war der Leiter dieses Institutes. Ich saß ziemlich
aufgeregt am ersten Pult, spielte mich mit einigen Floskeln, die mir
besonders gut lagen, vor dem Beginn der Probe etwas ein, während
die Studenten hinter mir ihre festen Plätze einnahmen. Als Poppen den
Proberaum betrat, staunte er nicht schlecht, wer sich da als Konzertmeister ans erste Pult gesetzt hatte. Es war ein Irrtum, wie sich sogleich
herausstellte: Er glaubte, meinen Bruder Emil bestellt zu haben. Der
war aber schon einige Jahre tot. Er ließ mich trotzdem auf meinem
Platz sitzen, war höchst erstaunt über meine Fähigkeiten als Konzertmeister und meinte, meine Kollegen immerfort kritisierend, dass ich
kleiner Kerl viel besser und sicherer spiele als sie alle zusammen und
sie mich doch bitteschön als Vorbild nehmen mögen.

Eingebildet ob solchen Lobes war ich nie. Ich freute mich natürlich.
Aber mit zunehmendem Bekanntheitsgrade in Heidelberg reifte in mir
so eine Art Wertgefühl – besonders im Kreise meiner Mitgeiger –, aus
dem ich so etwas wie einen Wunsch und einen Anspruch auf Beachtung ableitete. Anders kann ich es mir nicht erklären, dass ich bei einer
Veranstaltung der Evangelischen Jugend in den Räumen eines ehemaligen Einkaufszentrums in der Sophienstraße, nach einer Weile des mü-
ßigen Herumstehens, einfach meine Geige wieder in den Kasten legte,
ihn verschloss und wütend abdampfte, ohne einen Ton gespielt zu haben. Das alles, weil man mich in keiner Weise beachtet, ja noch nicht
einmal begrüßt hatte. Eine solche Entschiedenheit, ein solches Auftreten, konnte man eigentlich nicht aus einem solch »leppdepp'schen«
Gesichtsausdruck herauslesen, wie ihn ein Foto (siehe Bildteil), an
meinem Konfirmationstag aufgenommen, zeigt. Ja, vielleicht doch die
Fähigkeit zu Destruktivem und Dummheiten! Verlegen war ich bei fo-
tografischen Aufnahmen ja immer.

Schnell möchte ich dem Bildteil noch einige weitere Fotos von mir
hinzufügen, die zwar die soeben ausgesprochene Vermutung nicht gerade auszuräumen vermögen, aber vielleicht imstande sein könnten,
die Meinung des geschätzten Lesers über mich zu relativieren. Ja, ich

hoffe sogar, dass er meine Behauptung über meine Nicht-Fotogenität dann eher mit mir teilen kann.

Im Hauptgottesdienst war unter dem Geläut aller vier Glocken die kirchliche Amtshandlung der Konfirmation während der Einsegnung vollzogen worden. Der auf die Konfirmation ausgerichtete Unterricht war mit der Prüfung schon in einem vorausgegangenen Gottesdienst vor der Gemeinde abgeschlossen worden. Am Konfirmationstag zogen wir in langen Reihen vom Pfarrhaus aus über den Marktplatz in die Kirche ein. Vor uns gingen Pfarrer Heidland mit Barett als Kopfbedeckung und einige Kirchenälteste, darunter auch mein Vater. Er trug einen Zylinder. Das beginnende volle Orgelspiel beim Betreten des Kirchenraumes und die sich erhebende Gemeinde gaben einen festlichen Rahmen ab. Zwei Jahre Christenlehre, die zur Vertiefung des christlichen Glaubens dienen sollten, schlossen sich der Konfirmation an. Danach verabschiedeten sich die meisten der Heranwachsenden von der Institution Kirche, um sich höchstens bei ihrer Trauung, bei Kindstaufen oder kurz vor ihrem Tod, wenn noch Zeit dazu war, vielleicht an ihr bei der Konfirmation gegebenes Versprechen zu erinnern.

Wie schon erwähnt, nahm das Spielen mit Freunden, zum Beispiel auf dem riesigen Grundstück von Luckenbachs in der Klingenteichstraße, das bis zum Kleinen Riesenstein hinaufführte, weiterhin einen großen Teil meiner Freizeit ein, auch wenn dieses Spielen allmählich zugunsten eines anspruchsvolleren Bastelns in den Hintergrund trat. Wir hatten unten an unserer Haustür eine Klingelleiste mit insgesamt vier Klingelknöpfen. Drei davon waren überflüssig: der erste für das Koffergeschäft nebenan, der zweite für die nicht belegte Wohnung im zweiten Stockwerk und der vierte, der kaputt war, für Frau Schmidt über uns. Sollte Frau Schmidt auf den Plan gerufen werden, so klingelte man bei uns eben zweimal. Der obere Knopf war herausgebrochen; das gähnende Loch regte sogleich meine Fantasie an. Das würde meine Geheimklingel werden. Nachdem ich festgestellt hatte, dass man innen nur die beiden Metalllamellen zu überbrücken brauchte und es dann oben klingelte, trennte ich die Leitung zu Frau Schmidts Wohnung ab, die an unserer Gasuhr im Hausgang (dem Versteck für unseren Küchenschlüssel) vorbeilief, und führte das von unten kommende Ende durch ein in die Wand gebohrtes Loch in den Alkoven, von hier an der Decke entlang in mein Zimmer hinter der Küche bis zu der in der Mitte hängenden Deckenlampe. In ihrem metallenen Baldachin versteckte ich einen elektrischen Summer und schloss ihn an die Leitung an. Nun brauchte ich meinen Freunden nur noch mitzuteilen, dass sie einen kleinen Schlüssel in das offene Loch der Klingelleiste hineinzustecken brauchten, wenn sie mich erreichen wollten und schon würde ich in meinem Zimmer benachrichtigt. Meine Anwesenheit natürlich vorausgesetzt. Von all meinen vorgenommenen Arbeiten hatte zu Hause niemand etwas erfahren. Aber schon wenige Tage nach erfolgter Installation war die Hölle los, als ich von der Schule heimkam. Meine Mutter, aber vor allem meine Schwägerin Gerda, waren beide mit ihren Nerven am Ende. Was da los sei, war ihre erste Frage an mich. In meinem Zimmer summe es laut ununterbrochen seit über zwei Stunden und sie wüssten nicht, was die Ursache sei. Zwar könnten sie das nervende Geräusch einigermaßen lokalisieren, sie wüssten, dass es von oben, »aus der Decke« oberhalb der Lampe käme. Von der von mir installierten Leitung konnten sie aber nichts sehen, da ich sie geschickt dicht neben dem auf Putz liegenden Rohr, in dem die elektrischen Kabel zur Lampe liefen, verborgen hatte. Ich stellte das zermürbende Summen ab und beseitigte die Fehlerquelle: Die beiden Metallzungen im hohlen Klingelknopf waren sich aus unerklärlichen Gründen zu nahe gekommen und hatten Daueralarm ausgelöst. »'S is doch alles wieder gut. Warum regt ihr euch denn so uff?«, versuchte ich die immer noch verstörten Lieben zu beruhigen.

Sehr gerührt war ich von dem großen Geschenk meines Freundes Dieter, der mir zu meinem Geburtstag fünf kleine Kippschalter brachte. Das Stück kostete immerhin 50 Pfennig. Dieter wusste, dass ich diese zum Bau eines Funkgerätes, dessen Plan ich ihm gezeigt hatte, benötigte. Ich hatte die Absicht, mit einem solchen Gerät Signale zu meinem Freund Joachim auf der gegenüberliegenden Straßenseite zu senden. In einem Holzkasten, den ich über meinem Bett an der Wand zu befestigen gedachte, war die einfache Technik untergebracht. Mithilfe einer richtigen Morsetaste aus dem Zweiten Weltkrieg sollten die Signale zu Joachim gesendet werden, die er dann nach seinem Belieben entweder mit einem Signallämpchen oder mit einem Summer, oder mit beidem empfangen konnte. Es handelte sich natürlich nicht um eine drahtlose Übermittlung der ausgemachten Zeichen. Da lag das große Problem. Ich musste die Leitung über die Hauptstraße zu seiner Wohnung hoch oben im vierten Stockwerk bringen. Ein Hindernis waren da die Stromleitungen der Straßenbahn, deren Überwindung mir Rätsel aufgaben. Ich hatte vor, von meinem Fenster aus eine lange trockene Kordel über die beiden stromführenden Drähte zu werfen, die Joachim dann auf der anderen Seite mit einer heruntergelassenen Schnur zu sich hochziehen sollte. War die Schnur erst einmal gespannt, dann hätte ich unseren dünnen Klingeldraht an ihr herüberziehen können. Entweder hatte uns dies jemand verboten oder wir kamen selbst darauf, dass wir, wäre unser dünnes Kabel gerissen, möglicherweise Passanten unter Strom gesetzt hätten. Also ließen wir unseren so schönen Plan wieder fallen.

Mit Joachim schloss ich einmal beinahe eine Wette ab, als wir beide zusammen in der Straßenbahn fuhren. Der 20. Juni 1948, das Datum der Währungsreform, an dem das neue Geld, die D-Mark (40 Mark pro Kopf) ausgegeben wurde, lag nur wenige Tage zurück. Der Schaffner drängte sich durch das Innere der überfüllten Straßenbahn und verkaufte seine Fahrscheine. Vor dem Weiterfahren an einer Haltestelle zog er stets an der beiderseits über den Köpfen der Fahrgäste angebrachten ledernen Leine. Ein »Bim« erklang, was das Zeichen für den Straßenbahnfahrer zur Weiterfahrt war. Zweimal kurz hintereinander gezogen hieß: »Sofort anhalten!« Es hatte mich schon immer gereizt, da oben einmal zu bimmeln und ich hatte damit angegeben, es auch zu tun. Joachim glaubte mir nicht und wollte mit mir wetten. Zehn Mark bot er mir an, ein verlockendes Angebot zu jener Zeit. Mein Blick wanderte daher oft zu der Strippe, aber den Mut brachte ich letzten Endes doch nicht auf. Schade, nur einmal ziehen und danach zehn Mark kassieren.

Wenn ich als kleiner Knopf mit meinem Geigenkasten in der Hand durch die Straßen ging, vor allem aber über den weiten Universitätsplatz, dann wurde ich oft gehänselt. »Der Weißkapp, der Scheißkapp mit demm Geigekaschde!« Ich schämte mich dann sehr und war wütend. Das war zu der Zeit, als ich bei einem Klassenausflug mit meiner Geigenlehrerin, Fräulein Buhr, nach Einkehr in ein Café noch davon schwärmte, Apfelkuchen mit Senf gegessen zu haben. Zu einer Zeit also, in der man noch so etwas Dummes tat und gleichzeitig überempfindlich war gegen verbale Angriffe von Kindern auf der Straße. Doch bald trat da eine Änderung ein. Mich störten solche blöden Bemerkungen nicht mehr, aber das wiederum störte die Störer. Als sie keine Reaktionen meinerseits mehr vernahmen, verpufften allmählich ihre Lästerungen.

Durch die Freundschaft mit den drei Söhnen des Hausmeisters der Alten Universität war mir nicht nur der freie Eintritt zu unzähligen Konzerten in der altehrwürdigen Aula gegeben, ich durfte hier ebenso ganz alleine üben, wenn keine Veranstaltungen vorgesehen waren, meistens an Wochenenden. Das war ein wunderbar beglückendes Gefühl, heraus aus der Enge meines kleinen Zimmers zu Hause, in diesem großen, akustisch angenehmen Saal Geige spielen zu können. Später sollte ich noch sehr oft mit dem Universitätsorchester hier auftreten, auch als Solist, zum Beispiel mit dem 4. *Brandenburgischen Konzert* von Johann Sebastian Bach, mit Anna Barbara Speckner am Cembalo. Das Konzert in der überfüllten Aula war ein solch durchschlagender

Erfolg, dass es eine Woche danach wiederholt werden musste. Wenn ich mir in diesem Raum beim Üben manchmal einsam und verlassen vorkam, konnte es passieren, dass ich plötzlich durch eine Führung von meist amerikanischen Touristen unterbrochen wurde. Einmal erschien ein amerikanisches Ehepaar, das mich ausdrücklich bat, mich nicht stören zu lassen, mich gar, nachdem es Platz genommen hatte, freundlich ersuchte, ihm etwas vorzuspielen. Verschämt nahm ich nach meinem Vortrag die mir in die Hand gedrückten zwei Mark entgegen. Neben diesen Übungen, Konzerten und auch Konzertbesuchen diente meinen drei Freunden und mir die Alte Aula auch noch einem anderen, eher lasterhaften Zweck. Doch davon später mehr, wenn ich es nicht vergesse.

Das »Donnerross«

Radfahren blieb für mich eine angenehme und dauerhafte sportliche Tätigkeit. Besonders liebte ich die schnellen Abfahrten auf den steilen Straßen von den Bergen. Nur mit der Rücktrittbremse – anfangs ohne Vorderradbremse – war das stets ein höchst gefährliches Unternehmen, zum Beispiel bei einer Abfahrt den Klingenteich herunter, zudem mit Joachim als Sozius auf dem Gepäckträger. Kam ich von weiter oben, von der Molkenkur oder gar vom Königstuhl, in der Anlage unten an, so rauchte und stank es oft aus der Nabe der Rücktrittbremse, was von der überhitzten Schmierung und dem Metall herrührte.

Zu einer wahren Meisterschaft brachten es ein anderer Freund und ich. Dem damals kleinen Dieter gelang es, nicht nur rennend auf die Stange meines Herrenfahrrades zu hüpfen, sondern auch wieder abzuspringen. In beiden Fällen fuhr ich mit der linken Hand am Lenker, während ich meinen rechten Arm für seinen Auf- beziehungsweise Absprung öffnen musste. Schwierig war vor allem der Absprung, denn ich hatte hier meine Geschwindigkeit seiner Fähigkeit anzupassen, zwar in Absprache mit ihm, aber...

Ja, einmal, als wir die Anlage hinunterrasten, entdeckten wir plötzlich einen Polizisten vor uns. Er ging auf dem rechten Trottoir geruhsam in unserer Richtung. Zu spät für uns! Er drehte sich erschrocken um, weil Dieter bei weit überhöhtem Tempo von meinem Fahrrad abgesprungen war und die ersten Schritte laut tappend hinter ihm hergelaufen kam. Um einen Verdacht, der dem Polizisten vielleicht gekommen sein konnte, auszuräumen, rannte Dieter genauso laut tappend am Polizisten vorbei und sprang hinter der nächsten Häuserecke, wo ich bereits auf ihn wartete, wieder auf mein schweres Vehikel.

Mein Rasen hätte einmal sehr böse enden können. Ich fuhr die Mönchgasse hinunter, die Gasse mit den vielen Schwalbennestern unter den Balkonen, um unten an der Ecke beim Fahrradhändler ein Ersatzteil zu kaufen. Ich wollte wie üblich mein Fahrrad parken, indem ich es kurz anhob, um das eine Pedal nach unten durchzutreten und es in dieser Stellung am Bordstein hinzustellen. Da brach beim Anheben der Schaft, in dem der Lenker steckte, auseinander und fiel mitsamt der Gabel und dem Vorderrad auf die Straße. Die einzige Verbindung zum ganzen vorderen Teil meines Fahrrades war somit nur noch der dünne Kabelzug zur Vorderradbremse. Der Rost hatte sich durchgefressen – zum Glück im richtigen Augenblick und nicht gerade während einer schnellen Fahrt den Berg herunter! Nun ja, mein Drahtesel war nicht der allerneuste, er war eben aus vielen Einzelteilen von einem Fahrradfriedhof zusammengesetzt worden. Wer weiß, wie weit dort die »Verwesung« bereits fortgeschritten war.

Dieter und ich hatten zusammen mit einer gemeinsamen Freundin auch einmal spontan eine Radtour unternommen. Den Tag aber hatte ich schlecht ausgewählt. Zwar war wunderbares Wetter, aber abends musste ich noch beim *Süddeutschen Rundfunk* im Saal der Sendestelle Heidelberg in der Marstallstraße bei einem Konzert des Konservatoriums beziehungsweise der Musikhochschule als Solist mitwirken. Die Proben mit dem Hochschulorchester unter der Leitung von Herrn Schulze waren gut gelaufen und ich war bester Hoffnung, auf meiner Geige wieder brillieren zu können. Wir stiegen nach dem Mittagessen auf unsere Fahrräder und radelten los. Zunächst den Neckar aufwärts bis Neckargemünd, einem alten reizenden Städtchen, und weiter ostwärts, steil nach oben zu dem kleinen mittelalterlichen Ort mit dem Namen Dilsberg, der ringförmig, einer Festung gleich, angelegt ist. Seine Einwohner, so sagte man damals gehässigerweise, könne man von ihrem Aussehen her kaum voneinander unterscheiden, weil sie alle miteinander verwandt seien. Die Abfahrt von dort oben in zunächst südlicher Richtung empfanden wir als sehr erfrischend, nachdem wir zuvor von unseren Rädern hatten absteigen und sie den Berg hinaufschieben müssen. Wir radelten vergnügt durch zahlreiche kleine Ortschaften, die lieblich anzusehen waren, von Feldern und Wäldern umrahmt. Wir drei waren so richtig berauscht von diesem so schönen warmen Sommertag.

Ich schaute immer häufiger auf die Uhr, weil ich langsam unruhig wurde, ob ich wohl zur rechten Zeit wieder zu Hause sein würde. Ich hatte an diesem Abend schließlich noch einiges zu tun. Meine beiden Begleiter zeigten durchaus Verständnis für meine wachsende Unruhe und waren auch willig, noch einen Zahn zuzulegen. Jedoch, in Wiesloch angekommen, circa 13 Kilometer von Heidelberg entfernt, löste ich mich von den beiden, weil das Mädchen mit meinem Tempo nicht hatte Schritt halten können. Ich bat Dieter darum, gut auf sie aufzupassen und verabschiedete mich. Jetzt ging meine Hetze so richtig los, über Nußloch, Leimen und Rohrbach. Ich war durch und durch nassgeschwitzt. Jetzt noch den letzten Kilometer die Plöck hinein, am Evangelischen Gemeindehaus vorbei. Ausgerechnet jetzt stand meine Mutter hier vor der Tür und unterhielt sich angeregt. Ich drehte meinen Kopf weit nach links und konnte diese für mich aufregende Stelle unerkannt passieren. Ein kräftiges Strampeln, die Straße hoch und dann links ab, die Grabengasse hinunter, quer über den Universitätsplatz, die Augustinergasse hinein und das allerletzte Stück verbotenerweise auf der Hauptstraße bis zu unserem Haus. 63 Kilometer hatte ich hinter mir! Runter vom Rad und die Treppen hoch, drei bis vier Stufen auf einmal nehmend, eine kurze Erfrischung unter dem Wasserhahn über dem Wasserstein, ein weißes Hemd angezogen, das meine Mutter schon bereit gelegt hatte, die Hose gewechselt und ab. Ach ja, die Geige, die hatte ich beinahe vergessen.

Im Sendesaal angekommen, eilte ich durch den vollbesetzten Zuhörerraum, um mich hinter der Bühne noch schnell etwas einzuspielen. Zum Glück war mein Auftritt nicht gleich zu Beginn des Konzertes, sondern laut Programm erst etwas später.

Der Posaunenchor der Heiliggeistgemeinde wurde im Jahre 1950 gegründet. Ich gehörte nicht zu der kleinen Gruppe der Allerersten, kam aber nur wenig später dazu, kann mich also im weiteren Sinne zu den Gründungsmitgliedern rechnen. War denn mein Tagesprogramm noch nicht genügend ausgefüllt? Ich interessierte mich zunächst für die mächtige Tuba. Hier konnte ich die »ganze Schnuut« ins große Mundstück hängen, die Ober- und Unterlippe, und mit vibrierenden Luftstößen Töne erzeugen. Nach einer Woche konnte ich bereits bei einfachen Chorälen mitspielen, auch wenn die aus dem Blech mühsam herausgequetschten Töne noch nicht alle einwandfrei klangen. Etwas später lernte ich noch die Zugposaune zu spielen, ein in der Spieltechnik anspruchsvolleres Instrument, weil man sich mit den Zügen leicht verhaspeln konnte und die richtige Intonation auch schwerer zu kontrollieren war. Doch schon nach ungefähr 14 Tagen gelang es mir, ebenfalls eine einfache Stimme zu spielen.

Die ersten Proben fanden auf der Marienhütte statt, unter der Leitung unseres geschätzten Diakons, Herrn Sponagel. Hier erlaubten sich eines Nachts während der Abwesenheit des Hausherrn einige

Burschen aus der Gemeinde einen üblen Scherz. Geräusche auf dem Dach hatten Frau Sponagel, die mit ihrer Tochter alleine im Hause war, aufgeschreckt. Als sie das Licht anmachte und in den großen Saal schaute, sah sie eine aus der Holzdecke kommende Hand. Sie griff nach einem Seil, welches in den Raum hing und zum Läuten der kleinen Glocke diente, die sich in dem Türmchen über dem Saal befand. Bei Gefahr, etwa bei Feuer, konnte so die weiter entfernt wohnenden Nachbarn alarmiert werden. Die Glocke wurde wie durch Geisterhand bewegt und draußen ertönte ein wildes Sturmgeläut, das durch den hellen Klang der Glocke noch nervender wirkte. Kurze Zeit später erschien das Überfallskommando. Polizisten umstellten das gesamte Gelände mit Maschinenpistolen im Anschlag und nahmen die überraschten Burschen im Nullkommanichts fest. Wie und ob dieser üble Scherz überhaupt geahndet wurde, daran kann ich mich nicht mehr erinnern. Er sorgte jedenfalls für großes Aufsehen.

Die Abfahrt mit dem Rad von der Marienhütte war immer ein prickelnd angenehmes Erlebnis. Nach den meist abendlichen Übungsstunden des Posaunenchores blies uns der starke Fahrtwind die letzten falschen Noten aus dem Gedächtnis. Dieter fuhr wieder auf meinem Fahrrad mit, dieses Mal aber auf dem Gepäckträger, mit weit gespreizten Beinen. In der einen Hand seine Trompete, die andere zum Festhalten unter meinem Sattel und ab ging's, mit Karacho!

Einmal sprang mir die Kette just beim Überqueren der Brücke, unter der die Bergbahn fuhr, herunter. Nur mühsames, äußerst vorsichtiges Bremsen mit der Vorderradbremse, brachte mein »Donnerross« zum Stillstand. Ein anderes Mal, fast an der gleichen Stelle, nur etwas weiter unten, raste ich in eine leichte Kurve, an der der Straßenbelag erneuert und mit Splitt überdeckt worden war. Auch hier war ein umsichtiges Fahren bei ganz vorsichtigem leichtem Bremsen angebracht. Der Gefahr entronn ich zum Glück ohne Sturz.

Auf dem dunklen Nachhauseweg nach einer Veranstaltung auf der Marienhütte, dieses Mal zu Fuß, hatte es eine üble Schlägerei gegeben. Ein Neffe des ehemaligen Ersten Konzertmeisters des *Heidelberger Städtischen Orchesters* fühlte sich durch die Aussage eines Kameraden beleidigt, weil dieser angemerkt hatte, sein Onkel sei gar kein so toller Geiger. Er selbst habe bei einem Konzert beobachtet, wie er vor einem Soloeinsatz hoch oben – vielleicht in der zwölften Lage – nicht frei eingesetzt, sondern den sowieso nur flüchtig zu erhaschenden Ton, mit einem Ohr an der Geige, sicherheitshalber erst mit einem Finger leise angezupft und dann doch unsauber gespielt habe. Daraufhin setzte es Prügel. Ja, damals gab es noch einen Ehrenkodex.

Unser Posaunenchor hatte bei Gottesdiensten und bei Veranstaltungen der Gemeinde seine ersten öffentlichen Auftritte. Nun ja, so ein neu gegründeter Chor war natürlich zunächst noch nicht zu ohrenbetörendem Spiel fähig. Es bedurfte noch großer Anstrengungen und vor allem Erfahrung. An Heiligabend spielten wir Weihnachtslieder vom Turm der Heiliggeistkirche. Dieses Turmblasen war etwas ganz Besonderes. Hatten wir uns bei tiefen Außentemperaturen beim Besteigen des Turmes vielleicht noch eine Wärmereserve zulegen können, so wurde diese nach dem Heraustreten auf den Altan vom eisigen Wind sofort weggeblasen. Eingemummelt in dicker Winterkleidung standen wir eng beieinander und bliesen zunächst die Mundstücke warm, bevor wir dann die ersten zaghaft klingenden Töne hervorbrachten. Mit klammen und steifen Fingern bedienten wir die Ventile und die Züge unserer Instrumente und bliesen in die vier Himmelsrichtungen. Etwas angenehmer war das Spielen an der windgeschützteren Ostseite. Zuvor, am frühen Nachmittag, hatten wir im Gefängnis am Unteren Faulen Pelz in einem größeren Raum die angetretenen Gefangenen mit unseren weihnachtlichen Klängen erfreut. Aber dieser Tag war für mich mit musikalischen Einsätzen noch lange nicht zu Ende. Mit der Geige wirkte ich um 18 Uhr in der Christvesper mit und nochmals um Mitternacht mit einem anderen Programm in der Christmette.

Die folgende Nacht war für mich extrem kurz, denn meine Geigenlehrerin hatte mich gebeten, am ersten Weihnachtsfeiertag bei der Frühmesse um sieben Uhr in der Orthopädischen Klinik in Schlierbach mitzuspielen. So hatte ich innerhalb von 17 Stunden insgesamt fünfmal bei weihnachtlichen Feiern die musikalischen Umrahmungen mitgestaltet.

Das erste »Hängerle«

War ich eigentlich ein ganz normal entwickelter Junge? Das fragte ich mich manchmal, denn nicht ich habe einem Mädchen den ersten Kuss gegeben, sondern ich habe den ersten Kuss von einem Mädchen erhalten. Und das, als ich schon 16 Jahre alt war. Sogar fast 17! Aber sogleich danach hatte ich keinerlei Zweifel mehr. Was man heutzutage, also 60 Jahre später, als »befreundet« bezeichnet, ist meist eine Beziehung. Mit 16 Jahren kann man heute ja schon Großvater sein.

Christa, so hieß meine Freundin, dieses nette, liebe und intelligente Mädchen. Sie wohnte auf der Sternwarte und kam jeden Tag mit der Bergbahn von dort oben heruntergefahren. Was sie sich einmal in den

Kopf gesetzt hatte, das wurde von ihr auch schnell in die Tat umgesetzt. So war auch ich ihr »Gefangener« geworden. Gekannt hatten wir uns schon lange vom Geigenunterricht bei derselben Lehrerin her. Es war kein Zufall, dass sie mich fortan oft auf meinem Schulweg traf, denn normalerweise ging sie einen anderen, einen kürzeren Weg. Jetzt ging sie aber über die Hauptstraße zu ihrer Schule, der Hölderlin-Schule, dem Mädchengymnasium in der Märzgasse an der Ecke zur Plöck. Meine Eltern schimpften mich eines Tages furchtbar aus. Frau Schmidt von oben hatte nämlich behauptet, mich in der Zwingerstraße gesehen zu haben, wie ich, einen Arm um Christa gelegt, die Straße entlang gebummelt sei. Nicht das Bummeln, sondern mein Arm hatte sie wohl gestört. »Vielleischt habb' isch ihr ä Fussel vun ihrer Schulder abgestriffe!« Mit diesen Worten hoffte ich, die Behauptung glaubhaft abgestritten zu haben. Doch meine Eltern schienen Frau Schmidts Aussage mehr Glauben zu schenken und schimpften weiter auf mich ein: »So ä junges Bärschtl (Bürschelchen, von Bursche), un poussiert schun herum!« Wenn dieses »Poussieren« auch vom Französischen hergeleitet ist: In unserem Sprachgebrauch hatte es mit der eigentlichen Bedeutung des Wortes nichts mehr zu tun, sondern hieß lediglich »gehen mit« oder »ä Hängerle hawwe«, also mit jemandem vom anderen Geschlecht befreundet sein.

Christa und ich erlebten im Laufe der Zeit die ersten leichten Brisen des Verliebtseins. Bei ihren Eltern auf der Sternwarte war ich gern gesehen. Ich war natürlich Christas Kavalier und begleitete sie, so oft sich die Gelegenheit bot, zur Bergbahn. Sie stieg dann meist erst in der Schlossstation oder gar oben auf der Molkenkur ein. Auf dem Weg zum Schloss – eine Frau Schmidt brauchten wir da nicht zu fürchten – landeten wir fast regelmäßig auf dem von uns so getauften »Milchbänkchen« an einem von Schlossbesuchern so gut wie nie begangenen Weg. Milchbänkchen nannten wir es deshalb, weil Christa auf ihrem Nachhauseweg bei *Mannsperger* in der Ingrimstraße noch Milch kaufen musste und dann die Milchkanne neben uns auf die Bank stellte, um beide Arme frei zu haben.

Gingen wir durch den Schlosshof, begegnete uns partout immer diese winzige Toilettenfrau, die sich doch besser um die Sauberhaltung der WCs im Innenhof hätte kümmern sollen. Ihr stets nörgelnder Gesichtsausdruck störte uns. Sie schien uns wortlos ermahnen zu wollen: Kommt euch ja nicht zu nahe! Als es einmal einfach zu schön gewesen war, begleitete ich mein »Hängerle« (ich hasse dieses Wort) sogar bis zu ihrem Haus auf den Königstuhl. Es war mittlerweile dunkel geworden. Auf dem Abkürzungsweg, dem Fußweg durch dichten Tannenwald, konnten wir nicht allzu schnell gehen und entsprechend lange dauerte dieser Spaziergang. Die Schelte ihrer in Sorge geratenen Eltern traf auch mich; und während Christa, ihre Eltern hinter ihrem Rücken, mich aufmunternd anlächelte, stand ich ziemlich bedröppelt herum. Christa und ich versprachen hoch und heilig, so etwas Unvernünftiges zukünftig zu unterlassen. Ja, nun stand mir der lange Fußweg vom Königstuhl herunter noch bevor. Es war in der Zwischenzeit stockdunkel geworden. Die letzte Talfahrt der Bergbahn lag schon lange zurück. So machte ich mich auf den Weg zur Stadt hinunter, den Weg, der mir gut vertraut war. Wie oft hatte ich mein Fahrrad hier zum Königstuhl hinaufgeschoben. Unheimlich war es mir aber doch! Es gab Stellen, und zwar da, wo die hohen Tannen den Himmel bedeckten, durch die kein Lichtschimmer hindurchfiel und man die Hand vor den Augen nicht sehen konnte. Sicherheitshalber, aber eigentlich überflüssigerweise, hatte ich mein aufgeklapptes Taschenmesser in der Hand, was mir, wäre ich gestürzt, möglicherweise mehr als alles andere geschadet hätte. Meinem Nachfolger, Christas späterem Ehemann, passierte es auf demselben Weg, dass er des Nachts stürzte und für einen längeren Zeitraum bewusstlos neben dem Weg liegen blieb.

Christas Familie war für einige Tage nach Hainbrunn bei Hirschhorn am Neckar gefahren, wo sie im Wochenendhaus eines befreundeten Arztes, »meines« Dr. Künzel, wohnte (»Nun drück mal feste«). Ihre Eltern hatten von unserer folgenden Verabredung erfahren. Christa kam strahlend mit dem Fahrrad zu einer idyllisch gelegenen Stelle heruntergefahren, an der ich bereits ungeduldig wartete. Sie hatte die Erlaubnis ihrer Eltern erhalten, allerdings mit der Auflage, ihre Schwester als »Anstandswauwau« mitzunehmen. Die hatte aber Verständnis für unsere Situation und pflückte weiter weg von uns auf der Wiese Gänseblümchen für ihre Mutter. Christa hatte tags zuvor, genau hier im Bach, ein goldenes Schmuckstück verloren. Wir suchten es gemeinsam, indem wir mit bloßen Füßen durch das kalte Wasser wateten, konnten es aber bedauerlicherweise nicht wiederfinden. Vielleicht waren wir, was unsere Suchanstrengungen anging, zu sehr abgelenkt. Am folgenden Tag radelte ich nochmal die 30 Kilometer dorthin, fest davon überzeugt, alleine, etwas konzentrierter, fündig zu werden und ihr bei unserem nächsten Wiedersehen das Juwel zurückgeben zu können. Ich sah schon ihr überraschtes und freudiges Gesicht, aber nur im Geiste; ich hatte es leider nicht gefunden und fuhr traurig wieder nach Heidelberg zurück.

Wenn an manchen Tagen ein Treffen eigentlich nicht möglich war, so sorgte Christa dennoch dafür, dass wir uns wenigstens für einen kurzen Augenblick sehen konnten. Manchmal bat sie meine Mutter darum, ihre Geige bis zum nächsten Morgen bei uns deponieren zu dürfen, damit sie sie nicht nach Hause zu schleppen brauchte. Natürlich im Alkoven auf dem alten Sofa neben meinem Zimmer, wo sie mich eines Morgens noch im Schlaf überraschte. Warum mussten wir uns eigentlich immer wieder heimlich treffen, wenn wir uns etwas vornahmen? Eines schönen Nachmittages hatten wir uns zu einer Fahrt nach Ladenburg verabredet. Auf unseren Fahrrädern dort angekommen, war es ein Vergnügen, uns im Schwimmbad zu erfrischen. Aber wie sollte Christa ihren nassen Badeanzug nach Hause bringen? Ich nahm ihn an mich und versteckte ihn kurzerhand bei mir in meinem Schränkchen. Irgendwann war er getrocknet und ich gab ihn ihr bei passender Gelegenheit unauffällig zurück.

Christa war zu jedem Unfug bereit. Ihr Vorbild war da sicherlich Herwig, der Stiefsohn einer ihrer Tanten, der später ihr liebender Partner werden sollte. Der hatte nämlich einmal die Geige aus ihrem Geigenkasten herausgenommen und statt ihrer etwas anderes hineingelegt. Christas Schrecken war groß, als sie bei einer Orchesterprobe anstatt ihrer Geige eine Puppe im Kasten vorfand. Am Hochzeitstag hatte er heimlich für eine Überraschung in ihrer Hochzeitsnacht gesorgt: Er hatte ihr Bett so präpariert, dass es nach einer Weile zusammenbrach. Meine kleine Freundin hatte meinen Geigenkasten auch einmal misshandelt, vielmehr die Geige, was schwerwiegendere Folgen hatte. In meiner Abwesenheit schüttete sie nach einer Orchesterprobe hastig eine halbe Flasche Parfum auf den Innenboden meines Kastens, legte meine Geige zurück und verschloss ihn wieder blitzschnell. Ich sollte mich wahrscheinlich an dem Wohlduft erfreuen, wenn ich meine Geige bei der nächsten Probe herausholen würde. Ich war jedoch stocksauer. Die Geige klebte nämlich am Plüschboden fest, und nur mit größter Vorsicht konnte ich sie ihm entreißen, ohne die Geige weiter zu beschädigen. Der Alkohol hatte nämlich den Lack der Geige gelöst und zudem die schöne Bemalung angegriffen. Der Duft hielt sich noch jahrelang, womit sich Christa bei mir immer wieder in Erinnerung brachte, was sicherlich in ihrem Sinn gewesen war.

Ich meinerseits hatte sie eines Tages – ungewollt – in große Aufregung versetzt, sodass sie vor Angst fast verging. Man hätte das als Rache ansehen können, war es aber nicht! Die Heizung in der Heiliggeistkirche schlug Alarm. Ein schriller anhaltender Pfeifton kam aus dem halb geöffneten Fenster unterhalb der Sakristei, wo die Zentralheizung untergebracht war. Vom Kohlebunker nebenan hatte der Heizer zwar immer schön die Kohlen nachgeschippt, aber dieses eine

Mal vergessen, den Wasserstand zu prüfen. Christa und ich kamen gerade hier vorbei, als der Heizkessel nach Wasser lechzte. Ich hatte den Schlüssel zur Kirche immer an meinem Schlüsselbund und konnte deshalb sofort eingreifen. Mit Christa stieg ich die paar Stufen zum Heizungskeller hinunter, öffnete die Tür der Feuerstelle in der Absicht, die Glut herauszuzerren, um damit die Hitzeentwicklung zu bremsen. Ich bat Christa eindringlich, den Raum zu verlassen. Ich erklärte ihr, wenn ich nun Wasser – ganz vorsichtig – nachfüllen würde (mein Vater hatte mich gelehrt, »den Wasserhahn in einem solchen Fall wenig aufzudrehen, damit zunächst nur ein dünner Strahl herausfließen konnte, so wie beim Pinkeln«), bestünde die Gefahr einer Kesselexplosion und ich könnte mitsamt der Heizung in die Luft fliegen. Das hatte sie zutiefst beeindruckt! Sie war sehr besorgt um mich. Die Angst stand ihr in ihr hübsches Gesicht geschrieben, aber weggegangen war sie nicht. Ich kam mir unheimlich mutig vor – vielleicht hatte ich ein wenig übertrieben –, war aber doch froh, als alles wieder seinen normalen Lauf nahm: Das Pfeifen war abgestellt, Wasserdampf konnte sich wieder entwickeln und die Kirchgänger konnten am nächsten Morgen die warmen Worte des Predigers in einer warmen Kirche in sich aufnehmen.

Am Fastnachtsdienstag wollten Christa und ich uns verkleiden: sie als Mann und ich als Frau. Christa durfte im Winter mit langen Hosen zur Schule kommen, trotzdem schien es für sie immer noch der Reiz des Neuen zu sein, sich an Fastnacht in richtigen Männerhosen zu zeigen. Aus ihr war durch die Kostümierung ein wirklich nettes Kerlchen geworden, wenngleich sie ihr mädchenhaftes Wesen nicht so gänzlich unter langen Hosen und einer Krawatte verbergen konnte.

Dagegen war aus mir ein echtes verdammt hübsches Frauenzimmer geworden. Mit eleganter, von meiner Schwester geliehener Kleidung, darunter ein stattlich ausgestopfter Büstenhalter, und einer schwarzen Perücke auf dem Kopf, sah ich aus wie eine halb verdorbene Diva. Nachgezogene Augenbrauen, rosa Wangen und grellrote Lippen mit einem allerdings – schade! – nicht kussechten Lippenstift vervollständigten mein raffiniertes und zugleich attraktives Aussehen. So mancher Mann hatte sich interessiert nach mir umgedreht. Am späten Abend, nachdem ich Christa zu ihren Großeltern in der Gaisbergstraße begleitet hatte, wollte sogar einer mit mir anbändeln! Mein blöder Gang, neben meiner Gesamterscheinung, musste aufreizend auf ihn gewirkt haben, denn ich ging schon etwas seltsam. Die Damenschuhe, die ich trug, waren mir um einiges zu klein, sie drückten an beiden Füßen und ließen diese gegen Abend ziemlich schmerzen. So eierte ich auf dem Trottoir entlang, am Ende froh, bald zu Hause zu sein. »Na, du!«, quatschte er mich an, wobei ich nicht sofort ersehen konnte, was er eigentlich von mir wollte. Als er dann seinen Arm um mich legte, sagte ich barsch »Lassen Sie mich los!« und schlug ihm auf seinen verirrten Arm. »Ich bin sowieso kein Mädchen!« – »Was? Kein Mädchen?« – »Nein! Ja!« Diese meine Schwindelei schien er wohl als Kessheit zu betrachten, als Ziererei, die ihn nur weiter anspornte. Er fing nun an, meinen »Busen« zu begrapschen. Obwohl ich keine Empfindung verspürte, hielt ich dies für eine Entgleisung, unschicklich, ja vermessen. Vielleicht hatte ihn meine tiefe Stimme letztlich doch stutzig gemacht, denn er hielt inne mit seiner Anmache. Er zeigte eine gewisse Bewunderung für meine gelungene Verkleidung, fragte aber noch, ob er mich nicht trotzdem küssen dürfte. »Kriegst fünf Mark von mir, wenn ich darf!« Nun reichte es mir aber, ich jagte ihn zum Teufel.

Ja, mein Transvestitismus war überzeugend. Nachmittags war ich auf der Hauptstraße auf der gegenüberliegenden Seite meiner Schwester begegnet. Ich grüßte sie übertrieben freundlich, was sie sichtlich irritierte und ihr die typische Miene der Menschen aufzwang, die halb verlegen und halb fragend dreinschauen. Sie hatte mich nicht erkannt. Den Gipfel meines Verwandlungsspaßes erlebte ich mit meinem Vater. Ich hielt mich gerade in unserer Küche auf, als er die Treppe heraufkam. Ich öffnete ihm die Tür. »Herr Weißkapp?«, fragte ich ihn zuvorkommend. »Ja!«, brachte er nur hervor. Er war leicht verdattert. Ich fing an zu kichern und versteckte mich zur Hälfte hinter der Küchentür. Mein Gebaren machte ihn ziemlich nervös. »Herr Weißkapp?«, wiederholte ich mit hoher Stimme. »Ja!« Er hätte bestimmt gestottert, wäre seine Antwort etwas länger ausgefallen. »Was wünscht die Dame?« Er war nun in die Küche hereingekommen und wir standen uns dicht gegenüber. Ich wurde immer alberner mit meinem Lachen, bis ich mich ihm schließlich zu erkennen gab. Jetzt war mein Vater völlig sprachlos. Er lachte mit mir und gab mir noch einige freundliche Worte mit auf den Weg, denn der Tag war für Christa und mich noch lange nicht zu Ende.

Es geschah nicht nur einmal, dass Christas Familie im Wochenendhaus von Dr. Künzel in Hainbrunn Ferientage verbrachte. In den großen Ferien waren sie wieder dort. Mit meinem Freund Hermann, dem Hausmeistersohn von der Alten Universität, machte ich auf der Rückfahrt von Norddeutschland einen Abstecher zu dem im wunderbaren Odenwald gelegenen Ort. Zu Beginn unserer Radtour waren wir in Heidelberg auf dem Platz vor der Stadthalle erschienen und fragten uns hier bei den sich ausruhenden Lastwagenfahrern durch, ob uns einer mit nach Norddeutschland nehmen könne, am besten bis Neumünster, wo Hermanns Tante wohnte. Gegen ein kleines Trinkgeld hatte sich endlich ein Fahrer unserer angenommen und so stiegen wir in den großen Anhänger seines LKWs. Es war ein Kühlwagengespann, das zum Glück leer, also ungekühlt nach Norden fuhr. 144 Fleischerhaken hingen an Stangen über uns von der Decke und erzeugten während der Fahrt einen Lärm, den man nur mit zugestopften Ohren einigermaßen ertragen konnte. Unterwegs stiegen noch zum Teil seltsame Gestalten zu, sodass unsere Gruppe schließlich auf ungefähr zehn zusammengewürfelte Reisende anwuchs. Vor allem während der Nacht war diese Reise unerträglich, an ein Einschlafen war nicht zu denken. Wir lagen auf einer Decke, ich über einem Rad der Hinterachse. Der leere Anhänger sprang bei jeder kleinen Bodenwelle in die Höhe, sodass wir nicht nur den mörderischen Lärm, sondern auch noch das ständige Gerüttel zu verkraften hatten. Am nächsten Morgen kamen wir wie gerädert am Ziel an und stiegen, steif am ganzen Körper, auf unsere Drahtesel, um unsere Radtour zu beginnen.

Von Neumünster aus in Hamburg angekommen, reizte uns natürlich die Reeperbahn, über die wir so viel Interessantes in Erfahrung gebracht hatten. Der Film *Die Große Freiheit Nr. 7* hatte uns zudem genug Anregungen geliefert, wie man dort einen Abend verbringen konnte. Und genau bei dieser Adresse landeten wir. Unsere Neugierde war sehr groß, weshalb wir dort auch viel zu früh erschienen. Wir waren die Ersten und deshalb imstande, uns zwei der besten Plätze auszusuchen. Man schaute uns zwar seltsam und eindeutig herablassend an, denn kurze Lederhosen waren in solchen Lokalen, zumal hier im hohen Norden, nicht die richtige Kleidung, aber das störte uns nicht. Der Kellner kam an unseren Tisch und reichte uns die Speise- und Getränkekarte, zuerst noch freundlich, mit einer natürlichen Langeweile in seinem Gesichtsausdruck. Mit sehr gemischten Gefühlen schlugen wir sie auf. Wir wussten schließlich von den saftigen Preisen, die hier verlangt wurden. Geld besaßen wir recht wenig, ein Glas Bier für 2,50 Mark kam für uns also nicht in Frage. Wir entschieden uns für Kaffee, der nur in Kännchen serviert wurde und immerhin noch 1,65 Mark kostete. Aber das war für uns ein erschwinglicher Preis. Kaffee hält zudem munter, und der Abend versprach ja lang zu werden. Bevor die Vorstellung begann, war unser Kaffee schon längst kalt geworden, aber noch fast vollständig im Kännchen. Kälter konnte er nicht mehr werden, im Gegenteil: Die langsam ansteigende Hitze im Lokal ließ ihn eher wieder etwas temperierter erscheinen. Wir hatten ihn rationiert, schließlich lag es nicht in unserem Sinn, einen weiteren zu bestellen. Endlich dann der Beginn der mit Ungeduld und Spannung erwarteten Vorstellung, deren Höhepunkt das Bad einer nackten Dame in einem

Sektglas war. Das überdimensionale Glas stand vor uns auf der kleinen Bühne und viele aufsteigende Luftbläschen umspülten die nackte Schöne. Ich dachte mir, dass diese Sektperlen die sich im Glas Räkelnde doch furchtbar kitzeln mussten. Als der Kellner zum x-ten Mal, mit finsterem Blick in der Erwartung einer neuen Bestellung, an unseren Tisch herantrat, hielten wir es für angebracht, die *Große Freiheit Nr. 7* zu verlassen und uns zur Weiterfahrt auf unsere Räder zu schwingen. Es war gegen vier Uhr morgens. Eine Kneipe nebenan hatte gerade geschlossen, um eine Stunde später wieder zu öffnen und ein erstes Frühstück anzubieten. Ein fürwahr stressiges Leben hier!

Unterwegs wurden wir noch von einigen, in diesem Augenblick wohl unausgelasteten »Reeperbienchen« angesprochen. Wir hatten natürlich nicht die geringste Absicht, auf die schiefe Bahn zu geraten. Aber wissen wollten wir doch einmal, was so ein zweifelhafter Spaß denn eigentlich kostete. »Fünf Mark!«, rief uns eine erwartungsvoll zu. »Viel zu teuer!«, war meine Antwort. Aggressives Geschimpfe brach los und Hermann und ich verließen vorsichtshalber fluchtartig diesen Ort des Lasters. Wir fuhren der Morgendämmerung entgegen, eigenartigerweise immer mit Gegenwind, egal welche Richtung wir gerade einschlugen. Gegen die Müdigkeit mussten wir beide sehr heftig ankämpfen. Nicht selten überkam uns der gefährliche Sekundenschlaf; manchmal konnten wir uns gegenseitig gerade noch rechtzeitig warnen. Dabei war ein ungewolltes Schaukeln des Fahrrades stets das sichere Indiz, dass der andere gerade im Begriff war einzuschlafen.

In der folgenden Nacht – es war schon sehr spät geworden – schlugen wir unser Zelt nicht mehr auf, sondern übernachteten auf einem Heuwagen, der in einer beleuchteten offenen Scheune stand. Da wir Angst hatten, im Schlaf möglicherweise herunterzufallen, »ketteten« wir uns mit einem Riemen aneinander, in der Hoffnung, bei Gefahr vom anderen geweckt zu werden. Eigentlich hätten wir auf diese Weise auch beide vom Heuwagen herunterstürzen können. Am nächsten Morgen zeigte der Bauer großes Verständnis für uns, obwohl wir abends zuvor derart spät eingetrudelt waren, dass wir ihn nicht mehr hatten um Erlaubnis fragen können. Er bot uns frisch gemolkene warme Milch an. Jeder von uns trank einen halben Liter zum Frühstück. So traten wir gestärkt unsere Weiterreise an – zunächst in Richtung Westen, nach Cuxhaven. In Hannover überraschte ich meine Tante Eva, die uns beide sofort sehr herzlich in ihrer großen Wohnung aufnahm und bewirtete. In dieser Nacht genossen wir es, in Betten mit schönen »Plümos« zu schlafen.

Also, wir kamen, wie gesagt, auf unserer Rückfahrt aus Norddeutschland nach Hainbrunn, damit ich Christa besuchen konnte. Sie wusste von meiner Absicht. Auch ihre Eltern? Hermann und ich durften im Garten übernachten. Wir schliefen unter freiem Himmel und konnten ein wahres Feuerwerk von Sternschnuppen beobachten. Gegen Morgen schlich ich mich an das geöffnete Fenster des Raumes, in dem die gesamte Familie schlief. Mit einem kleinen Steinchen wollte ich Christa necken, die ich direkt unter dem Fenster glaubte, unterließ es aber zum Glück – zum Glück deshalb, weil Christa in das Bett ihrer Mutter im zurückliegenden Teil des Zimmers geschickt worden war und ihre Mutter nun unter dem Fenster schlief. Ich hatte den Tausch der Schlafstellen gerade noch rechtzeitig entdeckt.

Es gab in Heidelberg zwei bekannte Tanzschulen: *Gronbach* sowie *Nuzinger-Schramm*. Die Letztere war die bekanntere und hatte Zulauf von Tanzinteressenten aus den »besseren« Gesellschaftskreisen. Es war die Zeit, in der Christa Tanzschülerin bei *Nuzinger-Schramm* wurde und ich zum ersten Mal den Stachel der Eifersucht verspürte, obwohl sie mir das ganze Vierteljahr über nicht den geringsten Anlass dazu gab. Im Gegensatz zu mir, denn im folgenden Jahr ging ich ebenfalls zu *Nuzinger-Schramm* und ihre Eifersucht war durchaus berechtigt. Denn mit meiner Tanzpartnerin Inge bahnte sich eine neue Freundschaft an, die die alte allmählich erlöschen ließ.

Nun, im zarten Alter von 17 Jahren wird man von einem Jüngling, der ich war, nicht den Glauben erwarten dürfen, er habe die Frau fürs Leben bereits gefunden. Wer meint, dass ich hier falsch handelte, würde ja die Meinung vertreten, man müsse die erste Freundin später auch heiraten. Das wäre bei mir Inge gewesen, die Inge aus dem Kindergarten. Eine Freundschaft zu beginnen ist oftmals schwer, eine zu beenden aber noch viel schwieriger. Die Trennung war für Christa sehr schmerzhaft, für mich, der ich meine Liebesgefühle auf ein anderes Mädchen gelenkt hatte, zwar schon belastend, aber doch leichter zu überwinden. Das Schöne an dem nun beendeten »Freundschaftsverhältnis« war, dass Christa und ich sehr gute Freunde geblieben sind, wenn auch in einem veränderten Sinn. Die großen gegenseitigen Sympathien waren noch vorhanden und sicherlich einer der Gründe, manchmal zu meinen, wir wären noch so befreundet wie zuvor. Die Tanzstunde besuchte ich sehr gerne – und von Mal zu Mal lieber. Verständlich! Vor allem beim Tango, dem engsten Partnertanz, waren Inge und ich zwei Asse. Dieser Tanz war es wahrscheinlich, der beim Abschlussball in der Stadthalle die Jury auf den Gedanken brachte, uns die Bronzemedaille zu verleihen. Ein anderes Paar, das ebenfalls sehr gut getanzt hatte, war durch eine unglückliche Bewegung des Jungen ausgeschieden: Er hatte während eines Tanzes plötzlich angehalten und seine heruntergerutschte Hose wieder hochgezogen.

Ein wenig erfahrener geworden, hätte man annehmen dürfen, dass ich in meiner Liebesempfindung weniger gehemmt, etwas mutiger geworden wäre und auf Mädchen zuging – aber nein! Beim Theaterball in der Fastnachtszeit bekam ich schon wieder den ersten Kuss von einem Mädchen. Aber ich zeigte Inge dann sogleich, dass sie es nicht mit einem in solchen Dingen gänzlich unerfahrenen, völlig naiven Jungen zu tun hatte.

Es war ein buntes Treiben mit fantasievollen Kostümen in interessant geschmückten Räumen. Hier kam es an einer engen Stelle, unten im Theaterkeller, zu einer Schlägerei, weil ein besoffener Schauspieler gegenüber zwei »Fremden« – zwei nicht zum Hause Gehörenden, wie er sagte – handgreiflich geworden war. Überall in den überfüllten Räumen feierte man in ausgelassener und bester Laune. Man machte uns aufmerksam auf eine junge hübsche Frau, die zwei Gesichter haben sollte. Wie das? Ich sprach sie an und bat sie darum, uns ihr zweites Gesicht doch einmal zu zeigen. Nach einigem Zögern drehte sie sich herum, nahm mit beiden Händen ihren Rock hoch und streckte uns ihren Allerwertesten entgegen. Auf ihrer Unterhose hatte sie ein Gesicht aufgemalt, zwei große Augen, eine Nase, die etwas zu weit innen lag und einen Mund mit dicken roten Lippen. »Danke!«

Inge, ein Jahr jünger als ich, war sehr musikbegeistert und studierte später Gesang. Sie hatte einen sehr angenehm klingenden Sopran und trat öfter auch solistisch auf. Es war für sie eine Selbstverständlichkeit, dass sie bei all meinen Auftritten als Geiger versuchte, ihren Platz nach Möglichkeit in der ersten Reihe zu finden. Sie bewunderte mich sehr. Aber auch sie hatte irgendwann einmal die Eifersucht kennenlernen müssen, weil ich eine andere Inge (bereits die dritte, eigentlich schon die vierte Inge), eine dunkelhaarige, ihrer Meinung nach zu häufig angesehen hatte, nicht dumm oder abweisend, sondern anders! Sie war ein süßes sehr apartes Mädchen, das ich später beim Abiturball zu meiner Partnerin auserkoren hatte. Ich muss hier schon bei der Wahrheit bleiben: Auch sie liebte die Musik, doch leider mehr als mich. Nach ihrem Abitur studierte sie Klavier an der Musikhochschule in Heidelberg. Nicht so schlimm für mich; ich befand mich sowieso bereits zum Studium in Köln!

Inge (blond) neckte mich immer wieder mit Anspielungen auf Inge (schwarz), wie es zum Beispiel im folgenden Gedicht von ihr zum Ausdruck kommt.

Das erste »Hängerle«

Der schöne Helmut, klug, charmant,
ist in der Hochschul gut bekannt,
als musicus und bel ami,
in beidem ist er ein Genie!

Gibt er ein Vorspiel dann und wann,
wo man ihn auch mal sehen kann,
ist vollbesetzt das ganze Haus,
und man hört dröhnenden Applaus.

Er tritt aufs Podium, leichtes Nicken,
da nimmt sein Auge schon gewahr,
ganz vorne wieder in der Mitten,
der Verehrerinnen Schar.

Ach, sieh da, die kleine Schwarze,
die von neulich, ach, wie nett!
Und die lange dürre Blonde,
die von damals, vom Parkett!

Sie kommen all aus kollegialen Gründen,
das ist verständlich und auch klar.
Doch tun sie nachher laut verkünden:
»Ach, er war wieder wunderbar!«

Er hebt die Geige, stimmt das »A«,
schon sitzen sie verzaubert da,
und sind mehr Aug als Ohr,
mehr Aug... der wundervollen Geige wegen!
(Man könnt' dies ja auch verkehrt auslegen.)

Zuerst das Solo, zart und fein,
und alle lauschen ganz verzückt,
und jede einzelne denkt verrückt:
Er spielt ja nur für mich allein.

Und fine, aus, da capo brüllt ein Chor:
»O Weißkapp, spiel uns noch was vor!«

Doch Schluss jetzt mit der Ironie,
sonst verzeiht er mir das nie.

Helmut Weißkapp

Und nun, das ist des Pudels Kern:
Wir haben ihn doch alle gern.
Doch bilde darauf dir nichts ein:
Es könnte auch ein andrer sein!

Besser als der Teufel

Durch den Klassenwechsel zu dem Hochschullehrer Bruno Masurat erfuhr meine Ausbildung zum Geiger einen gewaltigen Schub. Masurat war sehr streng, ein Geiger von respektablen Fähigkeiten und vor allem ein vorzüglicher Pädagoge. Auch bei ihm war ich für lange Zeit der beste Schüler, bis mich eines Tages so ein kleiner Kerl von gerade einmal zwölf Jahren mit seinem Können in den Schatten stellte. Es war Ulf Hoelscher, den sein Vater immer auf dem Motorrad aus der Pfalz zu Masurat in den Unterricht brachte. Er spielte bereits Paganini-Capricen so gut wie einwandfrei, bei denen ich mich dagegen schrecklich abmühen musste und sie technisch nur so ungefähr herüberbrachte. Masurat bat mich hin und wieder als Zweiter Geiger in seinem Streichquartett mitzuspielen. So auch einmal bei einer Beerdigung in Mannheim, wo ein sehr bekannter Toter, ein Generalkonsul, ein letztes Mal Musik hören wollte. Es war eine riesige Trauergemeinde. Als wir die Trauerhalle verließen, kam ein Zeitungsreporter auf mich zu und erbat einige Einzelheiten zu dem Musikstück, das wir gespielt hatten. Ich sah, wie er sich Notizen machte: der langsame Satz aus Franz Schuberts *Streichquartett in S-Dur*. Ich traute meinen Augen nicht: Er schrieb tatsächlich S-Dur! Ich amüsierte mich darüber sehr, machte ihn aber nicht auf seinen Fehler aufmerksam.

Da war Fräulein Kaiser, die meinen Lehrer Masurat sehr zu verehren schien. Das war das Mindeste, so meine Vermutung. Wie oft kam sie doch in meinen Unterricht hereingeschneit, mit ihren zwei großen Hunden an der Leine. Selbst da nahm mein Lehrer weder die Geige ab noch seine ständig qualmende Pfeife aus dem Mund, die im Laufe der Zeit sicherlich eine dunkle Stelle in seine Geige hineingebrannt hatte. Ich empfand diese Besuche als Störung, Masurat wohl eher als Abwechslung. Sie hatte in Frankfurt am Main Geige studiert, war wesentlich älter als ich und sehr von sich eingenommen. Ihr Können rechtfertigte dies jedoch keineswegs. Als ich eines Tages auf Plakaten die Ankündigung eines Soloabends mit Fräulein Kaiser las, da stand für mich fest: Da gehe ich hin! Nicht, weil ich glaubte, ein besonders gutes Konzert erleben zu können, sondern eher ein höchstens mittelmäßiges. Und so war es auch. In der Aula der Alten Universität saß ich ziemlich weit vorne, mit hochrotem Kopf, wahrscheinlich viel aufgeregter als die Solistin, weil ich fühlte, dass da einiges schieflaufen würde. Der mittelmäßige Genuss – am Anfang noch ohne gravierende Leistungsschwankungen –, den sie mit ihrer Pianistin bestens zu vermitteln verstand, ließ die Röte in meinem Gesicht bis zu dem Augenblick schwinden, als das von mir längst erwartete Unglück passierte. Dann aber schoss das Blut wieder in meinen Kopf. Sie war beim langsamen Satz der sehr schweren *Kreutzer-Sonate* von Beethoven angelangt. An der Stelle, wo die Geigerin hoch hinaufklettern musste – in wahrhaft schwindelnde Höhen. Bei dem Zweiunddreißigstellauf bis zum viergestrichenen »F« stockte sie plötzlich kurz vor dem Höhepunkt, weil sie sich total verhaspelt hatte und dabei nur noch falsche Töne übrig blieben. Sie brach ab, gab ihrer Begleiterin eine kurze Anweisung und versuchte den Lauf nach oben ein zweites Mal. Als auch der zweite Versuch scheiterte – das hohe »F« hatte sie wieder nicht erwischt – brach sie von Neuem ab und sagte, zum Publikum gewandt: »Entschuldigen Sie bitte! Aber dieser Lauf hat in den Proben immer geklappt.« Die beiden spielten nach dieser schweren Stelle, die »immer geklappt« hatte, weiter.

Margot Kasche war für einige Zeit meine Klavierbegleiterin. Im Theorie- und Harmonieunterricht von Fräulein Ernst saßen wir stets auf der hintersten Bank, hatten nur Unsinn im Kopf und störten damit den Unterricht. Die theoretischen Fächer waren für mich als Geiger, ohne die geringsten Kenntnisse am Klavier, die reinste Qual. Denn auch ich wurde wie die Pianisten nach vorne ans Klavier gerufen und sollte Kadenzen spielen und Modulationen vornehmen. Die Tastatur war mir völlig fremd. Ich wusste zwar, wo das eingestrichene »A« lag, aber die Töne der Akkorde musste ich mir jedes Mal mühsam einzeln im Geiste vom Griffbrett meiner Geige herleiten, um sie dann auf das Tasteninstrument zu übertragen. Ich hatte auch noch weitere Klavierbegleiter in petto. Da war vor allem die sehr attraktive Simone, leider ein faules Luder. Nachdem sie mich bei einer vereinbarten Probe einmal versetzt hatte, gab ich ihr den Laufpass.

Die Arbeit mit meinem Streichquartett bereitete mir sehr viel Freude. Wir waren als Quartett zwar nicht bekannt, man war aber auf uns aufmerksam geworden. Die zweite Geige spielte Roland Bilabel, an der Bratsche saß Helmut Hildenbrand und am Cello Eckhart von Bubnoff. Wir bekamen Quartettunterricht bei dem Hochschullehrer von Bülow, ein gewiefter Hase auf dem Gebiet der Kammermusik. Er versuchte sogar, uns *Der Tod und das Mädchen* beizubringen. Im Gro-

ßen und Ganzen fühlten wir uns bei diesem Spätwerk Schuberts über-
fordert, vor allem ich; es war einfach zu früh, sich an ein technisch und
musikalisch so schwieriges Quartett heranzuwagen. Aber wir führten
immerhin eines der »leichten« Beethoven-Quartette öffentlich auf,
nämlich das *Quartett Nr. 4 in c-Moll.* Die sechs Streichquartette der
Opus-18er-Reihe werden gerne von Laienspielern als leicht bezeichnet, weil die späteren Quartette als noch wesentlich schwieriger angesehen werden. Doch die ersten sechs Quartette als leicht zu bezeichnen, ist falsch. Es gibt in Wirklichkeit keine leichten Streichquartette
von Beethoven.

Pünktlichkeit bei den Quartettproben war eine der Voraussetzungen für einen harmonischen Beginn und guten Verlauf einer solchen
Arbeit. Ich weiß nicht mehr, warum ich mich in dem zehn Kilometer entfernten Neckargemünd mit dem Fahrrad herumtrieb. Wenige
Tage vorher war ich nämlich gerade aus dem Krankenhaus entlassen
worden, in dem ich vierzehn Tage lang wegen einer Operation an der
Nasenscheidewand (Septum) gelegen hatte. Auf einem Stuhl hatte ich
da Platz nehmen müssen und nach örtlicher Betäubung führte der
»Fünflöcherdoktor« der Hals-Nasen-Ohren-Klinik der Universität
seinen Meisel in meiner Nase herum, auf den die Operationsschwes-
ter mit einem kleinen Hammer hauen durfte. Obwohl betäubt, spürte
ich jeden einzelnen Schlag und hatte den Eindruck, dass man mir den
Schädel spalten wollte. In Neckargemünd also hatte ich mich verspätet.
Die Quartettprobe sollte in Kürze beginnen. Und weil ich Unpünkt-
lichkeit hasste, raste ich in einem selbst mir unbekannten Tempo den
Neckar entlang in Richtung Heidelberg. Unterwegs musste ich einmal
kurz anhalten, weil ich zu heftig nach Luft japste. Mein Puls war auf
über 180 Schläge gestiegen, deren Ursache bestimmt in Verbindung mit
der so kurz zuvor erfolgten Operation stand. Zu Hause angekommen,
schnappte ich mir die Geige und die Noten, eilte zur Probe und war
pünktlich, sogar als Erster angekommen. Die anderen hatten sich alle
verspätet!

Vom Heidelberger *Richard-Wagner-Verband* war ich im Jahre 1954
eingeladen worden, im *Haus Sonnenbühl* im Rahmen eines musikalischen Vortragsabends mitzuwirken. Der Musiksalon war gerammelt
voll, viele Zuhörer saßen zum Teil auf dem Boden und so dicht an
meiner Seite, dass mir kaum Platz zum Spielen blieb. Die Leiterin des
Verbandes, Frau Dr. Geck, dankte mir für meinen Vortrag mit einem
Stipendium nach Bayreuth. Ich durfte mich nun Stipendiat des *Ri-
chard-Wagner-Verbandes* nennen und mit dieser Auszeichnung zwei
Wagneropern auf dem Bayreuther Hügel besuchen.

Ich empfand es mit meinen 19 Jahren als schrecklich, diese beiden Opern anzusehen: *Tannhäuser* und *Parsifal*. Gut, beim *Tannhäuser* war im ersten Akt im Venusberg noch etwas »los«, für die Optik und meine Sinne kam da schon einiges herüber. Aber der Rest... und dann vor allem bei *Parsifal*! Mit langen Szenen, die die Sänger und Sängerinnen oft ganz alleine auf der karg ausgestatteten Bühne in Bewegungslosigkeit zu gestalten versuchten. Nein! Da wäre mir eine Wiederholung der Szenen im Venusberg schon lieber gewesen. Sicherlich werden viele Anhänger der Wagner-Musik jetzt Kübel voll Schimpfe über mich gießen. Ich gebe ja zu, für einen angehenden Orchestermusiker ist das nicht gerade schmeichelhaft. Dass Wagner ein bedeutender Komponist ist, daran gibt es auch für mich keinen Zweifel. Aber es gibt ja bekanntlich Anhänger und Nicht-Anhänger dieser Musik, sowohl bei den Opernbesuchern als auch bei den Musikern selbst. Und trotzdem war das Ganze ein schönes Erlebnis – vor allem die Fahrt durch wunderbare Landschaften auf dem Weg nach Bayreuth.

Ich fuhr im PKW meines Pianisten, Günter Krieger, zusammen mit einem weiteren Stipendiaten, einem jungen Sänger. Wir teilten uns die Fahrtkosten und hatten für diese Reise einige zusätzliche Tage für Besichtigungen eingeplant. Als wir in Bayreuth ankamen, hatten wir uns einen wohl nicht so günstigen Platz zum Parken ausgesucht. Es war eine Stelle, an der auf der rechten Seite im rechten Winkel zur Straße bereits Autos parkten und links von ihnen noch freie Plätze vorhanden waren. Hier wollte Günter seinen Wagen parken. Ein Polizist griff ein: »Hier darf man nicht parken!« – »Wieso nicht?«, fragte ich ihn. – »Das ist nicht erlaubt!« – »Wieso denn nicht?«, bohrte ich nach. »Wenn hier rechts Autos parken dürfen, obwohl es kein Schild gibt, auf dem steht, dass sie parken dürfen, warum soll man dann links davon nicht auch parken dürfen, da es doch kein Schild gibt, auf dem steht, dass sie hier nicht parken dürfen?« Der Polizist schaute mich mit halb geöffnetem Mund und dumpf brütendem Gesichtsausdruck an, sagte aber nichts mehr. Er hatte von dem, was ich da so umständlich zu erklären versucht hatte, wohl gar nichts verstanden und ließ uns einfach gewähren. Günter war wie der Teufel gefahren. Nein, besser als der Teufel. Der Teufel hat nämlich zwei Augen, Günter aber hatte nur eines. Sein linkes war ihm als junger Soldat im Krieg ausgeschossen worden. Wollte er zum Beispiel Lastwagen überholen, so musste er jedes Mal erst weit nach links ausholen, bis er mit seinem rechten, sehenden Auge im letzten Augenblick den Gegenverkehr wahrnehmen konnte. Übertrieben schnell riss er das Lenkrad nach rechts herum und ließ bei uns Mitfahrern die Herzfrequenz wieder um einiges ansteigen.

Helmut Weißkapp

Experimente

Mein Freund, der Nicht-Heidelberger – er ist uns bereits zweimal in diesem Buch begegnet – hatte sich bei mir mal wieder zu Besuch angemeldet. Meine Freude war groß, gerade diesen guten Freund nach längerer Zeit wiederzusehen. »Was macht dein Buch?«, war seine erste Frage, noch bevor wir uns richtig begrüßt hatten. – »Das ist doch hoffentlich nicht der einzige Grund deines Besuches, nur um dieses zu erfahren?« – »Aber nein. Natürlich nicht. Ich möchte zudem gerne wissen, wie lange noch du daran herumzudoktern gedenkst?« – »Deine Direktheit ist für mich umwerfend. Ich möchte gerne wissen, wie du im umgekehrten Fall reagieren würdest, wenn ich zu dir käme und mich als erstes nach deinem Hund erkundigen würde.« – »Das kann ich dir sofort sagen. Ich würde dir antworten: Ich habe keinen Hund, sondern ein Kaninchen.« – »Na gut. Ich bin dir ja nicht böse. Um auf deine inkonsequente Fragestellung einzugehen: Hätte ich schon ein Buch, dann würde ich nicht gedenken, an ihm weiter herumzudoktern, wie du es so freundlich formulierst. Um deine beiden Fragen doch noch, indirekt, zu beantworten: Du erinnerst dich hoffentlich an unsere Wette! Du kannst die Flasche Champagner schon einmal kaufen, denn in Kürze werde ich das Buch geschrieben und du dann unsere Wette verloren haben.«

Da war ja immer noch die Schule und bis zum Abitur dauerte es noch circa zwei Jahre. Durch die naturwissenschaftlichen Fächer war ich angeregt worden, selbst biologische, physikalische und vor allem chemische Versuche zu Hause durchzuführen. Eine wunderschöne Libelle hatte sich am Fenster hinter der Gardine verfangen. Ich wollte sie konservieren und versuchte daher, sie mit einer langen spitzen Nadel aufzuspießen, was mir nach mehreren Ansätzen auch gelang. Aber dem armen Tierchen gefiel meine grausame Art gar nicht. Es hatte eigentlich vor dieser Prozedur mit Chloroform betäubt werden wollen. Zu spät!

Es glich einer Sensation, als ich ankündigte, flüssige Luft in den Unterricht mitzubringen. Ein guter Freund von mir war im Physikalischen Institut der Universität beschäftigt und hatte es mir ermöglicht, in einer Thermosflasche diese kalte, leicht zischende und verdampfende Flüssigkeit abzufüllen. Das Behältnis musste einigermaßen konstant bei minus 194,5 Grad Celsius gehalten werden. Erst dann nämlich blieb der flüssige Aggregatzustand der Luft erhalten und sie entwich nicht sofort wieder. Mit einem Wattepfropfen hatte ich den Flaschenhals vorsorglich verschlossen, damit mir das Gefäß nicht etwa in der

Hand explodieren würde. Zu Hause zog ich im Beisein meiner Familie erst einmal eine Schau ab. Ein in die flüssige Luft getauchter Gummischlauch war nach wenigen Sekunden so hart geworden, dass er mit einem Hammerschlag in hundert Stücke zerbarst und die Splitter wie Geschosse in der ganzen Küche herumflogen. An jenem Mittag gab es zur Mahlzeit Kartoffelknöpfe – eine Art Kartoffelklöße. Einer von ihnen musste dran glauben. Ihn hatte das gleiche Schicksal wie den Gummischlauch ereilt. In der Schule angekommen, mit Spannung bereits erwartet, schritten wir zur Ausführung eines angekündigten Experiments. In einen größeren Behälter füllten wir einen Teil der flüssigen Luft und verschlossen ihn ganz dicht. Um ihn herum wickelten wir noch ein dickes Polster aus einem weichen Material und verschnürten das Ganze sehr fest mit einer Kordel. Unser Professor schickte uns Schüler nun in die obere hinterste Ecke des Saales und befahl uns, unter den Bänken in Deckung zu gehen. So hingen wir also in großer Erwartung des Kommenden unter den uns Schutz bietenden Schulbänken und lugten durch die Schlitze nach vorne, wo unser Paket zur Explosion gebracht werden sollte. Zur Beschleunigung des Vorgangs war an einem langen Stiel eine brennende Kerze befestigt worden, die ein Schüler – auch halb in Deckung – vorsichtig unter das Paket zu jonglieren versuchte. Nichts geschah. Aber ich warnte vor allzu schnellem Aufgeben, schließlich war ich in solchen Dingen ein wenig bewandert. Auch ich hatte einst geglaubt, mit Sprengpaketen sorglos umgehen zu können. Aber nichts geschah. So kamen wir alle wieder unter den Bänken hervor und begnügten uns vorne auf dem Experimentiertisch mit scheinbar weniger gefährlichen Versuchen.

Mit Säuren und Laugen umzugehen war jedoch nicht weniger gefährlich. Wir brachen einmal zunächst in lautes Gelächter aus, als »Wambo« von einer aufgestellten Apparatur höchst aufgeregt zum Waschbecken eilte, seine Brille herunterriss und seine Glatze mit heftigen Bewegungen seiner Hände unter fließendem Wasser bearbeitete. Verdünnte Schwefelsäure, viel aggressiver als konzentrierte, war ihm ins Gesicht und auf seinen Kopf gespritzt. Von solch möglichen gefährlichen Vorfällen wusste meine Mutter natürlich nichts, als ich mich anschickte, zu Hause auf unserem alten Speicher ein kleines Laboratorium einzurichten.

Mein Vater war schon schwer erkrankt (Lungentuberkulose) und in ein Sanatorium im Schwarzwald eingewiesen worden, anstatt ihn ganz in unserer Nähe, im Kühlen Grund in Heidelberg-Rohrbach, zu behandeln. Man schämte sich damals, eine solche Krankheit zu haben, von der möglichst wenige Bekannte erfahren sollten. Mein altes hölzernes Nachtschränkchen enthielt natürlich nur eine sehr begrenzte Anzahl von chemischen Materialien: Schwefel, den roten, ungiftigen Phosphor, Kohle, Salpeter, einige Säuren, echte Zündschnüre, Streichhölzer, eine Kerze et cetera. Um meine Mutter und meine Schwägerin Gerda zu beruhigen, die vor lauter Angst vor einem Feuer im alten trockenen Gebälk unseres Speichers fast vergingen, trug ich jedes Mal einen Eimer Wasser zu meinem Experimentierplatz hinauf, damit ich im Falle eines Falles Löschwasser zur Verfügung gehabt hätte. Kleine Explosionen oder ein Feuerchen, das ich zum Beispiel mit Kaliumchlorat, gemischt mit Zucker und mit darauftröpfelnder Schwefelsäure entstehen lassen konnte, betrachtete ich leichtsinnigerweise als völlig harmlos.

Für meine theoretische Bildung in Chemie lernte ich den überflüssigen langen Namen eines Medikamentes aus der Augenheilkunde auswendig. Auf einem weggeworfenen Zettel, der von einem Augenärztekongress herrührte, stand: *Silberhexamethylentetraminitrat*. Mein Klassenkamerad und Banknachbar Werner Zimmermann überraschte mich eines Tages mit einem noch viel längeren Namen: *Diäthylmesozyclohexylbenztiocarbozioninjodit* – ob richtig geschrieben? Sofort lernte ich auch diesen Namen auswendig und gab zukünftig mit den beiden Namen immer wieder mächtig an.

Hin und wieder schwänzten wir eine Unterrichtsstunde, nicht nur in Religion. In den oberen Klassen geschah dies jedoch immer seltener. Aber an einem schönen Morgen – ich weiß nicht, was uns in die Glieder gefahren war – hatten wir beschlossen, uns im *Weinloch* in der Unteren Straße etwas näher umzuschauen. So früh am Morgen waren wir natürlich mit die ersten Gäste in der Weinstube. Es verblieb uns nicht allzu viel Zeit, ein Schoppen Wein reichte aber, um in einem ungewöhnlich angeheiterten Zustand in die Schule zurückzukehren. Zuvor hatte uns im *Weinloch* ein Mann einen erheblichen Schrecken eingejagt. Er war zielstrebig auf unseren Tisch zugekommen, hatte ein paar Worte mit uns gewechselt und fragte dann plötzlich in der Manier eines Verhörs, ob wir eigentlich wüssten, wie spät es sei. Wir schauten uns alle ängstlich an und dachten an einen Kripobeamten, der sich auf einem Kontrollgang befand. »Halb elf!«, antwortete einer von uns. »Halb elf? Abends oder morgens?« Da erst bemerkten wir erleichtert: nix Kripo, nur ein total Besoffener. In der folgenden Unterrichtsstunde erschienen wir alle wieder so, als ob nichts Besonderes geschehen wäre. Unser Englischlehrer Mutschler, auch »Chef« genannt, den alle in irgendeiner Weise fürchteten, kam zum Klassenzimmer herein und begrüßte uns wie üblich mit: »Good morning, boys!« Die Stunde verlief etwas anders als sonst. Alles schien uns aufgelockerter, nur »der da vorne« schien leicht irritiert zu sein. »Warum geht heute alles so gut?«, wird er sich wohl gefragt haben. Als ich an der Reihe war, stand ich auf und sprach so fließend Englisch, so engagiert, so aufgeräumt, dass einige zu lachen anfingen. Das wiederum gefiel »dem vorne« nicht. Sicherlich versuchte er, die Ursache dieses ungewohnten Schülerverhaltens herauszufinden, aber geschafft hat er es nicht.

»Mit der ist nicht gut Kirschen essen.«

Mit meinem Freund Hermann, dem Hausmeistersohn, zwei Jahre älter als ich, war ich von jetzt an sehr häufig zusammen. Unsere Hauptbeschäftigung an Wochenenden war das Auf- und Abgehen auf der »Idiotenrennbahn«, der Hauptstraße, ungefähr vom Kornmarkt bis zum Bismarckplatz. Denn auf dieser Strecke bewegte sich so allerlei Volk, aus dem wir vielleicht jemanden von Interesse herausfischen konnten.

Die Straßenbahnen sausten damals noch, bevor die Hauptstraße zur längsten Fußgängerzone Deutschlands gemacht wurde, im Gegenverkehr, also zweigleisig durch diese an manchen Stellen besonders enge Straße. Im Sommer, bei dem immensen Fremdenverkehr, mussten die Straßenbahnfahrer häufiger als zu anderen Jahreszeiten durch Notbremsungen ihre Bahn zum Stehen bringen und hin und wieder erwischten sie auch einen. Ein besonders langes Bimmeln und das Knirschen von Sand, der bei diesen Bremsungen auf die Schienen fiel, kündigte so einen Unfall stets an und erschreckte einen. Die Straßenbahnwagen waren komfortabler und sicherer geworden. Die Türen schlossen automatisch, sodass ein Auf- und Abspringen während der Fahrt nicht mehr möglich war. In meiner Kindheit war es noch gang und gäbe, eine sich in Fahrt setzende Bahn am Türgriff zu fassen, sich auf das Trittbrett zu schwingen, die Tür zu öffnen und sich mit beiden Händen hochzuziehen, manchmal mit Hilfe von innen. Das Abspringen von der noch fahrenden Bahn gehörte zur gleichen Sportart und war für manche noch gefährlicher.

In jener Zeit glaubte ich, dass mir auf unseren Spaziergängen, die nur dazu dienten, vielleicht ein nettes Mädchen kennenzulernen, ein Hut ganz gut stehen würde. Und obwohl dies überhaupt nicht der Fall war, trug ich ihn eine gewisse Zeit lang geduldig. Ich kannte sehr viele Leute und noch mehr Leute kannten mich von meinen häufigen Auftritten als Geiger, aber auch von meiner Arbeit in der Heiliggeistkirche und in der Gemeinde, auf die ich noch zu sprechen komme. Alle paar

Meter musste ich grüßen und dabei natürlich meinen Hut ziehen. Das tat ich ganz korrekt, wie ich es in der Tanzstunde gelernt hatte: zur linken Seite hin mit dem rechten Bein nach vorne, zur rechten Seite hin mit dem linken Bein nach vorne, also zu dem zu Grüßenden hin immer »im offenen Schritt«. Manchmal kam mein Gruß zu spät, weil ich überlegen musste, welches Bein wohin gehörte. Schließlich war ich es leid auf diese Art zu grüßen und warf eines Tages meinen schönen Filzhut in hohem Bogen in den Neckar.

Für einen Achtzehnjährigen ist es ja durchaus legitim, dass er sich mit zunehmender Reife intensiver für das andere Geschlecht interessiert. Hermann und ich waren allerdings nicht darauf aus, uns auf irgendwelche Abenteuer einzulassen. Die Zeit damals war noch etwas anders als heute. Natürlich gab es auch in unserer Jugend eine ganze Reihe heranwachsender Männer, die die jungen Mädchen erst umwarben und sie danach fallen ließen. Unsere Blicke und unsere Pläne waren dagegen eher auf die Zukunft ausgerichtet. Auf der Hauptstraße, in der Nähe des Kornmarktes, lernte ich ein hübsches und süßes junges Ding kennen, ganze 16 Jahre alt, für das ich Feuer und Flamme war. Mein Freund warnte mich jedoch: »Pass auf! Mit der ist nicht gut Kirschen essen.« – Und ich: »Ich brauche mit ihr ja nicht gleich Kirschen zu essen.« Als sie mit ihrer Klasse im Schullandheim war, schrieb ich ihr und wartete sehnsüchtig auf eine Antwort. Als sie zurückkam, behauptete sie, sie habe meinen Brief beantwortet. »Heute ist wieder keine Post von dir gekommen.« – »Aber ich habe dir geschrieben.« Das ging so ein paar Tage lang, bis ich die Sache leid war und ihr eine Falle stellte. »Heute ist endlich dein Brief angekommen!« – Sie war so sehr überrascht, war sprachlos geworden und starrte mich mit offenem Mund an. Jetzt spätestens war mir klar geworden, dass sie mich angelogen hatte. Meine Briefe verlangte ich von ihr zurück, ja ich bestand auf ihre Rückgabe. Sie übergab sie mir unwillig in einer Pappschachtel, in der ich sie in tausend Schnipsel zerschnitten wiedererkannte. Kirschen hätte ich bestimmt mit ihr essen können, aber sonst taugte sie zu nichts.

Auf unserem spätabendlichen Heimweg kamen Hermann und ich meistens am *Mainzer Rad* vorbei, der Gaststätte auf der Hauptstraße, die mit einer Seite im rückwärtigen Teil fast angelehnt zur Alten Universität stand, von ihr nur durch eine schmale Passage für Anlieferungen getrennt. Beim Vorbeigehen gingen unsere Blicke als erstes zu den Zimmern der weiblichen Bedienungen hinauf, um festzustellen, ob schon Licht brannte. Von der Empore der Aula der Alten Universität aus konnte man direkt in ihre Zimmer schauen. Hermann verbrachte mit seinen beiden Brüdern an manchen Abenden zu später Stunde einige aufregende Zeiten hinter den Fensterscheiben und beobachtete, was da so alles geschah. Und es geschah einiges! Man nahm mich auch einige Male mit in die Aula, die ich ja bereits von vielerlei anderen Anlässen her recht gut kannte. Wir schlichen von der Hausmeisterwohnung aus durch die Verbindungstür, die direkt über einen breiten Gang, an den Verwaltungsräumen vorbei, zur Aula führte. Einmal erschraken wir gewaltig, als wir Stimmen hörten. Wahrscheinlich hatte der Vater meiner drei Freunde, der Hausmeister, noch irgendwelche Arbeiten zu verrichten. Flugs eilten wir geräuschlos auf leisen Crêpesohlen die Haupttreppe hinauf und warteten dort oben ab, bis wieder Ruhe eingekehrt war. Sodann flitzten wir zu unseren Fenstern auf die Empore und waren nicht sonderlich überrascht, als wir dort bereits einen von Hermanns Brüdern vorfanden. Ich hatte immer Pech! Nie habe ich »Das« beobachten können, wovon die anderen so schwärmten. Entweder kam ich zu spät oder es hatte überhaupt nichts stattgefunden. Ich musste mich leider damit begnügen, bei einer unserer »Sitzungen« einen Striptease der Schönen zu erleben und einmal eine Rasur der Beinhaare sowie die Pflege ihrer Haartracht. Na ja, wenigstens etwas, besser als gar nichts. Man war ja noch bescheiden. Doch da! Plötzlich schaute sie auf und sekundenlang direkt in meine Augen. Ich erschrak und wurde ein wenig verlegen. Hatte sie uns böse Buben entdeckt? – Quatsch! Das konnte unmöglich sein. Aus ihrem hell erleuchteten Zimmer konnte sie unmöglich durch die tiefschwarze Nacht hindurch – zudem über die Passage hinweg – unsere flackernden Augen sehen, deren Feuer sowieso nicht sichtbar, sondern nur in uns selbst brannten. Zum Teufel! Da hörten wir doch von Neuem näher kommende Stimmen. Und plötzlich ging unten die Seitentür zur Aula auf und die volle Beleuchtung wurde eingeschaltet. Mehrere Personen traten ein. Wer zum Teufel hatte denn zu so später Stunde noch einen Grund, in die Aula zu kommen – außer uns? Unsere Herzen schlugen nun noch wesentlich schneller als zuvor. Was wäre wohl geschehen, wenn wir entdeckt worden wären! Wir duckten uns so weit wie möglich hinter den Sitzen. Aber was hätte es uns genützt, wenn diese Leute – wer weiß wer? – auf die Empore heraufgekommen wären? Die Lichter gingen wieder aus, die Stimmen entfernten sich und die Zahl unserer Herzschläge reduzierte sich wieder auf ein Normalmaß. Nach einer Weile gingen auch wir, es war ohnehin an jenem Abend nichts Befriedigendes zu beobachten.

»Extremkinetiker«

Mein verstorbener Bruder Emil, Walter und ich waren in gewisser Hinsicht so eine Art »Extremkinetiker.« Emil war doch tatsächlich an einem einzigen Tag mit dem Fahrrad von Köln bis nach Heidelberg gefahren. Er war zwar frühmorgens schon um fünf Uhr in Köln aufgebrochen und erst gegen ein Uhr in der Nacht in Heidelberg angekommen, aber immerhin! Ungefähr 260 Kilometer, das war schon eine gewaltige Leistung! Meine Eltern schimpften furchtbar, weil er eine solche Strapaze auf sich genommen hatte. Er aber meinte nur: »Als ich in Mainz ankam, dachte ich, da kann ich auch noch bis Heidelberg durchfahren.« Das waren jedoch immerhin noch einmal circa 90 Kilometer! Walter lernte auf noch ungewöhnlichere Weise das Schwimmen als ich. Als kleiner Junge versuchte er es immer wieder im Freibad im Neckar, wurde eines Tages wütend, weil es nicht klappte und sprang dann einfach ins tiefe Wasser. »Und wenn isch dabei ersauf!«, dachte er sich. Und siehe da, es klappte. Aufgeregt, aber glücklich, rannte er nach Hause, um es der Mutter zu erzählen und kehrte sofort wieder zum Freibad zurück, um jetzt das just erlernte Können ein wenig mehr zu genießen. Später, bereits bei der Stadtverwaltung tätig, schloss er mit seinen Arbeitskollegen eine Wette ab – siegreich, wie sich herausstellen sollte. Er hatte behauptet, zwei schwere Büroschreibmaschinen, in jeder Hand eine, gleichzeitig über seinen Kopf hinaus heben zu können. Er konnte es!

Ich selbst hatte mir auch einmal mehr zugetraut als ich eigentlich verantworten konnte. So etwas war ja nicht zum ersten Mal geschehen. Ich durchschwamm ganz alleine einen See. Am Anfang und am Ende war das Ufer ja nahe. Aber draußen, so ungefähr in der Mitte des Sees, wo ich überhaupt nicht mehr weiterzukommen schien, da wurde es mir doch recht mulmig, ja, Angst stieg in mir auf. Ich dachte daran, dass ich plötzlich einen Beinkrampf kriegen oder einfach meine Kräfte nachlassen könnten. Zu allem Überfluss musste ich auch noch in seichtem Gewässer durch Schlingpflanzen hindurchschwimmen, bevor ich das jenseitige Ufer erreichte. Nun ja, auch diese Hürde schaffte ich letztlich. Wirklich froh, gut angekommen zu sein, ging ich im weiten Bogen zurück zu meinen abgelegten Kleidern.

Selbst meine Mutter kann ich in unsere Reihe von Extremkinetikern miteinbeziehen. Man kann es schon als besondere Leistung betrachten, dass sie mit ihren über 80 Jahren noch umherzog, um das freiwillige Schwesterngeld von durchschnittlich 50 Pfennig pro Familie zu kassieren, das für die Aufgaben der Gemeindeschwestern bestimmt war. Dabei musste sie die steilen, meist unbeleuchteten Treppen der Altstadtwohnungen hinauf- und herabsteigen.

Meinem Vater ging es mittlerweile gesundheitlich sehr schlecht. Er war ja wegen seiner Lungentuberkulose zunächst zur Behandlung im Schwarzwald, nun nach Heidelberg zurückgekehrt und sofort in die Quarantänestation der Ludolf-Krehl-Klinik eingeliefert worden. Unsere Gemeindeschwester Margarethe und ich hatten ihn vom Hauptbahnhof abgeholt. Wie lange es mit seiner Krankheit wohl noch dauern würde – an Genesung war ja nicht mehr zu denken –, das konnte uns kein Arzt sagen.

»Buona sera!«

Im Sommer 1953 plante ich mit Hermann eine Italienreise. Nachdem er mit Mister King, einem amerikanischen Reiseführer, vereinbart hatte, dass dieser uns bei der nächsten Gelegenheit mitnehmen würde, wenn im Bus seiner Reisegesellschaft noch zwei Plätze frei wären, standen wir nun seit Tagen mit unserem Gepäck abrufbereit. Eines Nachmittags kam dann endlich die Nachricht, dass wir am nächsten Morgen in Mannheim um acht Uhr früh zusteigen könnten. Die amerikanische Reisegesellschaft bestand fast nur aus älteren Herrschaften, sogar zwei Achtzigjährige waren unter ihnen. Sie alle waren dabei, im Eiltempo, das heißt in 14 Tagen, ganz Westeuropa kennenzulernen – wie sie glaubten –, von Skandinavien bis hinunter in die südlichen Länder unseres Kontinentes. Ursprünglich wollten Hermann und ich mit einem Zelt im Gepäck reisen, doch das erwies sich als zu schwer. Wir reduzierten jeweils unser Nachtgepäck auf zwei Decken und einen Trainingsanzug, aber auch das war noch zu viel. Wir verzichteten noch auf eine weitere Decke wegen der zu erwartenden Hitze in Italien; eine würde bestimmt ausreichen. Jeder hatte ein Kochgeschirr mit Besteck bei sich, das wir auf unserer fast vierwöchigen Reise nie benutzten, nur einige Male – zweckentfremdet – als Kopfkissen, so auf einer Bank vor dem Friedhof in Lugano.

Mit den Amerikanern im Bus stellten wir schnell gute Kontakte her. Sie fanden uns attraktiv in unseren kurzen Lederhosen, die Italiener dagegen, besonders im Süden ihres Landes, eher komisch bis unmöglich. Unsere gemeinsame Reise ging zunächst nur bis in die Schweiz. Dort trennten wir uns. Die Amerikaner fuhren weiter nach Österreich, wir trampten durch Oberitalien, um sie nach zwei Tagen in Venedig wiederzutreffen.

In Mailand lernten wir einen sehr korpulenten Mann auf der Straße kennen. Er hatte uns angesprochen und war entzückt, dass wir aus Deutschland kamen. Engländer mochte er nicht. Bei Erwähnung dieser Spezies fuhr seine Hand, als ob sie ein Messer führte, an seine Gurgel. Er wollte uns mit in seine Wohnung nehmen. Zufällig vorbeikommende deutsche Jugendliche warnten uns zwar davor mitzugehen, aber ich tat es dann doch. Die Wohung lag in der Via Cesare Tallone. Ich bat Hermann, unten auf mich zu warten und gegebenenfalls...

Ich war angenehm überrascht. Herr Micchiché, so hieß unsere neue Bekanntschaft, hatte eine reizende Frau und einen kleinen Jungen. Die Wohnung war tadellos. Alles schien in Ordnung zu sein und so holte ich Hermann zu dem angebotenen kleinen Imbiss herauf. Wir durften sogar die Nacht bei ihnen auf dem Fußboden schlafen. Viele Jahre habe ich noch mit Rosario korrespondiert (auf Englisch) und ihnen zu Weihnachten immer ein Päckchen geschickt.

Wir nahmen jede Gelegenheit der kostenlosen Fortbewegung wahr: in Personenwagen, auf Motorrollern und Pferdefuhrwerken sowie auf Lastkraftwagen, auf deren Ladeflächen wir sauber aufstiegen und oft total verstaubt, manchmal richtig verdreckt wieder herunterkletterten. In der Lagunenstadt Venedig rechtzeitig angekommen, machten wir zunächst einmal das Hotel unserer amerikanischen Freunde ausfindig, ließen unser lästiges Gepäck in einem Pfarrhaus auf der Insel Guidecca und durchstreiften die Stadt bis in die späte Nacht hinein. Der Tag war glühend heiß gewesen. Wir hatten auf unserer Wanderung eine einzige Decke mitgenommen, weil wir ja irgendwo im Freien schlafen wollten. Aber das war in Venedig kaum möglich, denn Wiesen fanden wir keine. Da machten wir uns, schon ziemlich ermüdet, auf den Weg zum Festland, in der Hoffnung, etwas Passendes für die Nachtruhe zu finden. Die glitzernden Lichter dort drüben ließen unser Ziel nicht allzu entfernt erscheinen. Doch von wegen! Die Verbindung zum Festland, die Ponte della Libertà (*autostrada*), war ungefähr acht Kilometer lang, für unsere müden Füße etwas viel zu so später Stunde! Etwa auf halbem Wege – es war inzwischen halb drei morgens – legten wir uns einfach neben der Straße in eine kleine Ausbuchtung, nahmen einen Stein als Kopfkissen und versuchten uns dort etwas gegen die aufgekommene Kühle der Nacht zu schützen. Wir legten uns auf die Decke und klappten das andere Ende über uns zusammen. Derjenige von uns, der auf der Innenseite lag, hatte es natürlich wärmer, weshalb wir uns ständig abwechselten. Der Lärm der Autos und der vorbeidonnernden Eisenbahnen ließ uns kein Auge zumachen, weshalb wir nach zwei Stunden beschlossen,

wieder aufzustehen und noch müder als zuvor in die Stadt zurück-
zugehen.

Gegen acht Uhr ging es ab in Richtung Süden. Im Allgemeinen kam
die Reisegesellschaft spät am Zielort an, die Dunkelheit war meistens
bereits hereingebrochen. Die Amerikaner gingen in ihr schönes Hotel,
wir beide aber standen auf der Straße und mussten uns erst umsehen,
wo wir die Nacht verbringen konnten.

Einige Male lief uns das Wasser im Mund zusammen, als wir an kleinen Spaghettibuden vorbeikamen, sodass wir uns den Luxus leisteten,
für 150 Lire eine Portion zu uns zu nehmen. Auf die Frage nach den
Toiletten schaute man uns befremdet an. Eine solche Leistung schien
im Preis nicht inbegriffen zu sein. In der italienischen Schweiz konnten
wir ja noch die offenen Pissoirs auf dem Trottoir nutzen, die zwischen
den Geschäften eingelassen waren. Und hier gab es etwa keine Toilette? Auf Drängen führte man uns schließlich in die Küche, wo hinter
einer halbhohen Holztür, die man von innen mit der Hand zuhalten
musste, das ersehnte Örtchen auf uns wartete. Fremd war uns in etwas
besseren Trattorias, dass Besteck extra berechnet wurde. Wir wollten
darauf verzichten, aber das erlaubte man uns nicht.

Es gab alle Arten von Übernachtungsmöglichkeiten. Jedoch nur
ein einziges Mal waren wir in einer Jugendherberge, in Florenz, in der
uns die Lust zu solchen Übernachtungen schnell verdorben wurde.
Für eine recht große Anzahl Jugendlicher gab es nur zwei Waschbecken in einem Raum, in dem knöchelhoch schmutziges Waschwasser
stand. Und dann noch Geld für einen solchen »Komfort« zahlen? –
Nein! Inkonsequenterweise waren wir noch ein zweites Mal in einer
Jugendherberge, nämlich auf der Rückreise, wieder in Lugano. Wir
ärgerten uns sehr darüber, dass wir in der total überfüllten Herber-
ge den vollen Preis zahlen mussten. Auf der schmalen Sitzbank, die
wir zur Verfügung gestellt bekamen, konnte sich nur einer, auf eine
Körperseite gedreht, an der Wand angelehnt, bequem ausstrecken. Der
andere war zwar ebenfalls seitlich gelagert, musste sich aber mit seinem
linken herunterhängenden Arm auf dem Fußboden abstützen. Auch
hier hatten wir die Bequemlichkeit ehrlich aufgeteilt und deshalb jede
halbe Stunde den Wechsel auf unserem ungewöhnlichen Schlaflager
vorgenommen.

Auf der gesamten Reise hatten wir im Schnitt täglich so ungefähr
vier bis fünf Stunden Schlaf. Kein Wunder, wenn man bedenkt, wie
ungewöhnlich unsere Schlafstellen und -zeiten waren. Einmal legten
wir uns auf den Stufen eines breiten Kirchenportals zur Ruhe. Hermann links und ich rechts in die Ecke gekauert, nachdem wir zuvor

von dem nahegelegenen Sportplatz wegen Regens geflohen waren, um eine geeignete Überdachung zu suchen. Ich hatte in jener Nacht einen furchtbaren Durst und machte mich im Trainingsanzug, den ich mir wie immer für die Nacht über meine Lederhose gestreift hatte, auf die Suche nach einem Brunnen. Dummerweise hatte es einen totalen Stromausfall in der ganzen Stadt gegeben und so stand ich inmitten einer noch belebten Straße im Dunkeln. »Deutsch? Komm mit!« Ich vertraute mich dieser Silhouette an, die mich in eine Nachtbar schleppte. Zum Glück gingen die Lichter wieder an und so fand ich mich in meiner wundersamen Aufmachung an der Theke wieder. Man spendierte mir *acqua minerale con gaz.* – »Grazie! Molto grazie!«

Eines Abends, in einem kleinen Ort, dessen Häuser schwalbennestartig an Felsen hingen, war es für Hermann und mich unmöglich, eine Schlafstelle zu finden. Unser Busfahrer, ein netter vitaler Italiener, bot uns an, dass wir ausnahmsweise im Bus übernachten dürften. Wir sollten den Reisenden gegenüber aber Stillschweigen bewahren. Es hätte bei dem einen oder anderen von ihnen möglicherweise Unbehagen erzeugen können. Er gab uns seinen Schlüsselbund mit allen Schlüsseln, inklusive Ersatzschlüsseln, und wünschte uns »buona notte!« – *buona* war sie nicht. Quer über mehreren Sitzen zu liegen, war äußerst unbequem, aber wir schliefen, total übermüdet, schnell ein. Am folgenden Morgen begrüßten uns die Amerikaner wie immer sehr zuvorkommend. Einige waren besorgt um uns, wie wir denn unter freiem Himmel das Unwetter mit den großen Hagelkörnern überstanden hätten. Erstaunt über diese Frage reagierte ich sofort auf die richtige Weise und erweckte bei ihnen die reinste Bewunderung. »Oh, that was no problem for us!« – »No problem? The hailstones were as big as tennis balls!« – «Oh! We went beside and waited for the end of the thunderstorm!« Was muss das für ein Geprassel auf das Busdach gewesen sein, von dem wir rein gar nichts bemerkt hatten. Und wie tief unser Schlaf!

Für den Rom-Aufenthalt waren zwei Tage vorgesehen. Die ganze erste Nacht hatten wir uns um die Ohren geschlagen, hatten sie durchwandert und waren nicht aus dem Staunen über eine solch vielfältige, kolossale Baukunst herausgekommen. Zum Ausruhen setzten wir uns am nächsten Morgen gegen halb neun in eine Straßenbahn, in der man für zehn Lire um ganz Rom herumfahren konnte. Nach dieser erholsamen Rundreise stiegen wir erfrischt aus der Bahn und fanden in der Nähe in einem großen Park an einer etwas nach unten geneigten Stelle unseren Schlafplatz für die kommende Nacht. Gegen halb zehn, es war schon dunkel geworden, suchten wir diesen am Vormittag entdeckten Liegeplatz auf. »Verdammt!«, entfuhr es uns. Da lagen ja schon andere. Es waren einige Pärchen, die diese ein wenig verborgene Spielwiese gut zu kennen schienen und sich eben da auf ganz menschliche Art und Weise verlustierten. Wir wurden brutal, schließlich wollten wir endlich mal wieder einigermaßen gut schlafen. Wir setzten uns ganz in ihre Nähe, umarmten uns wie ein Liebespärchen und vertrieben sie alle. Wir zogen unsere Nachtkleidung an – also die Trainingsanzüge über unsere Lederhosen – legten uns in eine Kuhle und krochen unter unsere Decken. Da es aber eine sehr unruhige »bewegte« Gegend war, mussten wir uns zur Nachtwache entschließen. Wir einigten uns auf je zwei Stunden, in denen abwechselnd einer über den anderen wachen musste. Die zwei Stunden hinter einem Gebüsch versteckt stehend, beobachtete ich plötzlich das Näherkommen zweier Polizeibeamter, die den schlafenden Hermann entdeckt hatten. Zu nahe ließ ich sie nicht herankommen. Ich trat hinter dem Gebüsch hervor und grüßte sie mit »buona sera«. Die beiden von der Sittenpolizei, die jede Nacht um ein Uhr den Park aufräumten, schauten mich verdutzt an, erwiderten den Gruß und zogen von dannen. Alles schien die Sittenpolizei allerdings nicht in den Griff zu bekommen. Eine Dame im roten Kleid war im Laufe der Zeit meiner Nachtwachen vier- bis fünfmal, immer mit einem anderen Freier, oberhalb unseres Nachtquartiers im Gebüsch verschwunden – ich wusste nicht zu welchem Zweck... Und gegen vier Uhr kam ein junger Mann mit einer eingerollten Decke unter dem Arm auf uns zu. Ich schritt wieder aus dem Versteck hervor und grüßte auch ihn. Er wollte von mir wissen, ob ich nicht eine Frau für ihn hätte. Ich antwortete ihm nur mit einem »Nein« und, dass es jetzt wohl auch etwas zu spät sei. Er zog trotzdem wohlgelaunt seines Weges.

Die Überfahrt auf die Insel Capri war für mich grauenvoll. Die Nacht davor hatten wir in Sorrento unter schönstem Sternenhimmel auf Stühlen eines Gartenrestaurants verbracht, den Kopf auf den Tisch gelegt. Viel zu früh – ich glaube, es war erst sechs Uhr – wurden wir durch ein schrilles hektisches Glockengebimmel von einem in nächster Nähe stehenden Kampanile aus dem Schlaf gerissen, der nicht tief gewesen war, uns aber die Kraft für den kommenden Tag gespendet hatte. Tags zuvor hatten wir das einmalig schöne Amalfi kennengelernt. Die jungen Frauen waren richtig von uns angetan. Eine wollte unbedingt mit uns anbändeln. Wo sie denn ihre »Verrichtungen« ausüben würde, fragten wir sie, natürlich ohne Interesse, aber neugierig. »Qui!«, an einer Windung eines schmalen nach oben führenden Pfades, an der Mauer! Oder auch bei ihr Zuhause, wenn wir das vorzögen. Als Entlohnung würde sie sich mit einer Schachtel Zigaretten begnügen.

Mir war in Sorrento speiübel an diesem Morgen. Ich glaubte, die Dose Ölsardinen, meine letzte Abendmahlzeit, sei mir auf den Magen geschlagen. Und gleich sollte die Überfahrt zur Insel Capri auf einer sehr aufgewühlten See stattfinden. Das Wasser spritzte über den Bug des Schiffes und ich spuckte, was ich nur konnte, ins Meer. Hermann überstand diese kleine Seereise gut. Aber mir gab die Ansicht der vielen Passagiere, die vom Schiffspersonal an die Reling geführt und gestützt wurden, den Rest. Auf der schönen Insel angekommen, die uns am Abend einen unvergesslichen glutroten Sonnenuntergang bieten würde, stiegen wir den Berg hinauf, um nach Anacapri zu gelangen. Ich schwebte nur so dahin, wie es mir schien, und hatte geschworen, nie wieder mit einem Schiff zu fahren. Ein Schwur, den ich zu früh abgelegt hatte, denn wie sollte ich denn tags darauf zum Festland zurückkehren? Mister King hatte uns, wohl aus Mitleid, in seinem vornehmen Hotel eine Übernachtungsmöglichkeit besorgt, denn wir wussten nicht, wo wir die Nacht verbringen sollten. Wir freuten uns so richtig darauf. Es war aber nur ein kleines Zimmer, in dem der Koch und noch ein anderer Bediensteter wohnten. Die beiden hatten wir nicht zu Gesicht bekommen, denn als sie kamen, schliefen wir bereits, und als wir aufwachten, waren sie schon wieder zur Arbeit gegangen.

Wir waren bereits auf der Rückfahrt aus dem Süden von *Bella Italia* in die mittlere Region des Apennin gekommen, da standen Hermann und ich eines Abends wieder einmal vor dem Nichts, in gänzlicher Dunkelheit und ungewohnter Kühle. Wie immer hatten sich die Amerikaner mit ihrem nie versiegenden *keep smiling*, das sie auch in ihrem sonstigen Leben sicherlich niemals vergaßen, von uns für die Nacht verabschiedet. Sie zogen in ihr schönes Hotel und wir überlegten, wo wir in dieser kleinen Ortschaft unsere müden Häupter hinlegen könnten. Wo würden wir hier – es war mittlerweile wirklich zappenduster geworden – wohl ein Stückchen Wiese finden können, wenn überhaupt? Die letzten Straßenlaternen hatten wir schon längst hinter uns gelassen, nur hin und wieder kamen wir noch an armseligen Häuschen vorbei, aus denen schwache Lichtschimmer huschten und wovon einige dunkle Gestalten auszumachen waren.

Endlich erreichten wir eine menschenleere Gegend, glücklich, niedriges Gehölz und Gebüsch entdeckt zu haben. Unser Nachtlager war gefunden. Übernächtigt und ein wenig verwirrt durch die Sonne, die kleine Löcher in unser Gehirn gebrannt zu haben schien, legten wir uns schlafen. Aber an Schlaf war nicht zu denken. Aus der Ferne hörten wir laute Musik, die von einem Freilichtkino zu uns herüberdrang. Das nervte uns auf Dauer. Wir waren sehr unruhig und beschlossen, wieder abwechselnd im zweistündigen Rhythmus Wache zu schieben. Ich begann plötzlich laut zu träumen. »Da! Ein Schiff!« Und was ich sonst noch alles sah! – »Wo denn?«, fragte mich Hermann ganz nüchtern und stellte noch weitere Fragen. Das machte nichts. Er musste mich nun sowieso wecken, denn ich war wieder an der Reihe. Diese blödsinnige Musik von Weitem! Wenn sie doch endlich aufhörte. Sie störte ungemein, mich nun weniger, weil ich wachen musste, jetzt aber Hermann.

Halb vor mich hindösend, erschrak ich plötzlich, als ich ganz in unserer Nähe Geräusche vernahm. Sie kamen immer näher, sodass ich Hermann sicherheitshalber weckte. Es schien, als ob sich jemand an uns heranschlich. Jetzt war wieder Stille. Wir horchten in die Nacht hinein – die Musik aus der Ferne war endlich verklungen –, sodass wir uns ganz auf das sich nähernde Unbekannte konzentrieren konnten. Da! Ach, ein weidendes Pferd trat auf unsere kleine Lichtung. Das war nun wirklich keine Gefahr für uns. Aber kurze Zeit danach hörten wir Schritte. Von Neuem standen wir wie unter Hochspannung. Ein Jäger mit umgehängtem Gewehr und sein Hund kamen des Weges. Zwar konnte der Jäger uns unmöglich sehen, aber der Hund? Da es weit und breit nichts anderes gab als diese uns schützende *macchia*, gingen die beiden hier wohl auf Jagd. Das erschien uns sehr gefährlich. Wir wollten nicht, dass der Jäger sein Gewehr auf uns richtete und uns womöglich abknallte, weil er uns vielleicht für Wildschweine hielt. Wir hielten es in dieser Situation für gegeben, vor uns hin zu pfeifen, um ihm damit mehr Sicherheit bei seiner Entscheidung zu geben. Aber der Wind stand günstig. Der Hund bemerkte uns nicht und beide zogen weiter, ohne uns entdeckt zu haben. Von dieser Nacht hatten wir nun die Nase voll! Um halb vier standen wir auf – die Morgendämmerung war noch nicht so schnell zu erwarten – und gingen in Richtung Meer, um uns dort unten zu waschen. Doch unterwegs fanden wir eine Wasserleitung mit einem Wasserhahn; das war bequemer für unsere Morgenwäsche, nicht so kalt und auch nicht salzig wie das Meer.

In Genua verabschiedeten wir uns von unseren Amerikanern. Während sie in Richtung Frankreich weiterfuhren, bemühten wir uns, wieder nach Hause zu kommen. Zunächst war das Glück uns hold. Zwei Mafiosi – jedenfalls sahen die zwei Italiener in ihrem Straßenkreuzer so aus – brachten uns bis Lugano, ein Franzose dann über den St. Gotthard. Dort oben, in über 2000 Metern Höhe, wo wir eine kurze Rast für einen Rundblick eingelegt hatten, haben wir in unserer sommerlichen Kleidung bei zwei Grad Celsius ganz schön gefroren! Als wir die Schweiz erreichten, war mein gesamtes Reisebudget in Höhe von einhundert Mark fast vollständig aufgebraucht. Leider hatten wir auf so manche Besichtigung, zum Beispiel von Pompeji, verzichten müssen. Bei einem Tagesbudget von ungefähr 3,60 Mark war uns ein Besuch für umgerechnet 1,50 Mark einfach nicht möglich. Mit dem Zehnmarkschein, der für alle möglichen Notfälle gedacht war, kaufte ich mir *Toblerone*-Schokolade. Diese musste ich natürlich über die Grenze schmuggeln. Das tat ich, indem ich schnurstracks am Zoll vorbeizugehen versuchte, ein Zollbeamter pfiff mich jedoch zurück. »Was zu verzollen?« – »Nein!«, antwortete ich. Er tastete an meinem Rucksack herum. »Sonst noch vielleicht ein Fahrrad irgendwo versteckt?«, wollte er von mir wissen. »Nein, kein Fahrrad!«, antwortete ich ganz aufrichtig. »Gut, dann können Sie durchgehen.« Hermann, der sich am Zollhaus in die Schlange der Wartenden eingereiht hatte, wurde gefilzt und musste den Kaffee und die Schokolade, die bei ihm gefunden wurden, verzollen.

Auf deutschem Boden – wie zuvor schon in der Schweiz – genossen wir es, nicht mehr dauernd handeln zu müssen. In Italien hatten wir alles herunterhandeln können: im Lebensmittelgeschäft zum Beispiel eine Dose Ölsardinen, auf dem Markt das Obst und in einer Bank in Rom hatten wir mit unserem Geschick sogar ein paar Lire mehr herausschinden können. In unserer Wohnung standen so viele Blumen, sie erschienen mir besonders frisch und gepflegt. Niemand war zu Hause, ich machte mir Gedanken um meinen Vater. Ob er gerade verstorben war? Im schnellen Gang kam meine Mutter die Treppe heraufgeeilt und begrüßte mich überglücklich, weil ich gesund zurückgekehrt war. »Dem Vadder geht's nätt gut!«, berichtete sie sogleich. Es gab ja keine Hoffnung mehr auf seine Genesung, ja, sein Ende war nahe. Er war so beliebt und angesehen in der Gemeinde, dass man ihn trotz Abwesenheit und schwerer Krankheit nochmals zum Kirchenältesten gewählt hatte. Diese Tatsache, aber auch das Ständchen vor seinem Krankenzimmer, das dem Posaunenchors der Heiliggeistgemeinde zu seinem 59. Geburtstag ein Bedürfnis gewesen war, rührten ihn zutiefst und verlängerten sein Leben bestimmt um einige Atemzüge. Da kam eines Morgens für uns doch überraschend der Anruf. Dedda, die Haushälterin unseres Vermieters, übermittelte uns, dass unser Vater in der Nacht – ganz einsam – verstorben war. Meine Mutter, die ihn jeden Tag mindestens zweimal besucht hatte, grämte sich, dass er nun ohne Beistand aus dem Leben abberufen worden war. Eine Gemeindeschwester hatte ausgerechnet in dieser Nacht keine Wache an seinem Sterbebett gehalten. Bei seiner Beisetzung auf dem Bergfriedhof fand sich eine große Trauergemeinde ein. Sogar Kühlewein, unser ehemaliger Pfarrer von Heiliggeist I, nun Oberkirchenrat, war extra aus Karlsruhe angereist. Die hohe Wertschätzung, die auch meiner lieben Mutter, vor allem durch ihre Arbeit als Kirchendienerin, widerfuhr, zeigte 22 Jahre später anlässlich ihres Ablebens unter anderem ein liebevoll geschriebener Brief unseres Landesbischofs Heidland. Einen Traum meiner Mutter, in dem sie drei Kerzen ausgeblasen hatte, deutete sie im Nachhinein als die Vorahnung für den Tod der drei Geschwister innerhalb eines einzigen Jahres: meines Vaters und zwei seiner Schwestern, Anna und Mina.

Ich hatte nun die Absicht, die Schule zu verlassen und so schnell wie möglich in ein Orchester zu kommen, um für den Lebensunterhalt meiner Mutter und für mich zu sorgen. Es kam aber – Gott sei Dank– ganz anders. Es war wieder Dr. Henn, der lenkend in mein weiteres Leben eingriff. »Der Helmut muss sein Abi machen!« Und so blieb ich seinem Wunsch gemäß auf dem Gymnasium und genoss auch weiterhin seine für mich fast kostenlose Förderung auf der Musikhochschule.

Donnern und Getöse

Während der langen schweren Krankheit meines Vaters versah meine Mutter vertretungsweise den Kirchendienerdienst, den sie nach dem Tod meines Vaters am 24. November 1953 dann offiziell, also bei fester Anstellung, weiterführen durfte. In jener Zeit musste ich ihr natürlich kräftig unter die Arme greifen. Meine Mitarbeit im kirchlichen Dienst lief ja bereits lange vorher, wobei das Samstagabendläuten um 18 Uhr der geringste Zeitaufwand war.

Die Vorbereitungen für den sonntäglichen Gottesdienst um halb zehn waren vielfältiger Art. Spätestens samstags reinigte meine Mutter beim Großputz mit einer oder zwei weiteren Putzfrauen die riesige Kirche. Ich schleppte unzählige Mengen an Wasser heran und scheuerte auch selbst mal den Sandsteinplattenboden. Zwischendurch staubte ich die Kirchenbänke und Stühle ab, richtete sie ordentlich aus und wurde noch zum Pfarrhaus geschickt, um die Lieder für das Anstecken an den sechs Liedertafeln an den Seiten des Chores und Langhauses zu besorgen. Der Liederkasten enthielt fünf verschiedene kleine Tafeln mit den Ziffern 1/0, 2/8, 3/7 und 4/5 auf der Vorder- beziehungsweise Rückseite. Die 6 konnte man – umgedreht – auch als 9 verwenden.

Meistens kam an den Samstagen noch weitere Wasserschlepparbeit hinzu: Die »Schisstreppe« musste gesäubert werden. So nannten wir diese auf der Nordseite, also vom Fischmarkt aus zu einem Seiteneingang der Heiliggeistkirche hochführende breite Treppe. »Schiss« deshalb, weil... na ja, weil der ganze Dreck der über dem Eingang hockenden und brütenden Tauben schichtweise vor dem Eingangsportal lag. Die Brautpaare und die gesamte Hochzeitsgesellschaft sollten doch sauber und rutschfest durch den Eingang ziehen können, um den Segen der Kirche zu erhalten. Diese Arbeit musste ich selbstverständlich vor meinem Unterrichtsbeginn erledigen, also so gegen halb acht. Einmal kam auf dem Moped mein Geschichts- und Geographielehrer vorbei und sah mich da arbeiten, was mir peinlich war. (Warum eigentlich?)

Am Sonntag hatte ich dann mit dem Vorläuten (mit der zweitgrößten Glocke) um halb neun die Altstädter an ihren Kirchgang zu erinnern. Wer es ignorierte, den ärgerte ich mit dem gleichen Läuten nochmals um neun Uhr. Manchmal steckte ich erst zwischen diesen beiden Läutegängen die Lieder, wenn der Pfarrer sie am Vorabend noch nicht ausgesucht oder ich keine Lust mehr hatte, noch am späten Abend davor den Innenraum der Kirche zu erhellen. Aber das artete oft in Stress aus. Schließlich musste ich den Altar noch mit dem Abendmahlsgerät decken, mit der silbernen Patene für das Brot, das bei uns zu Hause in kleine Stücke geschnitten worden war, den zwei ebenfalls silbernen alten Kelchen und dem Meisterwerk, der dazu passenden, mit Wein gefüllten Kanne samt Deckel. Bei einem großen Abendmahl bedeutete der nach oben gekippte Deckel, dass der Wein zur Neige gegangen war und ich die zweite gefüllte Kanne zum Tisch des Herrn bringen sollte; er war also mit ständiger Aufmerksamkeit zu beobachten.

Die vier Kerzen auf dem Altar zündete ich vor dem Hauptläuten an. Dem Pfarrer half ich in der Sakristei in seinen Talar und reichte ihm sein von meiner Mutter gewaschenes und gestärktes Beffchen. Meistens musste ich ihm seinen Auftritt ansagen, weil er die Anzahl der bereits gesungenen Strophen des Eingangsliedes nicht mitgezählt hatte. Die Kollektenkörbchen hatte ich den diensthabenden Kirchenältesten bereits in der Sakristei in die Hand gegeben und ihnen bei gut besuchten Gottesdiensten ihren Einsammelbereich zugewiesen. Das Vaterunserläuten durfte nicht vergessen werden. »Im Anschluss an den Gottesdienst feiern wir das Heilige Abendmahl«, hatte der Pfarrer eingangs angekündigt, bis man dann auf die bessere Formulierung kam: »Wir setzen unseren Gottesdienst mit der Feier des Heiligen Abendmahls fort.« Der Kindergottesdienst dagegen fand dann wirklich im Anschluss an das Abendmahl statt. Die Kollektengelder zählte ich zusammen mit den Kirchenältesten. Gerollt habe ich die Münzen meist alleine, weil es großer Geschicklichkeit bedurfte, zum Beispiel

50 Zehnpfennigstücke mit einem Griff zu packen und sie auf das vorbereitete Rollenpapier zu schmettern, ohne dass alle Münzen aus der Hand flitzten. Hatte ich die Auf- und Abräumarbeiten beendet, machte ich manchmal noch kleine Führungen in der Kirche, oft für amerikanische Touristen, bei denen ich ganz stolz war, zum Erstaunen meiner Zuhörer sogar den englischen Fachausdruck für »Schlussstein« im Deckengewölbe (*keystone*) zu wissen.

An einem der Sonntage, an denen ich Dienst hatte, wieder früh auf dem Weg zur Heiliggeistkirche, machte ich eine Entdeckung, die sich an »Scheißlichkeit« kaum überbieten lässt. Auf dem kurzen Weg von uns zur Kirche befand sich auf der linken Seite der Hauptstraße die kleine Weinhandlung *Müller*. Das einzige Schaufenster und die Eingangstür waren – ich musste erst zweimal hinschauen, um es glauben zu können, obwohl meine Nase das gänzlich Unwahrscheinliche und doch Wahre schon längst mit Abscheu registriert hatte – von oben bis unten äußerst gewissenhaft mit Kot beschmiert worden. Es mussten die gesammelten menschlichen Exkremente von mehreren Tagen gewesen sein, mit Sicherheit also einige Nachttöpfe voll, damit diese Dichte auf den Glasscheiben überhaupt erreicht werden konnte. Ein Scherz? Rache?

Bei einer meiner Inspektionen des Orgelmotors, die ich einmal im Jahr für den Kantor Penzien erledigte – es ging eigentlich nur um das Prüfen des Ölstandes und eventuelle Nachfüllen von Öl –, entdeckte ich das Fehlen eines Handfeuerlöschers auf der Orgelempore. Da ich außerdem der Meinung war, dass auch auf dem riesigen mehrstöckigen Speicher, dessen Holzkonstruktion ich immer wieder bewunderte, Feuerlöscher zu sein hätten, reichte ich kurzerhand beim Kirchenoberbaurat Hampe einen schriftlichen Antrag ein, dass solche an verschiedenen, besonders gefährdeten Stellen angebracht werden sollten. Meinem Antrag wurde stattgegeben. Ich fragte allerdings nach, wie man im Falle eines Brandes auf der Orgelempore, die man nur auf einer engen Wendeltreppe erreichen konnte, an den Feuerlöscher herankommen sollte, der am Ende, ganz hinten auf der Empore angebracht war. Ich ließ ihn dann nach vorne, direkt an den Treppenaufgang versetzen.

Bei Hausabendmahlen musste der Kirchendiener zusammen mit dem Pfarrer ebenfalls tätig werden. Er begleitete ihn meist zu alten, gebrechlichen Gemeindegliedern oder zu solchen, deren Lebensuhr so gut wie abgelaufen war und die noch einmal den Wunsch hatten, das Heilige Abendmahl zu empfangen. Zu meinen Aufgaben gehörte das Decken des provisorischen Altares mit einem weißen Tuch und das Aufstellen des Krankenabendmahlgerätes und des Kruzifixes. Die nötigen Utensilien hatte ich in einem Köfferchen neben dem Pfarrer hergetragen. Der Pfarrer sprach derweil tröstende Worte zu dem Kranken oder Sterbenden und zu den Familienangehörigen. Nachdem ich am Ende alles wieder eingepackt und mich mit dem Pfarrer verabschiedet hatte, bekam ich manchmal zwei Mark Trinkgeld in die Hand gedrückt, die ich nicht abschlagen konnte.

Aufregend war immer das Sylvesterläuten, das Einläuten des neuen Jahres um Mitternacht, wenn alle vier Glocken gegen den unglaublichen Lärm der Knaller, Raketen, Kanonenschläge, Knallfrösche, Heuler et cetera ankämpfen mussten. Zuvor war gerade die Christmette zu Ende gegangen. (In den Jahren davor hatte sie um null Uhr gerade begonnen.) Die Gemeindemitglieder waren danach froh, heil durch die aufblitzenden und donnernden Knallkörper hindurch – immer schön an der Wand entlang – zu Hause angekommen zu sein. Auch ich, denn so richtig ging es mit der Knallerei erst nach der ersten Sekunde des neuen Jahres los. Mein Heimweg, zehn Minuten nach zwölf, war nie ganz ungefährlich. Manchen Leuten schien es Spaß zu machen, vor allem wild herumhüpfende Knallfrösche auf Passanten zu werfen. In unserer Wohnung entgingen wir einmal nur knapp einer Brandkatastrophe. Im Schlafzimmer meiner Eltern hatten wir auf der Kommode am Fenster unsere Feuerwerkskörper gelagert. Eine brennende Kerze stand zum Anzünden der Zündschnüre daneben. Gerd, mein Neffe, war gerade dabei, einen Kanonenschlag loszulassen, hielt unglücklicherweise dessen Zündschnur an die brennende Kerze in Richtung aller anderen Höllenkörper. Deren Zündschnüre fingen nun auch Feuer und alle Knallkörper gingen mit Blitzen und Donnern los, mit einem Getöse, wie es dieses Zimmer bestimmt noch niemals erlebt hatte. Nicht nur die Knallfrösche sprangen herum, sondern auch Gerda, meine Schwägerin. Sie wusste in diesem Moment nichts Klügeres zu tun, als ausgerechnet auf das neben ihr stehende Federbett zu hüpfen. Frau Schmidt hatte es vorgezogen, sofort aus dem Zimmer zu verschwinden. Ein Kanonenschlag war heil geblieben. Naja, fast. Man konnte ihn noch anzünden und zum Fenster hinaus auf die Straße werfen, doch unten angekommen, erlosch er. Ein amerikanischer Soldat, der gerade vorüberging, hob ihn auf und schien ziemlich verdutzt zu sein, als er plötzlich in seiner Hand explodierte. Allmählich, aber nur sehr langsam, kam wieder Ruhe in die Stadt. Nur vereinzelt knallte es dann noch, jedoch die ganze Nacht hindurch. Der Pulverschmauch hielt sich noch lange in den Straßen – doch vor allem bei uns im Schlafzimmer.

Neben der Arbeit in der Heiliggeistkirche, die sich in der Hauptsache auf die Samstage und Sonntage konzentrierte, war dagegen im

Gemeindehaus Plöck 66 die ganze Woche über etwas los: Jungscharen, Burschenkreise, Mädchenkreise, Frauenabende, Bibelstunden, Konfirmandenstunden und vieles mehr. Alle 14 Tage war zudem der Saal für den sonntäglichen Gottesdienst der Lutheraner herzurichten. Das hieß für mich: alle vorhandenen Stühle schön aufstellen, mit einem Gang in der Mitte. Wenn meine Mutter im strengen Winter quer über den Universitätsplatz zur Plöck 66 gehen musste, steckte sie sich eine dicke Zeitung unter ihren Mantel vor die Brust, die den eisigen Wind wirklich erträglich machte. Ich kam mir komisch vor, aber tat es ebenfalls. Das Gemeindehaus hatte im Parterre einen großen Saal, der mit einem zu öffnenden Türflügel auf der einen Seite noch zu vergrößern war. Des Weiteren gab es noch zwei kleinere Zimmer: das eine, das von den Mädchen genutzt wurde, dahinter eine kleine Küche. Ins andere Zimmer, von den Jungen genutzt, stiegen wir Jungschärler meist durch die Fenster ein, wenn sie zufällig geöffnet waren und verließen den Raum nach Beendigung der Jungscharstunde oft wieder auf diese Weise.

Die Gartenpflege oblag ebenso unserer Familie, was aber nicht meine Sache war, wenngleich mich meine Mutter auch hier hin und wieder einzuspannen versuchte. Meine Aufgaben waren vorwiegend anderer Art. Hatte Mutter zum Beispiel den Linoleumboden des großen Saales auf ihren Knien rutschend eingewachst, dann half ich ihr oft dabei, danach mit einem schweren Blocker, unter dem sich harte Bürsten befanden, den Boden auf Hochglanz zu bringen. Das geschah manchmal erst sehr spät abends mit einem meiner Freunde. Vor allem Dieter, der etwas kleiner war, eignete sich für meine ausgedachte Bohnertechnik in besonderer Weise. Er stellte sich auf den ungefähr 25 mal 35 Zentimeter großen Blocker und hielt sich am Stiel fest. Und so schob ich ihn, mal schneller, mal langsamer, durch den Saal, bis der Boden blank war. Jeden Abend schleppte ich die zum Teil bis zu 3,50 Meter langen Tische herum, um zusammen mit den ungefähr 40 bis 50 Stühlen den großen Saal als Seminarraum für Herrn Bornemann einzurichten. Der Jurist hatte den Saal angemietet, um Jurastudenten Nachhilfeunterricht zu erteilen. Jeden Morgen vor der Schule, so gegen viertel nach sieben, ging ich während der kalten Jahreszeiten zur Plöck 66, um den Kachelofen anzuwerfen. Nachdem ich den Rost gesäubert und die Asche entfernt hatte, zündete ich den Ofen mit Zeitungspapier und Anfeuerholz an. Die Kohlen in den vier Behältern hatte ich meistens bereits am Abend davor aus dem Keller geholt, musste jedoch für Herrn Bornemann noch zwei bis drei Schütten zum Nachfüllen des Ofens bereitstellen, der vom Hausgang aus zu befeuern war. Ich war entsetzt, als ich eines Morgens den Saal betrat: Vandalen hatten hier gehaust, den ganzen Saal in eine totale Unordnung gebracht. Tische und Stühle lagen umgestürzt auf dem Boden, Wasser war verschüttet und sämtliche Kohleeimer mit Inhalt umgekippt worden. Die Eierbriketts waren unter Tische und Stühle gerollt. Ich hätte heulen können. Was sollte ich tun? Ich erinnerte mich, dass einer der Gemeindepfarrer in der gegenüberliegenden Friedrich-Ebert-Schule Religionsunterricht erteilte und hoffte deshalb, ihn vor Beginn des Unterrichts abfangen zu können. Er sah sich diese Schweinerei an und schickte mich zur Kriminalpolizei in die Bienenstraße. Der Kripobeamte nahm die Szenerie zu Protokoll. Ich kam an diesem Morgen viel zu spät in die Schule. Ich hatte das Ganze ja zuerst einmal aufzuräumen, zu säubern und dann noch die anderen anfallenden Arbeiten zu erledigen. Die Ermittlungen ergaben, dass unter anderem der jüngere Bruder meines einstigen Kontrahenten in der Kinderschule, Xaver, Kinder aus gutem Hause aus der Neuen Schlossstraße, zu den Übeltätern gehörte.

»Wie viel Talent war da vorhanden«

Ein älterer total verlotterter Mann mit – zeitweise – Vollbart, von kleiner Statur, ein Genie, Eigenbrötler, Musiker, Astrologe, Mitbegründer der *Deutschen Lebensrettungsgesellschaft* (DLRG), Erfinder der Heidelberger Schlossbeleuchtung auf der Postkarte, sein Bruder Professor der Geschichte in den USA: Das war Walter Mang. Ein kleiner Narr, der auch die Freiheit solcher Naturen genoss, der zum Beispiel in den Heidelberger Einbahnstraßen mit seinem Fahrrad hemmungslos – oder vielleicht auch nichtsahnend – in falscher Richtung fuhr, abends zudem ohne Beleuchtung. Er wohnte zuletzt in einem kleinen Zimmer in der Brückenstraße in Heidelberg-Neuenheim, einem Zimmer, in dem das totale Chaos herrschte. Es war spartanisch eingerichtet. An der Fensterseite stand ein alter Schreibtisch, übersät mit Post, denn er pflegte Korrespondenz mit Gott und der Welt. Die Briefe ergossen sich auf beiden Seiten bis hinunter auf den Fußboden und bildeten beiderseits aufgetürmte Papierhaufen. Aber Walter Mang, der stille Chaot, kannte sich in seinem Durcheinander bestens aus. Im Nu konnte er gezielt mit sicherem Griff einen bestimmten Brief aus dem Papierberg herausfischen. Gleich dem vor Schmutz starrenden Inventar schien er ebenso wenig von Hygiene zu halten: Eine uralte vergessene Dampfnudel, die unter dem Schrank wochenlang ihr Dasein gefristet haben musste, zerrte er eines Tages mit einem Schürhaken hervor und wusste sie mit Seifenwasser zu reinigen und seinem unempfindlichen Magen zuzuführen, äußerst glücklich über diese späte Entdeckung. Seine sonstigen Mahlzeiten nahm er im Allgemeinen in der Armenküche in der Bienenstraße ein. Seine Interessen waren sehr vielseitig, sodass er auch nicht die Mühe scheute, zum Beispiel zu einer Weltausstellung nach Paris zu fahren, nur um dort bestimmte Musiknoten zu suchen.

Aus welcher Gegend Walter Mang eigentlich stammte, ist mir nicht bekannt. Auch nicht, wie es zu der Bekanntschaft mit meinem ältesten Bruder Emil gekommen war. Er unterrichtete ihn jedenfalls auf vielen Blasinstrumenten, sowohl auf Holz- als auch auf Blechblasinstrumenten, die er in großer Zahl sehr gut beherrschte. Zum Unterricht ging mein Bruder, 1,88 Meter groß, mit seinem Lehrer von kleiner Statur auf unseren Speicher hinauf oder auf den Philosophenweg, um die Störung durch die sicherlich nicht immer angenehm klingenden Töne für die Nachbarschaft möglichst gering zu halten. Von Walter Mang ließ sich mein Bruder – zum Leidwesen meiner Mutter – auch zum Studium der Astrologie verleiten. Man mag zur Astrologie stehen, wie man will: Walter Mang sagte in den 20er Jahren solch konkrete Dinge voraus – die politische Szene Europas betreffend –, dass man von der Wahrhaftigkeit dieser wissenschaftlich nicht anerkannten Methode zumindest beeindruckt, wenn nicht gar überzeugt sein musste.

Dieser nette Zeitgenosse nannte sich »alter Hausfreund« unserer Familie. Wenn jemand langsam schlurfenden Schrittes die Treppe zu uns heraufschnaufte, dann wussten wir: Da kommt wieder der alte Mang. Zur Fastnachtszeit kam er programmgemäß, um sich seine Fastnachtsküchle, die Mutter immer backte, abzuholen. Er kam die Küche herein, stellte sich vor unseren Küchentisch und murmelte, den Kopf nach unten geneigt, Unverständliches vor sich hin. Seinen verschlissenen Mantel zog er nie aus, öffnete ihn aber bisweilen, um aus einer seiner vielen rundherum eingebauten Taschen einen Gegenstand herauszuziehen.

Als Gründungsmitglied der DLRG schien er es für seine Pflicht zu halten, immer eine Badehose bei sich zu haben. Eine solche zog er nämlich einmal aus seiner Tasche hervor, bei der man nicht mehr erkennen konnte, wo hinten, vorne oder seitlich war, da sie von Löchern nur so durchsiebt war. Meine Mutter sollte sie doch bitte über dem Herd zum Trocknen aufhängen. Vielleicht stammten die vielen Löcher von seinem Experiment an der Neuen Brücke, von der er sich, an einem Seil schwingend, zwischen zwei Brückenpfeilern in die Neckarfluten stürzte! Akrobatik? Prahlen oder Protest? Ich weiß es nicht. Er murmelte vor dem Küchentisch weiter in sich hinein. Bei genauem Hinhören konnte man erfahren, dass er geheiratet hatte und mit seiner Frau im Westen der Stadt in ein Gartenhäuschen gezogen war. Meine Mutter beglückwünschte ihn und schenkte ihm spontan eine alte Schüssel, die er dankbar annahm, damit er sich zu Hause waschen konnte. 14 Tage später war er wieder geschieden. Dankbarkeit erwies er häufig auf seine ganz eigene Weise. So brachte er einmal ein Gedicht mit, unserer Familie gewidmet, oder sein passbildgroßes Konterfei, eine Federzeichnung, für die er sich einem Künstler für 5 Mark zum Porträtieren zur Verfügung gestellt hatte. Ein Bild von sich in der Badehose, für das ihm 15 Mark geboten worden waren, hatte er allerdings abgelehnt. Auf der Rückseite dieses kleinen auf Glas aufgezogenen und von Tesafilm umklebten Bildchens stand folgender Text: »Der lieben Familie Weißkapp zur Erinnerung an meinen begabten Fagottschüler Emil, überreicht vom alten Hausfreunde Walter Mang. Heidelberg, Sommer 51. Schon früh bei unsern Musikanten hervor sich tat einst Freund Weißkapp. Gehörte drum zu den bekannten Mitbürgern wie Konditor Zapp. Wie viel Talent war da vorhanden, das sank zu früh mit ihm ins Grab. Sein'm Bruder, Weltkrieg überstanden, ein gütiges Geschick Lob gab.« Der Text war maschinengeschrieben, bis auf seinen Namen. Am Ende sollte es dann wohl heißen: »...ein gütiges Geschick Gott gab.«

Eines anderen Tages brachte er eine Erfindung mit: »Die Heidelberger Schlossbeleuchtung von Walter Mang«, die so funktionierte: Es war eine Postkarte mit dem von roten Feuern illuminierten Schloss, das man erst so richtig zum Glühen bringen konnte (und das war seine eigentliche Erfindung), wenn man einen schmalen Streifen Karton, der mit einer rot glänzenden Folie bezogen war, derart in Richtung einer Lichtquelle hielt, dass das reflektierende Licht auf die Postkarte geworfen wurde. Nun brannte das Schloss lichterloh. Toll!

Während eines anderen Besuches sagte meine Mutter, die oft sehr direkt sein konnte: »Awwer Herr Mang! Ihr Kopf is sooo schmutzig, do is jo ä rischtige Kruschte druff!« Er antwortete, überhaupt nicht verlegen: »Ja, ich weiß. Aber die krieg ich nicht mehr weg.« Meine Mutter, immer hilfsbereit und für jedes Problem eine Lösung zur Hand, ging zum Wasserstein, holte darunter ein leeres Marmeladenglas hervor und schüttete ein weißes Pulver hinein. »Hier, Herr Mang! Dös is Persil, Waschpulver. Nehme Sie dös un wasche damit zu Haus mit warmem Wasser Ihren Kopf!« Auch das nahm er dankbar an und verließ mit ein paar von meiner Mutter gebackenen Dampfnudeln wieder schlurfend unser Haus. Er musizierte noch einige Male bei der Feuerwehrkapelle mit, tauchte einmal auch im *Collegium Musicum*, im Universitätsorchester auf, hier Fagott spielend, und verbrannte dann eines Tages im Schlaf, weil sein Tauchsieder defekt gewesen war.

Was ihr wollt

Je näher das Abitur rückte, desto mehr hatte ich mit dem Geigespielen zu tun. Eigentlich eine hocherfreuliche Entwicklung, da ich ja Geiger werden wollte. Aber das Abitur wollte ich doch auch bestehen. Zum Glück: Die Dynamik in der Jugend ist die Triebfeder, die jegliche Überlastung auch mit wenig Schlaf zu überwinden vermag. Wenn ich bedenke, dass im Jahr vor meinem Abitur immerhin 305 Termine anfielen, darunter Unterrichtseinheiten (Geigen- und Quartettunterricht, Theorie, Gehörbildung, Harmonielehre et cetera), Proben und 75 Aufführungen, dann wundere ich mich heute, wie ich noch Zeit für die Schule fand. Basketball- und Tischtennisspielen gehörten ebenfalls zu meinen regelmäßigen Beschäftigungen. Und die Freundin wollte mich ja auch hin und wieder sehen. Seit 1953 führte ich mein *Musik*-Buch, eine Art musikalisches Tagebuch, in dem ich gewissenhaft alle meine Auftritte als Geiger festhielt. Datum, Ort, Zeit, Veranstalter, Dirigent, meine Funktion, gespielte Werke und die Namen der Mitwirkenden unterstützen heute mein Gedächtnis beim Recherchieren all dieser lange zurückliegenden Veranstaltungen. Da waren einmal die zahlreichen Trauungen, bei denen ich für die musikalische Umrahmung in so gut wie allen evangelischen und katholischen Kirchen in Heidelberg sorgen sollte. Ich spielte bei Feiern des *Liederkranzes* oder des Gesangvereins *Concordia* ebenso wie bei Weihnachtsfeiern in Altersheimen, Gemeindehäusern (zum Beispiel für Flüchtlinge), bei Vorspielen im Musikunterricht in Klassen meines Gymnasiums oder in der *Schlossweinstube* anlässlich eines runden Geburtstages meines Schuldirektors, des Herrn Dr. Vierneisel. Veranstaltungen im *Kurpfälzischen Museum*, Immatrikulationsfeiern der Universität – einmal aus besonderem Anlass in Anwesenheit des damaligen Bundespräsidenten Theodor Heuss – und viele weitere gehörten zu meinen Standardeinsätzen. Des Weiteren gab es mal eine »Mörike-Stunde« in meinem Gymnasium, die Verabschiedung des Finanzministers Dr. Funk im Rathaus, und und und... Erwähnenswert wären noch die Schauspielmusiken im Schlosshof, bei denen ich gerne mitspielte. In einem Sommer wirkte ich achtmal in Hebbels *Agnes Bernauer* und fünfmal in Shakespeares *Was ihr wollt* mit. Unter meinem Eintrag im *Musik*-Buch fand ich die Bemerkung: »Sehr lange Proben nötig gewesen. Geködert worden waren wir mit 12 bis 15 Mark, bekommen haben wir aber nur 10 Mark pro Vorstellung. Die drei Proben waren jedoch mit 15 Mark bezahlt worden.« Bei dieser »Großzügigkeit« müssen sie wohl wirklich lang und anstrengend gewesen sein!

Diese kleine »Kostprobe« meiner Tätigkeiten muss genügen, obwohl: Ein Klassenkamerad suchte einige Leute, die bei einer Hörfunkaufzeichnung Beifall spenden sollten. So klatschte ich mit diesen ein paar mal in die Hände und zog um 10 Mark reicher wieder nach Hause. Bei der Hälfte meiner Auftritte 1954 gab es kein Honorar. Wenn doch, dann schwankte es zwischen 5 und maximal 25 Mark für eine Aufführung (Jahresverdienst: 777,50 DM). Einmal gab es anstelle eines Honorars Briefpapier, eine Flasche Wein und Konfekt, andere Male freies Essen, vor allem bei auswärtigen Konzerten. Und im *Zimmertheater*, wo für eine Bandaufnahme für das Stück *Gier unter Ulmen* eine Geige angefordert worden war, gab es nichts außer dem Versprechen, dass man mir zukünftig immer freien Eintritt gewähren wollte. Auch heute noch? Meine Jahresbilanz für 1953 sah ähnlich aus wie für 1954. Ich schrieb:»Mit ›allem drum und dran‹: 241 Proben, und so weiter, inklusive der 48 Aufführungen. – 1952 bedeutend mehr: 200 Proben und 75 mal gespielt. Doch dieses Jahr größere Konzerte. Verdienst: 248 DM.«

Während meiner inzwischen intensiveren Vorbereitungen auf das Abitur kam im November 1954 der Tod des großen Dirigenten Wilhelm Furtwängler dazwischen und raubte mir einen vollen Unterrichtstag. Er wurde nämlich auf dem Heidelberger Bergfriedhof, wo auch seine Mutter liegt, beigesetzt, davor aber in der Heiliggeistkirche für die Trauerfeierlichkeiten aufgebahrt. Das hatte für uns einen großen Mehraufwand an Arbeit bedeutet. Die Kirche musste für dieses besondere Ereignis in tadellosem Zustand sein. Besucher, die sich an jenem Tag noch in der Kirche aufhielten, mussten, sofern sie keine Einladung vorweisen konnten, höflich hinauskomplimentiert werden. Eine Ausnahme machte ich jedoch: Einem extra aus Hamburg Angereisten, der keine Eintrittskarte besaß, wies ich auf sein eindringliches Bitten hin im Langhaus einen Sitzplatz zu. Die Polizei hatte weiträumig um die Kirche herum durch Absperrungen Platz für den Zugang der geladenen riesigen Trauergemeinde geschaffen. Ich konnte mich natürlich frei bewegen. Mein großer langer Kirchentürschlüssel, den ich deutlich sichtbar am Schlüsselbund in einer Hand trug, war Referenz genug, um dem auf der gegenüberliegenden Seite hinter Absperrgittern stehenden Publikum zu zeigen, dass ich hier etwas zu sagen hatte. Das Glockengeläut hatte ich allerdings zu früh abgeschaltet, die Orgel setzte ein und die Radio- und Fernsehteams bekamen den Anfang nicht mit, sodass sie gezwungen waren, durch geschickte Einblendungen den durch meine Schuld verpatzten Beginn zu korrigieren. Die Berliner Philharmoniker, die hinter dem Altarraum platziert waren, spielten unter Eugen Jochum in gewohnter Qualität und ehrten mit ihrem Spiel den verstorbenen großen Maestro, der von 1922 bis 1945 und 1947 bis 1954 ihr Chef gewesen war.

»Krieg' ich sie oder nicht?«

Am Ende meiner Gymnasialzeit lernte ich durch die Vermittlung meines Hochschullehrers Bruno Masurat den amerikanischen Oberst Ott kennen. Dieser Colonel bekleidete eine führende Position bei der Zeitung der amerikanischen Streitkräfte *Stars and Stripes*. Von Hause aus war er Professor der Geschichte. Dieser Riese von Mann – seine typisch amerikanische reizende Frau passte bequem unter seinen waagerecht ausgestreckten Arm – hatte mit 17 Jahren seine Geige an den Nagel gehängt und jetzt, sechzigjährig, mit Bratsche angefangen. Meinem Lehrer war diese mühselige Arbeit wohl zu langweilig, weshalb er sie mir übertrug, um diesen alten, aber arbeitswilligen Zögling zu fördern. Also ging ich einmal in der Woche zu ihm, konnte immer wieder seine von der amerikanischen Besatzungsmacht noch beschlagnahmte Villa in der Bergstraße bewundern, freundete mich sogar, allerdings etwas zögerlich, mit seinem Dobermann an und fand vor allem die Gästetoilette ganz toll: Sie war beheizt und auf einer Konsole stand ein Spray, das so angenehm duftete, dass ich sie, allein aus diesem Grund, jedes Mal gerne benutzte. Nach unserem Duospiel für Violine und Bratsche – meistens stand Mozart auf dem Programm –, das leidvoll bis unerträglich klang, gab es am schön gedeckten Tisch einen Snack, liebevoll zubereitet von seiner hübschen Frau, sehr amerikanisch mit viel rohem Gemüse als knackige Beilage.

Eines Tages überraschte mich mein großer lernbegeisterter Schüler mit der Ankündigung, dass wir beim nächsten Treffen eine Schallplattenaufnahme machen würden. Tatsächlich hatte er zwei Untergebene zum Transport der schweren Studioaufnahmegeräte in seine Wohnung beordert, die schweißtriefend ihre Last über die vielen Treppen von der Straße durch den Garten zu seiner Villa hinauf ins Wohnzimmer schleppen mussten. Am Ende der Bandaufnahme bezeichnete Colonel Ott unsere Arbeit als gelungen und die beiden Soldaten trugen ihre Geräte wieder aus dem Haus. Einige Wochen später überreichte er mir mit einem stolzen Lächeln die angekündigte Schallplatte, die auf beiden Seiten nur zu einem kleinen Teil bespielt war. *Play back at 33 1/3 R.P.M., Standard Groove, do not use Microgroove needle* stand neben den Werken und unseren Namen auf dem Label. Nach den allwöchentlichen Übungen erhielt ich sogar jedes mal eine kleine Aufwandsentschädigung, fünf Mark oder so. Nach dem Snack brachte mich Colonel Ott – und das war eigentlich das Schönste an der ganzen Sache – mit seinem Wagen nach Hause. Leider musste ich stets schnell aus dem Wagen steigen und mich hastig von meinem Fahrer verabschieden, weil hinter uns die Straßenbahn bimmelte oder sich Autos stauten und zu hupen anfingen. Allzu gerne hätte ich mich etwas auffälliger verhalten, damit möglichst viele Nachbarn hätten bemerken können, dass ich von einem hohen amerikanischen Offizier in einem 600er Mercedes, vermutlich dem einzigen in ganz Heidelberg, nach Hause chauffiert worden war!

Und »über Nacht« waren da die Prüfungen für das Abitur. Die schriftlichen Arbeiten und mündlichen Prüfungen in den Nebenfächern hatte ich schon hinter mir. Jetzt ging es weiter ans Eingepaukte! An fünf verschiedenen Tagen wurden die verschlossenen Briefe, die Kuverts, die die vom Land zentral gesteuerten Abituranforderungen enthielten und unter Verschluss aufbewahrt wurden, nun geöffnet und die Themen uns erwartungsvollen Schülern mitgeteilt. Wir saßen an unseren Tischen, vor und hinter uns von Lehrern überwacht, damit keiner pfuschen konnte. Zuvor wurden wir auch eindringlich vor solchen Praktiken gewarnt. Wäre jemand erwischt worden, hätte er eine Fünf verpasst bekommen. Und das hätte mit Sicherheit bedeutet: durchs Abitur gefallen! Es sei denn, man hätte – wie auch sonst in den Jahreszeugnissen – diese Fünf mit einer Eins oder einer Zwei in einem Hauptfach ausgleichen können. Also, eine einzige Fünf ohne Kompensationsnote hätte bedeutet, ein weiteres Jahr auf der Penne bleiben zu müssen! Schon aus diesem Grund gingen die Arbeiten in den fünf Hauptfächern (Deutsch, Mathematik, Englisch, Französisch und Latein) bei uns äußerst anständig über die Bühne.

Es standen noch die mündlichen Prüfungen an, auf jeden Fall für uns alle in den beiden Fächern Geschichte und Physik, und in den fünf bereits schriftlich abgelegten Hauptfächern nur für diejenigen, deren Abiturnote von der Jahreszeugnisnote um zwei Notenwerte abwich. Das bedeutete noch einen harten Tag! Von halb neun morgens bis halb neun abends ging diese Quälerei mit den Prüfungen in zwei – für manche bis zu sieben – Fächern. Mich ließ man in den fünf Hauptfächern in Ruhe. Um halb neun musste ich zur Prüfung im Fach Geschichte antreten. Bei den nachfolgenden Prüfungen in allen anderen Fächern hatte ich mich aber für den Fall, dass man auch hier mein Wissen genauer erforschen wollte, bereitzuhalten. Da stand ich den ganzen Tag über, wie die anderen ja auch, unter Hochspannung, bis ich dann am Ende des Tages nur noch in Physik in die Mangel genommen wurde. Zwei Aufgaben wurden mir gestellt. Mit der ersten kam ich ganz gut zurecht, bei der anderen dagegen musste ich erschrocken feststellen, dass ich wegen Krankheit im Unterricht gerade dann gefehlt hatte, als dieser Stoff behandelt wurde und dass die Prüfungskommission mit meinen Antworten nicht so glücklich gewesen zu sein schien. Aber es hatte gereicht! Nach Beendigung dieser Tagestortur ging es dann ab in den *Sepp'l*, in das berühmte Studentenlokal in der Hauptstraße beim Karlsplatz. Unser Geschichtslehrer Reiser gab uns die Ehre, mit uns zusammen die Spannungen in unseren Kehlen mit Bier zu lösen. Ein Glas Freibier war auch das Geschenk der *Engelsbrauerei*, die wir in der folgenden Woche mit unserer Klasse besichtigten.

Unsere Abiturfahrt war im Vergleich zu heutigen Fahrten solcher Art eher bescheiden. Sie führte uns mit unserem Klassenlehrer Mutschler nach Ludwigsburg zur Besichtigung des Residenzschlosses von Eberhard Ludwig von Württemberg.

Meine Vorbereitungen für die Abschlussfeier in der Stadthalle hatte ich natürlich schon längst, Monate vorher, abgeschlossen. Das Mozart-Violinkonzert in A-Dur, das ich mit dem Hochschulorchester, verstärkt auch von Bläsern des *Städtischen Orchesters*, auswendig spielte, hatte ich in der zurückliegenden Zeit schon einige Male aufführen können. Das Konzert war mir sehr gut gelungen. In meinem *Musik*-Buch hatte ich unter anderem die mir nahestehenden anwesenden Gäste aufgeführt: »Colonel Ott mit Gemahlin, Dr. Schiffer mit Gemahlin, Fräulein Buhr, Herr Masurat (und ältere Tochter), Familie Bohrmann. Und Inge (die dunkelhaarige)! Was gibt das mit der? Krieg ich sie oder nicht?« – Der spätere Nachtrag lautet: »Nein! (06. August 1956)«.

Es folgte natürlich noch der Abiturball in den Schlossweinstuben, auf dem wir mit großer Begeisterung das endgültige Verlassen unserer Penne feierten. Alle waren gespannt, wer wohl wen als Dame mitbringen würde. Zu diesem Zeitpunkt war noch nicht entschieden, dass ich »sie« nicht kriegen würde. Inge, die dunkelhaarige, hatte meine Einladung angenommen, was mir große Hoffnungen machte. Nach meiner Vorstellung bei ihren Eltern, die fünf obligatorischen Nelken für den Antrittsbesuch in der Hand, holte ich sie also rechtzeitig zu diesem Ball von zu Hause ab. Den Verlauf des Abends konnte man eher als harmlos bezeichnen und der Rückweg zu Fuß, den steilen Schlossberg hinunter, hatte außer einem Kuss sonst auch nichts Aufregendes mit sich gebracht.

Es geht hoch her!

Der Arbeit im Uniorchester, in dem ich seit längerer Zeit die erste Konzertmeisterstelle innehatte, konnte ich nun immer mehr Freude abgewinnen, bestimmt auch deshalb, weil wir eine große Gruppe von Studenten und Studentinnen waren, die im Anschluss an die Proben nur einen Wunsch hatten: das frohe Zusammensein bei einem Glas Bier. Bis zu zwölf Geigen- und andere Instrumentenkästen stapelte ich im Hausgang hinter der Eingangstür unseres Hauses, verschloss die Tür gewissenhaft und ab ging's in eine Kneipe, ledig des überflüssigen Ballastes. Nach größeren Veranstaltungen gingen wir zum Nachfeiern oftmals in das *Haus Buhl*, heute das Gästehaus der Universität, benannt nach dem 1907 verstorbenen Professor Heinrich Buhl, der es 20 Jahre lang besaß. Es hat aber eine historisch weitaus reichere Tradition. Ursprünglich stand hier das Anwesen des kurfürstlichen Hofrichters. Hier konnten wir also auch bei Tanz unserer Fröhlichkeit freien Lauf lassen. An Fastnacht waren wir hier alle kostümiert. Einer war durch ein ganz besonders originelles Kostüm aufgefallen, über dem Kopf noch eine Vogelmaske. Alle rätselten herum, wer diese Gestalt wohl sein konnte. Ich lag mit meiner Vermutung ganz richtig, dass es nämlich nur unser lieber Dr. Hermelink sein konnte. Ich hatte ihn sofort beim Tanzen erkannt, denn ich erinnerte mich, dass er – immerhin unser Orchesterleiter – dabei überhaupt keinen Rhythmus besaß. Beim Tanzen hüpfte er herum wie ein unmusikalischer Gockel, immer wieder stolpernd kam er aus dem Takt und trat seiner Partnerin dauernd auf die Füße.

Einmal tanzte ich dort mit einem unwahrscheinlich hübschen Mädchen. Als es aber seinen Mund auftat und ein Pfälzer Dialekt aus ihm floss, war das für mich äußerst ernüchternd. »Sie sind auch nicht von weit her!«, eröffnete ich ein Tanzgespräch. Zu entschuldigen brauchte ich mich wegen dieses *Lapsus Linguae* nicht, die Hübsche hatte sowieso nichts verstanden. Mein Freund Gunther war an jenem Abend nach Ende der Festivität mit einem Mädchen in Richtung Schloss gezogen und hatte mit ihr auf einer Bank noch einige gesellige Stunden verbracht. Erst am späten Morgen hatte er entsetzt feststellen müssen, dass er seine wertvolle Geige, die ihm noch nicht einmal gehörte, bei der Bank hatte stehen lassen. Er eilte zu seinem nächtlichen Spielplatz zurück, doch seine Geige war weg. In dem Fundbüro hatte sie zum Glück bereits ein ehrlicher Finder abgegeben. Um den Finderlohn zu ermitteln, fragte der Beamte Gunther, was die Geige denn wert sei. »Ungefähr hunnert Mark!«, schoss es spontan aus ihm heraus. »Na gut, dann können Sie so gehen.«

Nach kleinen Besäufnissen wurde auch genügend Unfug getrieben. So steckte ein Bratscher, ausgerechnet ein Jurastudent in bereits fortgeschrittenem Semester, am Neckarufer mehrere Papierkörbe in Brand und wurde von der Polizei geschnappt. Es gab eine Meldung bei seiner Fakultät. Einmal hatte ich es vorgezogen, mit Christa, meiner Ehemaligen, nach einer Probe kurz vor Mitternacht auf der gegenüberliegenden Seite des *Hotel Haarlass* im Neckar noch schwimmen zu gehen. Es war eine laue Sommernacht, das Wasser noch angenehm warm – oder uns war es zu warm geworden. Da kam Christa plötzlich ängstlich auf mich zu. »Hinter mir kommt einer hergeschwommen!« Wir drehten ab, aber auch da kam einer, schweigsam wie der andere, direkt auf uns zu. Jetzt war es mir auch etwas mulmig zu Mute. Wir schwammen in Richtung Ufer, und da kam doch tatsächlich noch ein Dritter auf uns zu geschwommen, ebenso wortlos. Auf dem sicheren Land angekommen, wurde uns klar, dass diese drei geisterhaften Gestalten uns sicherlich nur einen Schrecken einjagen wollten.

Im Jahr meines Abiturs feierte ich Sylvester mit einer großen Zahl meiner ehemaligen Klassenkameraden im Haus der Zwillinge Dierk und Jörn, deren Eltern in Heidelberg-Neuenheim in der Happelstraße wohnten. Der Kellerraum, in dem wir feierten, war festlich hergerichtet. Es herrschte Pulloverzwang! Früher hatte ich einmal auf einer Toilette mit einer Zigarette einen Lungenzug versucht und war dabei beinahe erstickt. Rauchen war ab diesem Erlebnis für mich tabu. Doch auf dieser Party rauchte, besser gesagt paffte ich eine Zigarre nach der anderen, ohne dass mir schlecht wurde. Die Zigarren hatte Helmut, unser ehemaliger Klassensprecher, von einem Onkel geschenkt bekommen. Sie sollten noch, so hatte er behauptet, aus der Vorkriegszeit stammen. Es ging hoch her! Zu vorgerückter Stunde luden mich einige auf einen Schubkarren, fuhren mich hinaus und kippten mich in den Garten. »Den Käppi« – so lautete mein Spitzname – » den beerdigen wir jetzt!« Plötzlich hellwach geworden, sprang ich mit einem Satz auf meine Beine und stöhnte entsetzt: »Das kann doch nicht euer Ernst sein?« Gegen vier Uhr morgens machte ich mich dann zu Fuß auf meinen langen Heimweg und hoffte, dass Mutter mich rechtzeitig um sieben Uhr wecken würde. Ich musste nämlich mit der OEG vom Bismarckplatz nach Mannheim fahren und von dort im Bus mit dem *Kurpfälzischen Kammerorchester* weiter nach Annweiler am Trifels zur Aufführung des *Weihnachtsoratoriums* (Kantate eins bis drei) in der Evangelischen Stadtkirche. Ein herrlicher Neujahrstag war das für mich.

Eine Party besonderer Art, nach der Verleihung der Ehrendoktorwürde an den amerikanischen General Gruenther in der Aula der

Neuen Universität, war der große Empfang im *Headquarter* mit ungefähr zwei- bis dreihundert Gästen, wohin das Uniorchester mit Bussen transportiert wurde. In meinem *Musik*-Buch steht unter anderem: »Viele Generäle anwesend. Fernsehen und Rundfunk. Whisky, Cognac und Rum ›gesoffen‹ und eine Unmenge ›gefressen‹. Anschließend noch auf eine Studentenbude. Bett: zwei Uhr fünfundvierzig.«

Es gab viele Parties, die ich besuchte. Mädchen kennenlernen, tanzen und flirten, das waren natürlich die Hauptinhalte solcher Abende. »Ihr könnt machen, was ihr wollt«, sagte uns einst unser Geschichtslehrer, als ich noch auf der Penne war. »Ihr könnt meinetwegen bis sieben Uhr feiern, aber um acht Uhr habt ihr in der Schule zu sein!« Unter einem solchen Druck stand ich nun nicht mehr, genoss meine Freiheit – und das morgendliche Ausschlafen. Einmal wollten mich meine Freunde mit einem Foto reinlegen. Sie behaupteten, ich hätte wohl zu viel getrunken, da nicht ich meine Tanzpartnerin führte – Klein-Erna nannten wir sie –, sondern sie mich. Das war ein raffiniert eingefädelter Schwindel: Man hatte das Negativ einfach seitenverkehrt entwickelt.

Der amerikanische Freund

Eric Menke, einen Amerikaner deutscher Abstammung, lernte ich durch Zufall während meiner Arbeit nach einem Sonntagsgottesdienst in der Heiliggeistkirche kennen. Er kam des Öfteren nach *Old Europe*, das er wohl immer noch als seine eigentliche Heimat betrachtete. Heidelberg liebte er ganz besonders. Er war 56 Jahre alt, sehr gepflegt, kunstbeflissen, liebte die Musik und die Altertümer und komischerweise auch mich, wie ich vermutete. Er arbeitete in Washington D.C. im Pentagon, vermutlich in einem sensiblen Bereich, denn ich habe von ihm nie erfahren, was seine eigentlichen Aufgaben dort waren.

»Na, na, na!«, schoss es mir durch den Kopf, als er mir sein schnuckeliges, vornehm eingerichtetes Zimmerchen in dem Edelgasthof *Zum Ritter St. Georg*, kurz *Ritter* genannt, zeigte und mir in seinem Überschwang und zu meiner Überraschung einen Kuss geben wollte. Ich muss ihm wohl eine saure ernüchternde Antwort gegeben haben, denn künftig unterließ er solche Avancen. Ich bewunderte seine gut riechende Seife der Marke *Kasana*, die er mir prompt schenkte. Es war ein edles Stück, das ich mir nicht wieder leisten konnte, denn der Preis dieser Seife war für mich entschieden zu hoch: 2,50 Mark!

Eric, der alte Junggeselle, war wirklich nett und regelrecht hungrig nach Späßen, Dummheiten und Erlebnissen jeglicher Art, die er wohl in seiner Kindheit vermisst hatte und glaubte, sie jetzt nachholen zu müssen. Zusammen mit Gunther verbrachten wir einen interessanten Abend in einem Studentenlokal. Eric ließ es sich nicht nehmen, auf dem mitternächtlichen Nachhauseweg mit uns die gesamte Steingasse hinunter mit einer leeren Bierdose Fußball zu spielen. Unsere Idee, von der Alten Brücke herunter in den Neckar zu »schiffen« (der Lateiner würde sagen »in Neccar fluvium navigare«), fand er *great* und tat das Gleiche. Gunther, der Eric auch sehr sympathisch fand, lud ihn mit mir eines Tages ein, im Stift Neuburg, wo Gunther als Student in einer kleinen Zelle wohnte, im Refektorium zu speisen. Hier eine Mahlzeit gemeinsam mit den Mönchen einnehmen zu dürfen, war für uns drei ein Erlebnis besonderer Art. Man stand vor den Tischen und nahm erst Platz, nachdem der Abt sich gesetzt hatte. Ein Gebet wurde gesprochen und der Abt gab nun mit seinem Hämmerchen das Zeichen für den Beginn des Essens. Ein Mönch las während der gesamten Essenszeit am Ambo einen lateinischen Text vor. Wann der Arme wohl seine Mahlzeit einnehmen durfte? Der Abt ließ nach einer ausreichenden, doch nicht allzu langen Zeit mit seinem Hämmerchen wieder ein paar Schläge auf den Tisch fallen, womit das Ende der Mahlzeit angezeigt war. Die übrig gebliebenen Brotkrümel auf den Tischen wurden nach altem Brauch für die Vögel eingesammelt. Anschließend ging es im Gänsemarsch ab zum Gebet in den alten Kirchenraum. Ganz so streng ging es – gottlob – bei uns zu Hause nicht zu. Mein Freund Eric – eigentlich sollte ich ihn lieber als einen guten Bekannten bezeichnen, um beim Leser nicht Verdächtigungen in eine bestimmte Richtung aufkommen zu lassen – hatte in mir einen Freund gefunden, wie mir schien, und deshalb nenne ich ihn auch einen Freund.

Als ich zu Beginn meiner siebenwöchigen Konzerttournee mit dem *Mozarteumorchester Salzburg* durch 22 Staaten der USA und Kanada gerade auf dem Flughafen Idlewild in New York gelandet war, wurde über Lautsprecher ein »Mister Weißkapp« ausgerufen. Ein Telegramm lag für mich bereit. Ich erschrak furchtbar, dachte an alles Mögliche und Unmögliche, nur nicht daran, dass Eric mich als Erster in der Neuen Welt willkommen heißen wollte. Zwei weitere Überraschungen für mich waren diese Ankündigungen: Er wollte mich nach dem Konzert in Baltimore im *Lyric Theatre*, ungefähr 60 Kilometer von Washington entfernt, mit dem Zug abholen und hatte mir, ganz in der Nähe seiner Wohnung, in einem Hotel eine Suite gemietet. In Washington hatte das Orchester – wie auch in Denver (Colorado) – einen freien Tag nach dem Konzert in der *Constitution Hall* (es waren die beiden einzigen auf der ganzen Reise). Eric hatte sich freigenommen, um mir, meist mit dem Taxi – ein eigenes Auto besaß er nicht –, ganz Washington zu zeigen. Abends lud er mich in ein mexikanisches Restaurant ein. Ein solch »scharfes« Restaurant war für mich ein Novum. Die Bedienung bestand natürlich aus echten Mexikanern in ihrer Landestracht und das Essen war, wie schon angedeutet, mexikanisch gewürzt und sehr scharf! Ein Besuch im Kapitol – hier gab es strenge Kontrollen für Besucher – war durch eine Führung für mich besonders beeindruckend. Eine charmante Dame zeigte uns die großen altehrwürdigen Räume dieses Parlamentsgebäudes, mit dessen Bau 1793 begonnen wurde. Ein anderes Highlight war die *National Gallery of Arts*, eines der größten Museen der Welt, das ich ebenfalls mit Eric besuchte. Ich wollte mich eigentlich auch mit einer jungen, mir unbekannten Frau treffen, deren Telefonnummer ich in meinem Notizbuch stehen hatte. Sie arbeitete ebenfalls im Pentagon, wohin länger zu telefonieren aus Sicherheitsgründen mir nicht gestattet war. Das Gespräch war plötzlich unterbrochen. Eric war es recht, er wollte ohnehin nicht, dass ich mich mit ihr traf. Erics Wohnung war sehr einfach eingerichtet. Das Einzige, an das ich mich erinnere, war ein auf einem Schrank stehendes Drahtgestell, einen Menschen darstellend, das nur den Kopf eines Farbigen trug und an den Drahtenden seiner Arme zwei mächtige lederne Boxhandschuhe. Bei der geringsten Erschütterung bewegte sich sein Kopf wie bei einem Wackeldackel und seine Fäuste begannen zu schwingen, sodass man annehmen musste, sogleich einen heftigen Schwinger seiner Rechten oder Linken zu erhalten. Ich fand das urkomisch! Eric rezensierte das Konzert des *Mozarteumorchesters*, das wir in der Hauptstadt gegeben hatten, in der deutschsprachigen Zeitung *Washington Journal*. Er hatte auch da an mich gedacht.

Später, in meiner Kölner Studentenbude, trafen noch einige »Fresspakete« von ihm ein, mit allerlei Leckerbissen, wie ich sie mir nicht hätte leisten können. Eric hatte den gewichtigen Inhalt von einer Firma zusammenstellen lassen. Eigenartigerweise brach dann eines Tages unser Kontakt plötzlich ab, nachdem ich ihn für den Kauf einer sehr guten Violine um 5000 Mark anpumpen wollte. Seine Antwort war höflich, aber bestimmt: Er sei kein reicher Mann, für den ich ihn wohl hielt, und er könnte mir in diesem Fall leider nicht weiterhelfen.

»Haben Sie Papierbrüste?«

Mein Studium in Heidelberg hatte mir anfangs nicht allzu viel gebracht. Gleich nach meinem Abitur konnte ich nämlich mit dem *Pfalzorchester* aus Ludwigshafen unter Generalmusikdirektor Rucht eine knapp dreiwöchige Italientournee mitmachen. Dr. Henn hatte mich empfohlen. Sie war sehr anstrengend. Während der Konzerte schliefen einige Musiker vor Erschöpfung hinter der Bühne ein. Die Busreise von Modena bis nach Bari an einem Tag (750 Kilometer) war auch nicht so leicht wegzustecken. Ein lustiges Erlebnis bot sich uns allen, als wir uns morgens vor dem Bus zur Abfahrt einfanden. Ein Bettler wollte uns mit seiner Geige unterhalten. Einer von uns nahm ihm das Instrument aus seiner Hand, spielte ihm etwas vor und reichte es reihum. Jeder spielte darauf auf seine Weise. Der Bettler kam aus dem Staunen nicht heraus und stand ungläubig herum, während einer von uns seinen Hut schnappte und Geld für ihn sammelte.

Eine weitere »Bremse« im Fortgang meines Studiums war die vierwöchige Reise mit Helmut Zacharias im Oktober 1955 durch ganz Deutschland, Belgien (dort allein 14 Tage) und am Ende noch nach Österreich (Wels und Wien). Ich war also in diesem berühmt gewordenen Orchester der *Verzauberten Geigen* einer der »verzaubernden Geiger«, wie ich mich selbst nannte. Zacharias hatte in seinen Konzerten als erster Musiker das Play-back in den Konzertsaal gebracht, was einen volleren Sound bewirkte. Er selbst und die Rhythmusgruppe (Klavier, Schlagzeug und Schlagbass) hatten sich Kopfhörer übergestülpt, um die vorher auf Band aufgenommenen und im Saal durch Lautsprecher übertragenen Titel exakt mit ihrem eigenen Spiel und dem des Orchesters koordinieren zu können. Und dann geschah eines Tages im Saal des Genter Rundfunks Folgendes: Der gesamte Strom, also das Licht und die Versorgung für die elektronischen Instrumente, fiel für einige Sekunden aus. Die Synchronisation war total gestört. Geistesgegenwärtig stoppte der Techniker, der ebenfalls wie wir im Smoking mit roter Fliege auf dem Podium saß, seine Bandmaschine und spulte das Band schnell vor bis zum Beginn des nächsten Titels. Zacharias und die Rhythmiker wurden fast wahnsinnig von dem Gejaule in ihren Ohren, das sie nicht abstellen, ihre Kopfhörer aber auch nicht abnehmen konnten, weil sie ja ihr Stück zu Ende spielen mussten. Wir waren überzeugt, dass da ein kleiner Saboteur sein Unwesen getrieben hatte.

Trotz Konzertreisen war ich auf musikalischem Gebiet zu Hause natürlich nicht untätig geblieben. Im *Kurpfälzischen Kammerorchester* unter Generalmusikdirektor Bodart hatte ich ja schon am Ende meiner Schulzeit bei zahlreichen Konzerten mitgewirkt und war jetzt als Vorgeiger der zweiten Violinen festes Mitglied geworden. Diese Arbeit im *Kurpfälzischen Kammerorchester* war sehr zeitaufwendig, zumal die Proben immer in Mannheim und die Konzerte fast ausnahmslos, von wenigen Diensten im Sendesaal in der Marstallstraße in Heidelberg abgesehen, auswärts stattfanden. Interessant fand ich im *Kammerorchester* den Kollegen Berger, den Kontrabassisten, der bei jedem Konzert bewaffnet auf dem Podium stand. Ein ganz ausgezeichneter Musiker, Brillenträger, schmal, eher hager oder gar schmächtig von Gestalt, mit etwas schleppendem unregelmäßigem Gang, von dem man unmöglich annehmen konnte, dass er unter seinem Frackoberteil im Halfter eine scharf geladene Pistole trug. Eine zweite Pistole trug er meistens unter einem anderen Kleidungsstück. Er erzählte mir, dass er für den *Counter Intelligence Corps*, eine amerikanische Heeresorganisation, arbeitete und Aufgaben übernommen hatte, die diesen Geheimdienstlern wohl zu heikel waren. Er trieb sich im Rotlicht- und Verbrechermilieu von Mannheim herum. Was er da eigentlich so im Einzelnen zu tun hatte, konnte ich nicht aus ihm herausbekommen. Seine Arbeit unterlag wahrscheinlich der Geheimhaltung. Er zeigte mir einmal eine Narbe an seinem Hals, nahe der Halsschlagader, die von einer Stichwunde herrührte, welche er von einem Gegner mit einem Messer beigebracht bekommen hatte. Dieser Typ habe ihn bei Dunkelheit in einem blitzschnellen Angriff aus einem Hauseingang heraus überfallen. Ich habe ihn nach meinem Ausscheiden aus dem *Kurpfälzischen Kammerorchester* leider aus den Augen verloren, hoffe aber, dass er überlebt hat und bei noch recht vielen Konzerten bei guter Gesundheit mitwirken konnte.

Für all diese Konzerte, auch für die Symphonie- und Serenadenkonzerte mit dem *Heidelberger Städtischen Orchester* (einmal mit dem bekannten Geiger Stanske, der aus Versehen bei seinem Solo den Geigenbogen weit ins Publikum hineinschleuderte), benötigte ich selbstverständlich einen Frack. So ein teures Kleidungsstück, in dem man wie ein Pinguin aussah, ließ sich nicht so leicht beschaffen. Fräulein Roßmann, die zeitweise auch in der Plöck 66 wohnte, von woher wir uns kannten, konnte mir aushelfen, indem sie mir den Frack ihres verstorbenen Vaters, der als Dozent an der Universität tätig gewesen war, auslieh. Mir fehlte aber noch eine weiße Weste. Die hatte es früher ja auch aus Papier gegeben – wie auch die Manschetten, die man sich einfach über seine Handgelenke zu streifen brauchte – und man nannte sie... Ich musste mir also eine besorgen und fragte im Fachgeschäft die junge adrette Verkäuferin arglos: »Haben Sie Papierbrüste?« Ich sah ihre rechte Hand zucken, so, als ob sie mir gleich eine scheuern wollte. Ich blieb auf der Hut!»Ob ich was habe?«, fragte sie mich in einem aufgebrachten Ton. Ich konnte sie schnell aufklären und wir lachten beide sehr herzlich.»Nein! Solche habe ich auch nicht!«, beschied sie mich mit einem verschmitzten Lächeln und ich ging gelöst aus dem Geschäft.

Bei meinem Geigenlehrer Masurat ging meine Ausbildung zum Berufsmusiker gut voran. Die Nebenfächer vernachlässigte ich zunächst ein wenig. Statt dessen vergnügte ich mich mit so manch anderen Dingen, die mir mehr lagen. So zog ich es eines Morgens vor, ein Seminar zu schwänzen und mit Ruth, einer Schulmusikerin, auf dem Neckar mit dem Paddelboot herumzufahren. Als wir am rechten Neckarufer zwischen der Alten Brücke und dem Stauwehr mit dem Boot im hohen Schilf versteckt lagen und es uns gut gehen ließen, wurden wir von einem Fotografen unsanft aufgeschreckt.»Ach, fahren Sie doch schnell mal aus dem Schilf heraus, da kommt gerade ein Ausflugsdampfer, das gäbe eine gute Gesamtaufnahme.« Wir erfüllten ihm seinen Wunsch und er versprach uns, jedem ein Foto zuzusenden. Erhalten haben wir es nie. Aber ich entdeckte eines Tages durch Zufall, dass dieses Schwarzweißfoto von uns als Postkarte an den vielen Souvenirläden an der Heiliggeistkirche in den drehbaren Ständen zum Verkauf angeboten wurde. Toll! Wir beide, Ruth und ich, kamen auf diese Weise, für uns völlig kostenlos, rund um die Welt! Jahre danach wurde diese Karte an den Ständen immer noch, dieses Mal aber koloriert – wie ich glaubte – angeboten. Aber in Wirklichkeit war es eine zweite Aufnahme, eine echte Farbaufnahme. Anlässlich gelegentlicher Besuche in meiner Geburtsstadt, sogar Jahrzehnte später – ich traute meinen Augen nicht – fand ich an einem Stand immer noch diese Postkarten vor. In diesem Moment konnte ich nicht verhindern, dass nostalgische Gefühle in mir emporstiegen.

Student sein

Gunther – ja, das war schon einer meiner Freunde von der besonderen Art. Er war kleinwüchsig, hatte einen großschrittigen, leicht federnden Gang, war hochintelligent und immer guter bis bester Laune. Bei der Lösung eines mathematischen Problems hatte er eines Tages einen besonders eleganten Weg gefunden, bis dato noch unbekannt, was meinen ehemaligen Mathelehrer, Dr. Mampel, veranlasste, dies in einer Fachzeitschrift veröffentlichen zu lassen.

Wir hatten uns im Universitätsorchester kennengelernt, aber interessant fanden wir an uns zunächst nur die kleinen Geigenkunststücke. Es gefiel uns, sie dem anderen vorzuführen. Gunther studierte Chemie, war aber auch hervorragend auf der Geige. Nun, die Geigenkunststücke allein konnten unsere Sympathie für den anderen auf Dauer nicht erschöpfend befriedigen. Schnell waren wir beide uns einig geworden, dass man nur einmal im Leben Student ist und diese Zeit deshalb zu genießen sei. Sich der Arbeit widmen konnte man noch sein ganzes Leben lang.

Schließlich waren wir als Freunde ein Herz und eine Seele geworden, sodass wir beide es sogar verstanden, Zwillinge zu zeugen: ich zwei Mädchen und er danach zwei Jungen, natürlich jeder mit seiner eigenen Frau! Ich war oft neidisch auf ihn, weil er noch viel dümmere Ideen hatte als ich und das ärgerte mich. Doch schnell hatte ich von ihm gelernt und stand ihm bald in nichts mehr nach.

Das *Bergbräu* am Anfang der Hauptstraße war eine der Brutstätten dieser verrückten Fantasien. Gunther, der für sein Studium ein Stipendium erhalten hatte, war stets mein spendabler Gastgeber, denn Geldsorgen hatte er im Gegensatz zu mir keine. In diesem Lokal tranken wir ausschließlich das achtzehnprozentige Bockbier, jedes einfachere Gebräu wäre unseren Überlegungen, unseren Plänen für auszuführende Streiche, hinderlich gewesen. Wir hatten die Bezeichnung »Bockbier« bald in »Götterbier« umgetauft und die normalen, aber besonders gut schmeckenden Brötchen in »Götterbrötchen«, die uns der »Götterober« in Körbchen brachte, der eine wirklich feine, ja edle Gestalt war, den man als Butler in jedem hochvornehmen Hause hätte anstellen können. Unser »Götterober« wusste bei unserem Erscheinen in der Gaststätte sofort, was wir wünschten und brachte, ohne erst von uns bestellt worden zu sein, unser »Götterbier« in 0,3-Liter-Gläsern, zusammen mit den Brötchen. Den Senf, den wir allerdings nicht »Göttersenf« nannten, servierte er gleich in großen Mengen, denn Gunther labte sich daran und verschlang oft den Inhalt mehrerer Töpfchen.

Nach dem siebten Glas dieses göttlichen Trankes brachte ich Gunther auf meinem Moped zu seinem, das er in der Nähe der Peterskirche geparkt hatte. Wir hatten keine Chance, dem uns folgenden Polizei-Krad mit Beiwagen zu entkommen. Auch der Versuch, das Protokoll abzuwenden, oder wenigstens die Geldstrafe in der Höhe herunterzusetzen, scheiterte an der Unbestechlichkeit dieser Beamten. Mein vorletztes Register, das Mitleid mit uns erwecken sollte, war, dass Weihnachten doch vor der Tür stünde. Und meine Nachfrage, ob wir da nicht wenigstens über eine Studentenermäßigung reden könnten, führte ebenfalls zu keinem Erfolg. Die Polizisten meinten, zu Weihnachten brauchten sie genauso Geld wie wir. Und dann noch: »Ich habe nur einen großen Geldschein bei mir!« Das brachte sie überhaupt nicht aus der Fassung. Ich sollte ihn im gegenüberliegenden Café-Restaurant bitte wechseln. Hier bestand ich aber Gunther gegenüber darauf, dass wir uns die fünf Mark Strafe teilten.

Das *Cave 54* in der Krämergasse war eine Begegnungsstätte für Studenten und Studentinnen, die ein großes finanzielles Polster zu haben schienen. Für uns war diese Lokalität zu teuer, für mich wenigstens. Man kam nur durch die stets verschlossene Tür, wenn man sich nach dem Klingeln ausweisen konnte. Was für einen Ausweis man da benötigte, wussten Gunther und ich nicht. Einmal gelang es uns auf der Suche nach Assy und Elisabeth, die hier verkehrten, kurz Einlass zu finden, mussten aber nach erfolglosem Herumschauen wieder verschwinden. Der viel kleinere Gunther interessierte sich für die viel größere Elisabeth, ich mich für die kleine Assy. Da stimmte ja von den äußeren Proportionen her etwas nicht! Ein paar Spaziergänge – am Neckar entlang und im Wald –, das war es auch schon. Auf dem sogenannten »Neckarvorland«, also westlich der Neuen Brücke, der Theodor-Heuss-Brücke, wie sie jetzt heißt, gab ich für die beiden einmal ein kleines St(r)andkonzert. Gunther und ich kamen gerade von einer Probe im Uniorchester, trafen Assy und Elisabeth und »schleppten sie ab«, nachdem wir sie zu einem Spaziergang entlang des Neckars überreden konnten. Da es regnete, spannte Gunther seinen Schirm über mir auf, während ich meine Geige auspackte und die *Rumänischen Volkstänze* von Béla Bartók anstimmte. Zum Glück begann es stärker zu regnen, sodass ich aufhören und meine Geige wieder einpacken musste, denn ich konnte sie nicht besonders gut spielen.

Ein anderes Mal, auf einem Waldspaziergang, schmeichelte Assy mir mit der Bemerkung, ich hätte eine so angenehme, schöne Stimme, worauf ich mich revanchierte und ihr unversehens einen Kuss gab, mich aber sofort entschuldigte. »Bist du mir jetzt böse?«, fragte ich sie. – »Nein! Natürlich nicht!«, erwiderte sie fast entsetzt. »Das ist doch nicht schlimm!«

Wenn ich meist sehr spät in der Nacht nach Hause kam, versuchte ich unbemerkt in mein Zimmer zu gelangen. Aber meine Mutter hatte einen sehr leichten Schlaf – ein Fußknacken von mir und sie war wach. »S'is awwer wieder spät geworde!« Manchmal fragte sie auch am nächsten Morgen, wenn es mir nachts gelungen war, mich am Gasrohr auf der äußersten Reihe der Dielen im Hausgang entlanghangelnd – diese Dielenbretter quietschten nämlich als einzige nicht –, leise schleichend in mein Bett zu kommen, wie spät es denn schon wieder geworden sei. »Dös lässt sich jetzt nimmer so genau feschtstelle«, war dann meine Antwort.

Eines Abends wollten Gunther und ich mal testen, wie viele Biere wir vertragen konnten. Streng limitierten wir unseren »Verbrauch«: nur ein einziges Glas Bier, aber das in jedem Lokal in der Hauptstraße. Wir begannen vom Bismarckplatz aus, kamen aber nicht allzu weit. Wir übersprangen so manches Lokal und standen dann beide am Fischmarkt, an der Südseite der Heiliggeistkirche. Gunther hantierte am Vorhängeschloss einer Souvenirbude herum, deren hölzerne Fensterläden mit einem quer gelegten eisernen Bügel verschlossen waren. »Mensch, Helmut!«, sagte er überrascht. »Dös Schloss is ja offe!« Und schon rasselte der hölzerne Laden mit wahnsinnigem Getöse vor ihm herunter und blieb auf der Höhe eines Bauchladens in der Waagerechten stehen, gedeckt – wie bei *Tischlein deck dich* – mit Souvenirs jeglicher Art, alle befestigt, damit sie nicht herunterfallen konnten. Verdutzt standen wir einige Augenblicke da, schauten uns fragend an und waren uns ohne Worte einig: nichts wie stiften, so schnell wie möglich! Wir rannten um den Chor der Kirche herum, gerade noch wahrnehmend, dass ein Taxifahrer, der am Fischmarkt parkte und Zeuge unseres »Einbruches« geworden war, seinen Wagen startete, um uns zu verfolgen und zu stellen. Geistesgegenwärtig zog ich Gunther in eine Nische des ersten Kircheneingangs in der Hauptstraße, die uns durch ein davorstehendes Holzgerüst einen sehr mageren Schutz bot. Aber er reichte aus. Der Taxifahrer rauschte an uns vorbei und stoppte einen ihm entgegenkommenden Jeep der *Military Police*, um seine Beobachtungen weiterzugeben. Jetzt suchten uns schon zwei Wagen. Sobald diese weitergefahren waren, huschten wir um das Langhaus herum und bogen in die Untere Straße ein, rannten bis zum Küchengässchen, das zur Hauptstraße hochführt, wo wir, oben angekommen, rechts um die Ecke herum gleich unser Haus erreichten. Aufgeschlossen und rein! Auf den Treppenstufen im Hausgang saßen wir eine ganze Weile, bis wir uns sicher genug fühlten, um wieder auf der Straße zu erscheinen. In der Zwangspause heckten wir den verrückten Plan aus, an einem warmen Sommertag einmal mit komplettem Federbettzeug mitten auf einer der Wiesen des *Stift Neuburg* die Nacht zu verbringen. Was für ein schöner Anblick das doch für die weiter unten am Neckar vorbeifahrenden Autofahrer und vorübergehenden Fußgänger sein müsste, so glaubten wir.

Leider kamen wir nicht dazu. Auch zwei weitere Projekte fielen ins Wasser. Und Wasser hätte dabei tatsächlich eine große Rolle gespielt. Ebenfalls in der warmen Jahreszeit wollten wir nämlich zusammen mit anderen Gleichgesinnten nach Einbruch der Dunkelheit vom linken Neckarufer aus die künstliche Fontäne vor dem *Hotel Haarlass*, nur wenige Meter vom Ufer entfernt, anschwimmen und zur Belustigung – oder auch zum Entsetzen – der auf der Terrasse sitzenden Gäste in dem Farbenspiel des Lichtes auftauchen und einen Nackttanz aufführen. Dann natürlich schnell im Schutz der Dunkelheit wieder verschwinden, um rechtzeitig das andere Ufer zu erreichen, bevor die womöglich herbeigerufene Polizei uns hätte festnehmen können.

Die Ausführung unseres anderen Planes hätte im kalten Winter geschehen müssen. So um den Gefrierpunkt herum, bei einigen Minusgraden. Wir hatten die total verrückte Idee, die gesamte Fläche des Marktplatzes vor der Heiliggeistkirche zu vereisen. Wie? Man schaue sich die Figur des Herkules einmal genau an. Sie steht auf der mächtigen Säule, die aus der Mitte des Marktplatzbrunnens herausragt. Das Wasser kommt aber nicht an der Stelle des Herkules heraus, wo er es zu Lebzeiten abzuschlagen pflegte, sondern an vier Seiten aus ganz normalen Wasserleitungen. Das wollten wir ändern. Obgleich das Wasser schon in bizarren Formen am Brunnenrand und an den Leitungen zu Eis gefroren war, schoss das Wasser noch aus diesen heraus. Beides, das noch fließende Wasser als auch die Tatsache, dass die herrschende und in der Nacht bestimmt noch zunehmende Kälte es hätte weiterhin gefrieren lassen, waren Voraussetzung für das Gelingen unseres Planes. Am Wasserrohr, das auf der Rückseite des Herkules das Wasser ausspie, wollten wir einen Schlauch anschließen und diesen zwischen den Beinen unseres da oben in der Kälte sicherlich sehr frierenden nackten Freundes hindurchführen. Dort wollten wir den Schlauch dann in eine entsprechende Stellung bringen, sodass das Wasser nur über den Brunnenrand hinaus abfließen konnte. So nach und nach wäre während der Nacht bestimmt eine ausreichend große Menge Wasser über den gesamten Marktplatz geflossen und wäre gefroren, sodass man auf ihm hätte Schlittschuh laufen können. Man stelle sich vor, viele Leute hätten sich diesem winterlichen Vergnügen vor dem Rathaus hingegeben.

Gunther und ich trieben uns des Öfteren auf dem Schloss herum, wenn die Abendstunden noch weit in der Ferne lagen und wir uns deshalb noch einigermaßen vernünftig benahmen. Wir empfanden es als harmlosen Scherz, das große zweiflügelige Tor, das immer offenstand und ein Nebeneingang zum Schloss war, einmal zu schließen und einen weißen Zettel daran zu heften, auf den wir geschrieben hatten: »Wegen Renovierungsarbeiten bleibt das Schloss bis auf Weiteres geschlossen. Heydelberg, am 1. April 1667, Kurfürst Karl Friedrich.«

Besucher waren also mühsam, in Schweiß gebadet, den steilen Burgweg hinauf oben angekommen, gingen noch an den Kasematten vorbei
durch einen mächtigen gewölbten Raum und konnten sodann, den immer noch steil weiter aufwärts führenden Weg vor sich, oben an dem
geschlossenen Tor unseren Aushang sehen. Die Ausflügler gingen gar
nicht bis zu dem Tor, das von uns nur angelehnt worden war und mit
Leichtigkeit hätte aufgestoßen werden können. Enttäuscht kehrten die
Schlossbesucher um und gingen wieder den steilen holprigen Weg zurück hinunter zur Stadt. Nur ein junges neugieriges Pärchen machte
sich die Mühe, unseren Zettel zu lesen, öffnete das Tor und verschloss
es wieder sehr sorgsam hinter sich. Gunther und ich, die wir in der
Nähe auf der Lauer lagen, hatten einen tierischen Spaß an der ganzen
Geschichte.

Im Gemeindehaus Plöck 66 machte ich eines Tages im Keller eine
sensationelle Entdeckung. Nachdem ich an einer mir seltsam vorkom-
menden Stelle eine schwere Sandsteinplatte vom Boden hochgehoben
hatte, kam ein rundum gemauerter Gang unter mir zum Vorschein.
Ganz aufgeregt entfernte ich noch weitere Platten und hatte die Be-
stätigung, nämlich einen bestimmt ganz alten engen Gang, eher einen
Schacht, gefunden zu haben. Ich rannte sogleich zum nächsten Te-
lefonhäuschen und rief Gunther an, der gerade zu Besuch bei seiner
Mutter in Ludwigshafen weilte. »Was? Ich kumm sofort!« Er schwang
sich auf sein lahmes Moped und zuckelte die ungefähr 17 Kilometer
lange Strecke direkt zu mir. Er hatte gleich eine Arbeitslampe mit lan-
gem Kabel mitgebracht, die für unsere weiteren Untersuchungen von
großem Nutzen war. »Do muss äner vun uns neikrabble!«, stellten wir
fest. Da Gunther der kleinere von uns beiden war, legte er sich auf den
Bauch, machte sich platt wie eine Scholle, seine Arme mit der Lampe
weit nach vorne gestreckt und robbte sich in die eine Richtung vor.
Er muss weit hineingekrochen sein, denn ich konnte seine Worte nur
noch leise vernehmen, er habe eine alte krumme Zahnbürste gefunden.
Das war enttäuschend! Ich zog kurz den Stecker aus der Steckdose,
was Gunther, von totaler Finsternis umgeben, bei der Enge eine panische Angst einjagte. Er verlangte verzweifelt schreiend nach Licht,
was ich ihm auch gleich wieder zur Verfügung stellte. In der anderen
Richtung des flach verlaufenden Schachtes wurde es interessanter. Hier
verzweigte er sich gabelartig und Gunther konnte mit Hilfe eines von
mir schnell in der Toilette abmontierten Spiegels den weiteren Verlauf
ungefähr bestimmen. Meine Erkundung am nächsten Tag hatte ergeben, dass wir einen alten, bis Anfang des Jahrhunderts noch in Betrieb
befindlichen Abwasserkanal entdeckt hatten. Wir verschlossen den

Schacht wieder, wenig in unserem archäologischen Interesse befriedigt, und planten eilig unser nächstes Vorhaben, denn der 13. September (1956) stand kurz bevor.

In der Nacht ebendieses 13. Septembers wollten wir auf dem Turm der Heiliggeistkirche je einen 13. Schlag auf beiden Glocken platzieren. Rechtzeitig gingen wir in die Kirche – den Schlüssel trug ich ja immer bei mir. Dieser Augenblick war eigentlich der gefährlichste. Hätte uns nämlich beim Betreten der Kirche zu dieser ungewöhnlichen Zeit jemand beobachtet und gar den Inhalt meiner Aktentasche kontrolliert, dann wäre ihm der schwere Hammer sicherlich verdächtig vorgekommen und es hätte für uns, vor allem für mich, unangenehme Folgen gehabt. Aber niemandem schienen wir aufgefallen zu sein. Also stiegen wir, ohne unsere Taschenlampen zu benutzen, die Wendeltreppe bis zum Altan nach oben, dann weiter bis zum Glockenstuhl hinauf, einige brütende Vögel aufscheuchend, und dann die paar Stufen wieder abwärts, um uns auf der Höhe der Glocken einzurichten. Die ganze Krabbelei geschah bei geringem Lichteinfall durch die nach unten ausgerichteten hölzernen Lamellen der Schalllöcher, der arkadenförmigen Schallöffnungen.

Ich wusste, dass Gunther erschrecken würde, wenn das sehr laute, fast schrille dreimalige Bimbam um dreiviertel zwölf direkt neben ihm ertönte, verriet ihm aber nichts. Das erhöhte doch nur die Spannung. Ich selbst wusste den Zeitpunkt genau, da mir ein drahtiges Gezerre das Spannen der Hämmer, die gleich auf die beiden kleineren Glocken heruntersausen mussten, anzeigen würde. Jetzt fuhr er zusammen! Also, noch eine viertel Stunde bis zu dem großen Ereignis. Unsere Anspannung wuchs von Minute zu Minute. Nun wieder erst das rasselnde unheimliche Geräusch vor dem viermaligen Ertönen der kleineren Glocken, das dem Stundenschlag vorausging. Und dann zwölf Uhr! Auf der nächst größeren Glocke: »Bum – Bum – Bum...« Ich riet Gunther, bei jedem Schlag mit seinem Hammer eine stumme Bewegung mit auszuführen, damit im zeitlich gleichen Abstand der dreizehnte Schlag erfolgen konnte. Eines hatte ich leider übersehen: Gunthers dreizehnter Schlag hatte sich mit dem ersten Schlag der großen Glocke, die ein zweites Mal mit ihrem dunklen »Bong« Mitternacht anzeigte, überschnitten, sodass ein fast zusammenfallendes »Bumbong« zustande gekommen war. Ich nahm von Gunther den Hammer entgegen und stieg in die Nähe der vierten Glocke, die bereits laut dröhnend ihre zwölf Schläge begonnen hatte, nicht ahnend, was ihr heute Nacht noch passieren würde. Ebenso wie zuvor Gunther die zeitlichen Abstände der einzelnen Schläge genau taxierend, sauste mein Hammer dann nach dem zwölften Schlag auf den Rand der größten Glocke. So, jetzt war es geschehen! Im Bewusstsein sicherlich viele Bewohner der Altstadt irritiert zu haben, die im Halbschlaf oder noch im wachen Zustand die Schläge der Turmuhr mitzählten, stiegen wir vorsichtig aus dem Glockenstuhl heraus die steinerne Wendeltreppe wieder hinunter. Wir glaubten, für Irritation gesorgt zu haben, da man die Schläge der Turmuhr ja wirklich oft mitzählt. Meinte jemand, sich beim Zählen geirrt zu haben, dann konnte er sich ja beim zweiten Zwölfuhrschlagen vergewissern, dass er beim ersten Mal wirklich 13 Schläge gehört hatte – einen zwar »verwischten«, aber einen 13. Schlag! Wir waren sehr enttäuscht, in den beiden Heidelberger Zeitungen in den folgenden Tagen keine Notiz über dieses einmalige, eigentlich »dreizehnmalige« Ereignis zu finden.

Gunther wohnte ja, wie schon erwähnt, während seiner Studienzeit in Heidelberg eine Zeitlang im *Stift Neuburg* in Ziegelhausen. Die Benediktiner vermieteten preisgünstige Zimmer an Studenten, eigentlich kleine Zellen, die ähnlich spartanisch eingerichtet waren wie ihre eigenen. Wie Gunther an ein solches Zimmer kam, blieb mir ein Rätsel, zumal Damenbesuche im gesamten Kloster natürlich nicht erlaubt waren, obgleich solche gelegentlich doch stattfanden: Die nach hinten zur Wiese und zum nahen Wald gelegenen Zimmerchen konnten, von den Patres und Fratres nicht so ohne Weiteres kontrollierbar, durch das Fenster betreten und verlassen werden. Finanzielle Gründe konnten bei Gunther nicht ausschlaggebend gewesen sein, hier eine Mönchszelle anzumieten. Die Abtei lag weit weg von der Heidelberger Altstadt, etwas ungünstig für Gunther, weil sie zu sehr später Stunde mit öffentlichen Verkehrsmitteln nicht mehr zu erreichen war. Aber er besaß ja ein Moped und schaukelte nach Beendigung seines Tagespensums – besser gesagt: seines Abendpensums – damit dort hinaus zu seinem idyllisch gelegenen, altehrwürdigen Wohnsitz. Auch von hier aus machten wir an schönen Sommertagen manchmal Spaziergänge in die wunderschönen Wälder der Umgebung, oft querfeldein und mitten durch den Wald.

Eines Tages, wir trauten unseren Augen nicht, lag da doch, inmitten einer kleinen Lichtung, eine nackte Frau! Eine nackte Frau!! Eine splitternackte Frau!!! Wir waren außer Rand und Band. Sie fühlte sich hier wohl sicher, unbeobachtet und sonnte deshalb ihren schön gewachsenen Körper. Wir verhielten uns ganz still, unnötigerweise, denn wir waren noch weit genug entfernt, als dass sie uns hätte bemerken können. Stören wollten wir sie aber auf keinen Fall... Wir beschlossen, am nächsten Tag mit meinem Fernrohr wiederzukommen. Das Einrohr,

mit dem ich normalerweise den Sternenhimmel mit fünfundzwanzig-
facher Vergrößerung betrachten konnte, würde auch hier gute Dienste tun. Wir hofften, dass sich uns dieser ungewöhnliche Anblick vom
Vortage wieder böte. Und tatsächlich: Das hüllenlose Geschöpf lag
wieder im Grün dieser kleinen Lichtung. Es war wie am Tage zuvor.
Das Wetter war genau so schön, nur wir beide waren noch etwas aufgeregter! Mit meinem Einrohr holten wir diese Frau direkt vor unsere
Augen, waren von ihrer Schönheit, Jugendlichkeit und ihrer Wohlge-
formtheit begeistert.

Streit hat es zwischen Gunther und mir nicht gegeben, wenn einer von uns seine Betrachtungen ein wenig zu lange ausdehnte und
der andere warten musste. Ich räumte ihm sowieso etwas mehr Zeit
ein, da er mit der Handhabung des Beobachtungsgerätes, aufgeregt wie
er war, nicht so gut zurecht kam. Es bedurfte nämlich einer gewissen
Übung, ein Objekt genau ins Blickfeld des im Durchmesser nur fünf-
zig Millimeter großen Objektives zu bugsieren. Und dann auch noch
die Scharfeinstellung, hier von besonderer Wichtigkeit. Um die richtige Entfernung, die grobe Voreinstellung, kümmerte ich mich, was ich
durch das Drehen und gleichzeitige Herausziehen der teleskopähnlich
gebauten Rohre erreichte. Aber sodann mit dem langen in den Händen
zitternden unruhigen Rohr das »Objekt« zu finden, war wirklich nicht
einfach. Ich verriet Gunther meinen Trick: »Du musch dei beide Aage
ufflosse, un des Fernrohr an ä Aag halde. Mit dem oannere musch du
die Fra genau in den Mittelpunkt vum Ausschnitt, den du mit dem
Fernrohr siehscht, noibringe.« – »Stimmt«, rief er begeistert. »Ich hab'
sie!« Während er vermutlich eine ziemlich »unruhige« Frau betrachtete, lehnte ich – der Erfahrung etwas reicher – das Rohr an einen Baumstamm an und konnte so eine weniger »zitternde« Frau beobachten.
Doch, was sah ich da noch! Da saß ein blonder Jüngling in ihrer Nähe.
»Zeig her«, sagte Gunther und nahm mir das Fernrohr ungeduldig aus
meinen Händen. Er sah aber nur die nackte Frau. Am nächsten Tag
das Gleiche. Aber ohne diesen Jüngling. Als sich unsere Fee nach ihrem Sonnenbad anschickte sich anzukleiden, machten wir uns auf den
Weg, um sie »zufällig« zu treffen. Wir sprachen sie an und sie erzählte
uns völlig freimütig, dass sie sich hier öfter dem Sonnenbaden hingäbe.
»Der Jüngling? Ach ja!« Gestern habe sie bemerkt, dass sie jemand
aus dem nahen Gebüsch beobachtete, wäre zunächst erschrocken gewesen und hätte dann den Jungen entdeckt. Wir zeigten unser großes
Entsetzen über diese unfeine Neugierde eines erst ungefähr siebzehn-
jährigen Jungen. Wir meinten, dass so eine Beobachtung eher älteren
Jungen – zum Beispiel in unserem Alter – zustehen würde, sagten dies

aber nicht. Sie erzählte weiter, sie habe ihn gefragt, ob er denn noch nie eine nackte Frau gesehen hätte. Als er ihre Frage verneinte, habe sie ihn ermutigt, doch herauszukommen und sich in ihre Nähe zu setzen. Gunther und ich schauten uns daraufhin mit eigenartigen Blicken an und jeder dachte bestimmt das Seine, wahrscheinlich dasselbe...

Nach der Rückkehr von meiner Amerikatournee musste ich mich gut auf die Prüfung für die Meisterklasse in der Musikhochschule in Köln vorbereiten. Es war ein Glücksfall für mich, dass sich mein Freund Hermann, der Bäckersohn, zur gleichen Zeit ein paar freie Tage genommen hatte und mich in das Ferienhaus seiner Eltern in Hainbrunn einlud. Wir verbrachten dort schöne gemeinsame Stunden. Eine ruhige und saubere Umgebung kam meiner Vorbereitungsarbeit sehr zustatten. Zwei extrem gegensätzliche Dinge, Arbeit und Spiel, standen auf meinem Tagesprogramm, die sich nicht unbedingt miteinander vertrugen: Geige üben und danach »Käserles« spielen.

Nach diesem erholsamen Aufenthalt in der Nähe von Hirschhorn am Neckar saßen Gunther und ich mal wieder gemütlich beisammen im *Bergbräu*, genossen unsere »Götter«-Spezialitäten und ließen so manche schönen gemeinsamen Erlebnisse aus unserem Gedächtnis Revue passieren. Da fragte er mich, nach einem langen Zug aus seinem »Götterbier«-Glas, ganz unverhofft, mit leicht erschrockenem Gesichtsausdruck: »Sag' emol, Helmut, im wievielte Semeschter bin isch eigentlich?« – »Im värzehnte«, antwortete ich ihm ohne zu zögern, worüber er ehrlich überrascht war, dass ich das so genau wusste. »Oh! Dann wärd's wohl Zeit, dass isch an moi Exame denken muss!« Sagte das und war von diesem Augenblick an so gut wie nicht mehr gesehen. Und siehe da: Am Ende eines Semesters erschien wieder ein strahlender Gunther, sein Doktorexamen in der Tasche, mit »summa cum laude« bestanden.

Wann ist eigentlich eine Kindheit wirklich zu Ende? Eine Kindheit, die über das als normal geltende Kindesalter hinausgeht? Ich glaube dann, wenn der andere Elternteil auch verstorben ist, wenn man nicht mehr »Mutter« oder »Vater« zu jemandem sagen und dich keiner mehr als sein Kind ansprechen kann. Mir war das große Glück vergönnt, fast bis zu meinem 41. Lebensjahr »Kind« gewesen zu sein, als meine liebe Mutter 1976 durch die Folgen eines Schlaganfalles mit 84 Jahren aus diesem Leben schied. Nun gab es für mich keine lebende Beziehung mehr zwischen mir als Kind und meinen Eltern. Ein Traum wird bei mir immer mal wieder geboren, dass ich nämlich meine wunderbare Kindheit in der Altstadt von Heidelberg nochmals erleben darf. Dieser Traum wird leider nie Wirklichkeit werden. Ich kann nicht singen:

Epilog

»Ich hab' mein Herz in Heidelberg verloren«, sondern muss sagen: Ich hab' es in Heidelberg gelassen, in der schönen, mir so vertrauten Altstadt und ihrer Umgebung, als »wascheschter Neckarschlämer«.

Epilog

»Nach der Lektüre deines Buches«, sagte mein Freund, der Nicht-Heidelberger, triumphierend lächelnd, »habe ich festgestellt, dass dein ›wascheschter Neckarschlämer‹ doch nichts Besonderes ist. Er ist ein ganz normaler Bub: gesund, gescheit, mit vielen Dummheiten im Kopf; genauso wie die meisten anderen Jungen auch!« – »Ja?«, fragte ich ein wenig kleinlaut, ziemlich geknickt, aber auch froh, dass er wenigstens alle diese guten Eigenschaften an ihm entdeckt hatte. Doch dann regte sich mein Widerspruchsgeist – es kochte in mir, denn ich hatte noch nie eine Wette verloren. »Un än wascheschter Neckarschlämer«, so begann ich mit unnatürlich hoher Stimme, »is doch was Besonneres! Er is nämlich in der Heidelberger Altstadt gebore un do a uffgewachse!« Wir lächelten uns an und tranken die Flasche Champagner auf der Stelle leer. Und dann sagte ich noch: »Schade, mein lieba Freund, dass du nätt a än wascheschter Neckarschlämer bisch; doann wärsch du nämlisch a was Besonneres!«

Autorenangaben

Helmut Weißkapp wurde 1935 in der Heidelberger Altstadt geboren. Im Alter von neun Jahren begann er mit dem Geigenunterricht am Heidelberger Konservatorium und wechselte mit sechzehn Jahren zum Geigenlehrer Bruno Masurat an die Staatlich anerkannte Hochschule für Musik und Theater in Heidelberg. Als Heranwachsender bereits Mitglied des *Kurpfälzischen Kammerorchesters*, erlangte er als Geiger rasch lokale Bekanntheit. Nach dem Abitur 1955 folgten zunächst das weitere Geigenstudium in Heidelberg sowie zahlreiche Konzertreisen im In- und Ausland. Ab 1956 setzte er das Studium zusätzlich mit dem zweiten Hauptfach »Kammermusik« an der Staatlichen Hochschule für Musik in Köln fort. In Köln war er Gründungsmitglied und später Erster Konzertmeister des *Rheinischen Kammerorchesters* sowie Mitbegründer des *Barytontrios*.

Von 1961 bis 2000 war er als Erster Geiger Mitglied des *Gürzenich-Orchesters* in Köln, einem der bedeutendsten Sinfonie- und Opernorchester Deutschlands. Mehr als 50 Konzertreisen, unter anderem mit dem *Mozarteumorchester Salzburg*, führten ihn durch Europa, Asien und Amerika.

Als »wascheschter Neckarschlämer« verlor er jedoch nie den Kontakt zu seiner Heimatstadt – sein Herz ist vielmehr immer in Heidelberg geblieben. Durch sein Hobby, die Familienforschung, konnte er den Namen »Weißkapp« in der fünften, den Namen »Rohrmann« seiner Großmutter väterlicherseits in der dreizehnten Generation in Heidelberg nachweisen. Helmut Weißkapp ist verheiratet und hat vier Kinder. Er lebt heute in Bergisch Gladbach.

Weitere Heidelberg-Bücher aus dem
PALMYRA VERLAG

Matthias Roth
Von Minnesang bis Hip-Hop
1000 Jahre Musik in Heidelberg und der Kurpfalz
Vorwort von Cornelius Meister
496 Seiten · 13,5 x 21 cm · Gebunden
80 Schwarzweißfotos und Abbildungen
Webguide · Glossar · Diskografie · Bibliografie · Register
€ 24,- (D) · € 24,70 (A) · SFr 33,30 · ISBN 978-3-930378-90-6

*»Unzählige Details aus der Heidelberger und kurpfälzischen
Musikgeschichte kann man in Roths höchst verdienstvollem Buch
nachlesen. Auch ausgewiesene Musikexperten werden hier viel
erfahren, was sie wahrscheinlich nicht wussten.«/SWR2*
»Dieser Autor weiß einfach alles.«/Rhein-Neckar-Zeitung
»Ein epochales Werk.«/Rhein Main Presse

Marion Tauschwitz
Dass ich sein kann, wie ich bin
Hilde Domin – Die Biografie
Vorwort von Beate Weber
576 Seiten · 13,5 x 21 cm · Gebunden
76 Schwarzweißfotos und Abbildungen · Register
€ 28,- (D) · € 29,80 (A) · SFr 38,20 · ISBN 978-3-930378-81-4

»Eine bewegende Biografie, die das Zeug zum Standardwerk hat.«/Die Welt
*»Die Biografie von Marion Tauschwitz erzählt von einem schwer
errungenen Lebenswerk – und einer großen Liebe.«*
Frankfurter Allgemeine Zeitung

Georg Stein (Hg.)
Die Insel im Wald – 300 Jahre Heidelberger Kohlhof
Vorwort von Hilde Domin · Bildband · 200 Seiten · 23 x 27 cm
Gebunden · Fadenheftung · 321 Farb- und Schwarzweißfotos
sowie historische Abbildungen und Gemälde
€ 29,90 · € 30,80 (A) · SFr 40,- · ISBN 978-3-930378-71-5

*»25 Autoren beleuchten in dem Buch nahezu jeden Aspekt dieser
Oase mitten im Grünen.«/Rhein-Neckar-Zeitung*

Silvia Barkhausen (Hg.)
Neue Alte Fremde Heimat
In 14 Erzählungen um die Welt
260 Seiten · 13,5 x 21 cm · Broschur · 14 Schwarzweißfotos
€ 19,90 (D) · € 20,50 (A) · SFr 27,90 · ISBN 978-3-930378-88-3

»In 14 interessanten Geschichten wird der Leser aus der
Normalität des deutschen Alltags hinausgeführt auf eine Reise
in die Fremde. Allen Geschichten ist gemein, dass sie dem Leser
die fremde Kultur näherbringen.«/Informationsdienst der
Einkaufszentrale für öffentliche Bibliotheken
»Die Erzählungen gewähren sehr persönliche Einblicke in die
jeweiligen Kulturen und geschichtlichen Ereignisse – ein Ansatz,
den Leser zur Reflexion über tradierte Vorstellungen von
›Heimat‹ anzuregen.«/Mannheimer Morgen

Inge Koch
Schicksalhafte Begegnungen
Studienjahre in Heidelberg,
Stadtgeschichte und Erinnerungen an Ilmenau
190 Seiten · 13,5 x 21cm · Broschur
€ 16,- (D) · € 16,50 (A) · SFr 22,60 · ISBN 978-3-930378-92-0

Das Buch ist eine kurzweilige Unterhaltungslektüre,
ergänzt von interessanten Darstellungen zur Stadtgeschichte
unter anderem von Heidelberg, Berlin, Erfurt,
Gotha, Weimar und Ilmenau.

Emil Zimmermann
Der Liebeszauber – *La fattura d'amore*
Die Geschichte eines sizilianischen Gastarbeiters in Heidelberg
320 Seiten · 13,5 x 21cm · Broschur
€ 19,90 (D) · € 20,50 (A) · SFr 27,90
ISBN 978-3-930378-93-7

Das Buch bietet unter anderem vielfältige Einblicke in die
vom traditionellen Volksglauben bestimmte Kultur-
geschichte Siziliens und seiner Menschen.